辽宁省职业教育"十四五"规划教材
高等职业教育测绘工程技能型人才培养实用教材
校企合作双元开发"互联网+"立体化创新型教材

数字测图技术

（智媒体版）

主　　编◎李金生　唐　均　王鹏生

副 主 编◎王　赫　尹宝田　郭　涛　赵淑湘

主　　审◎张桂英

西南交通大学出版社
·成　都·

图书在版编目（CIP）数据

数字测图技术：智媒体版 / 李金生，唐均，王鹏生
主编. 一成都：西南交通大学出版社，2021.8（2024.1 重印）
ISBN 978-7-5643-8147-9

Ⅰ. ①数… Ⅱ. ①李… ②唐… ③王… Ⅲ. ①数字化
测图－高等职业教育－教材 Ⅳ. ①P231.5

中国版本图书馆 CIP 数据核字（2021）第 141978 号

Shuzi Cetu Jishu（Zhimeiti Ban）
数字测图技术（智媒体版）

主编 李金生 唐 均 王鹏生

策 划 编 辑	罗在伟
责 任 编 辑	刘 昕
封 面 设 计	何东琳设计工作室
出 版 发 行	西南交通大学出版社 （四川省成都市金牛区二环路北一段 111 号 西南交通大学创新大厦 21 楼）
营销部电话	028-87600564　028-87600533
邮 政 编 码	610031
网 　 　 址	http://www.xnjdcbs.com
印 　 　 刷	成都中永印务有限责任公司
成 品 尺 寸	185 mm×260 mm
印 　 　 张	17.75
字 　 　 数	378 千
版 　 　 次	2021 年 8 月第 1 版
印 　 　 次	2024 年 1 月第 4 次
书 　 　 号	ISBN 978-7-5643-8147-9
定 　 　 价	49.00 元

前言
PREFACE

"数字测图"课程作为测绘地理信息技术专业群一门专业平台课程,在人才培养体系中起着举足轻重的作用。为满足培养适应行业需求、面向测绘生产和管理一线的工程测量高素质技能型人才的需要,在分析以往所用教材使用情况的基础上,我们特编写本书。

本书采用"项目导向+任务驱动"编写体系,注重"教中学"和"学中做"的有机衔接,根据高职教育特点,从企业聘请了生产一线专家、高技能人才共同开发完成,体现了校企合作特色。本书共分为7个学习项目,各项目、任务基于生产一线数字测图项目工作过程和学生的认知规律编排组织教学内容,并根据具体工作过程,以项目导向、任务驱动的形式展开教学。全书以数字测图工程项目作业流程为主线,从数字测图基础知识、数字测图系统、野外数据采集、内业计算机成图、地图数字化、数字测图质量控制与检查验收、数字地形图的应用方面阐述了数字测图的基本理论和作业方法,注重培养学生的工程实践能力。

本书为数字立体化教材,依托现代教育技术,以能力培养为目标,以纸质教材为基础,以多媒介、多形态、多用途及多层次的教学资源和多种教学服务为内容。教材丰富的数字化教学资源包括 PPT 课件、试题库、网络课程、资源库等,通过课程资源库平台、微信公众号等方式提供给读者。

　　本书由辽宁生态工程职业学院李金生、甘肃工业职业技术学院唐均、石家庄铁路职业技术学院王鹏生担任主编，辽宁生态工程职业学院王赫、尹宝田、长江工程职业技术学院郭涛、甘肃林业职业技术学院赵淑湘担任副主编。参加编写人员分工如下：李金生编写项目三、项目四；唐均编写项目六、附录一、附录二；王鹏生编写项目二中的任务一、任务二；郭涛编写项目二中的任务三；王赫编写项目七；尹宝田编写项目五；赵淑湘编写项目一；张桂英编写附录三以及项目二中的任务四；李金生统稿，制作并加入数字化资源、习题等。最后辽宁省检验检测认证中心（辽宁省测绘产品质量监督检验站）教授级高级工程师张桂英统审全书。

　　本书在编写过程中引用了大量的规范、专业文献和其他相关资料，恕未一一注明，在此向有关作者表示衷心感谢。另外辽宁省自然资源卫星应用技术中心教授级高级工程师吴善昌对本书全部内容进行了详细的审阅并且提出了很多很好的建议，在此表示衷心感谢。

　　鉴于编者水平有限、经验不足，本书难免存在疏漏和不妥之处，恳请广大读者提出宝贵意见，以便日后进一步修正与完善。

编　者

2021 年 3 月

目 录
CONTENTS

项目一　课程导入

项目概述

本项目先对数字测图的职业岗位进行了分析，使学生了解典型的数字测图的工作任务、作业方法与工作特点，以及从事该岗位应该具备的知识、技能和素质要求；然后介绍了本课程的特点和主要内容，学习本课程的方法和建议，展望了数字测图技术的发展趋势，并重点介绍了数字地图的概念与特点。

学习目标

通过本项目的学习，了解目前数字测图常用的几种方法，数字测图的工作任务、内容、工作特点，理解数字测图的基本概念与特点，以及数字测图技术的发展趋势。

内容分解

项目	重难点	任务	学习目标	主要内容
课程导入	了解数字测图工作岗位、典型工作任务、数字测图职业能力以及素质要求；了解纸质地图和数字地图的特点、数字测图内外业工作相对于传统纸质测图的优点	任务一　职业岗位分析	了解数字测图工作岗位、典型工作任务、数字测图职业能力以及素质要求	岗位描述、典型工作任务、职业能力以及素质要求、本课程的主要内容、本课程与其他课程的关系和学习要求
		任务二　认识数字测图	掌握数字地图的概念、数字地图相对于纸质地图的优点；掌握数字测图的概念、种类，数字测图内外业工作相对于传统手工测图的优点	数字地图的概念、数字地图相对于纸质地图的优点；数字测图的定义、数字测图外业工作特点、数字测图内业工作特点、数字测图的发展历程、数字测图的发展趋势

测绘是指对自然地理要素或者地表人工设施的形状、大小、空间位置及其属性等进行测定、采集并绘制成图，为国民经济、社会发展及国家各个部门提供地理信息技术保障，并为各项工程顺利实施提供技术、信息和决策支持的基础性行业。以计算机和网络技术为支撑，以"3S"技术（全球卫星定位系统 GNSS、地理信息系统 GIS、遥感 RS 技术）为代表的测绘新技术正广泛应用于科研和生产，测绘产业已进入数字化、信息化时代。大比例尺地形图测绘是测绘、公路、建筑、水电、城乡规划、国土资源调查、矿山等行业的一项基础性、日常性测绘工作，随着现代绘图仪器的发展及计算机的普及，地形图的成图方法已经实现了由传统的白纸成图向数字成图转变。

一、岗位描述及典型工作任务

目前，数字测图方法可分为 3 种：利用全站仪、全球导航卫星系统（GNSS-RTK）或其他测量仪器进行野外数字测图；利用手扶跟踪数字化仪或扫描仪对纸质地形图的数字化；利用航测像片、遥感影像进行数字测图。前者是外业采集数据，后两者主要是室内作业采集数据。上述技术将采集到的地形数据传输到计算机，由数字成图软件进行数据处理，经过原图生成、编辑、整饰，生成数字地图。

（一）纸质图数字化

将已有的纸质图通过数字化仪或扫描仪完成数字化录入工作，这种方法获得的数字地图受原图精度以及数字化过程中所产生的各种误差的影响，其精度要比原图的精度低，而且它反映的只是白纸成图时地表的各种地物地貌，不能保证图纸的现势性，因而常需要进行修、补测。

（二）摄影测量与遥感数字成图

摄影测量与遥感数字成图是利用航片和卫片，通过 JX-4 等全数字摄影测量系统及专业软件处理，获得数字地图的方法。该方法适用于比较大范围测图，成图速度快，效率高，成本低，受气候与季节的影响相对较小，是大范围数字测图的一个重要手段。

（三）全野外数字测图

通过野外数据采集、数据处理、图形生成和编辑进行数字地图生产，称为全野外数字测图。传统测图方法主要是手工作业，外业测量人工记录，人工绘制地形图，最后为用图人员提供晒蓝图纸。数字测图则自动记录、自动展点连线，并向用图者提供可供处理的数字地图，实现了测图过程的自动化。数字测图具有效率高，劳动强度小，错误（读错、记错、展错）概率小，获得地形图精确、可靠、详实、规范等特点。

本书主要面向大比例尺全野外数字测图和纸质地图数字化这两个数字测图职业岗位，重点介绍数字测图作业员应具备的知识和技能。

在数字测图职业领域中，典型作业任务主要有大比例尺数字地形图测绘技术设计、控制测量、外业数据采集、内业编辑成图、成果质量检查验收、技术总结等。

二、职业能力及素质要求

大比例尺数字地形图测绘工作人员应具备的职业能力是，首先通过操作全站仪使用多种采集方式完成图根控制测量、碎部点采集工作，其次利用专业制图软件进行数字地形图绘制，最后进行数字测图成果检查，成果合格后将其应用在具体建设工程中。具体要求如下：

（1）能进行图根控制测量，使用平差软件完成图根控制测量数据处理；

（2）掌握野外碎部点数据采集的常用仪器及相应的采集方法；

（3）掌握大比例尺数字地形图测绘的基本理论和方法；

（4）能熟练运用一种地形地籍成图软件（如南方 CASS）绘制大比例尺数字地形图；

（5）掌握根据高程点数据文件熟练绘制等高线，并结合实地地形修改等高线的方法；

（6）能进行纸质图扫描矢量化；

（7）掌握大比例尺数字地形图在工程中的应用，掌握填挖方计算、断面图绘制的基本方法；

（8）掌握数字测图成果检查与验收的方法；

（9）掌握数字测图项目技术设计书、技术总结报告、自检报告的编写方法。

三、本课程的主要内容

数字测图是工程测量技术专业一门重要的专业基础课，是一门理论和实践相结合的课程。本书以数字测图工程项目作业流程为主线编排教学内容，从认识数字测图、数字测图系统、数字测图技术设计、野外数据采集、内业计算机成图、地图数字化、数字测图质量控制与检查验收、数字地形图的应用 8 个方面阐述了数字测图的基本原理和作业方法。数字测图包括地面数字测图、地图数字化和数字摄影测量等方法，而每种方法都包含地形数据的采集、数据处理和成图、成果和图形输出等作业过程。为了掌握大比例尺数字测图操作的全部过程，本书仅重点介绍地面数字测图和地图数字化成图，对航空摄影测量和遥感成图只简单地介绍其基本概念。

通过本课程的学习，学生要能掌握大比例尺数字地形图测绘的基本知识和技能，独立进行大比例尺数字地形图的测绘；掌握地图数字化的方法；在工程建设中正确应用数字地形图完成规划、设计和施工各阶段中的量测、计算和绘图等工作。

四、本课程与其他课程的关系和学习要求

（一）本课程与其他课程的关系

数字测图是一门实践性非常强的综合性课程，不仅有自身的理论、原则和作业方法以及步骤，而且与其他课程如地形测量、CAD 绘图、控制测量、地籍测量和数据库原理与应用等有着密切的联系，涉及这些课程中的相关基本知识（如图根控制测量、碎部测量、地形图的绘制方法、地形图图式符号的应用、全站仪和 GNSS 等测绘仪器的综合应用、数据入库前工作准备等）。

（二）学习本课程的方法

要学好数字测图，必须重视理论联系实际的学习方法，除课上研读教材、学习专业理论外，还要参加与理论教学相对应的实训课。在掌握课堂讲授内容的同时，认真完成每一次实训课的内容，以巩固和验证所学理论。课后要求完成思考与练习题的内容，以加深对基本概念和理论的理解，要自始至终完成各项学习任务。在条件允许的情况下，可使用指导老师提供的数字测图多媒体课件进行学习，并在指导教师的安排下，开展一些与本课程相关的专题参观或调查，了解新理论、新技术、新设备在本学科中的应用。

在完成课堂实验课和教学实习后，必须加强本课程综合应用能力的培养。在指导教师的组织安排下，按生产现场的作业要求拟订实践任务或组织参加教学生产实习，将大比例尺数字测图中地形数据采集、数据处理与成图、成果与图形输出等环节的操作过程衔接起来，掌握每一个环节的作业方法和步骤，完成大比例尺数字测图作业的全过程。通过理论联系实际的综合训练，培养分析问题和解决问题的能力及实际操作能力，养成良好的工作习惯，树立工匠精神，培养吃苦耐劳、踏实肯干的优良品质，为今后从事测绘工作打下良好基础。

任务二　认识数字测图

一、认识数字地图

（一）数字地图的概念

数字地图（Digital map）是指以数字形式存储在磁盘、磁带、光盘等介质上的地图。

通常我们看到的地图是以纸张、布或其他可见真实大小的物体为载体的，地图内容绘制或印制在这些载体上。而数字地图存储在计算机的硬盘、光盘或磁带等介质上，地图内容通过数字形式表示，需要通过专用的计算机软件对这些数字进行显示、读取、检索、分析。

数字地图可以非常方便地对地图内容进行组合、拼接，形成新的地图，可输出任意比例尺的地图，易于修改，也可方便与卫星影像、航空像片等其他信息源结合使用，还可以利用数字地图记录的信息派生新的数据。例如，地图上等高线表示地貌形态，但非专业人员很难看懂，利用数字地图的等高线和高程点可以生成数字高程模型（Digital Elevation Model，DEM），将地表起伏以数字形式表现出来，可以直观、立体地表现地貌形态。这是普通地形图不可能达到的表现效果。

在人类所接触到的信息中约有 80% 与地理位置和空间分布有关。因此，因特网和地理信息系统等现代信息技术的发展，对空间信息服务软件和提供服务的方式方法的要求也越来越高。运用空间信息技术的工具和手段可以为监测全球变化和区域可持续发展服务，也可以为社会各行业服务。作为全球变化与区域可持续发展获取时空变化信息的技术方法，空间信息技术为政府部门提供决策支持、为普通大众提供日常信息服务的功能，越来越引起人们的重视，"数字地球"应运而生。

（二）数字地图的优点

传统手工图解法测图的主要产品是纸质地形图，而数字测图得到的"数字成果"主要产品是数字地图。数字地图具有以下主要优点。

1. 便于成果更新

数字地图是以点、线、面的定位信息和属性信息存入计算机的，当实地有变化时，只需输入变化信息的坐标、代码，经过编辑处理，便可以得到更新的地图，从而可以确保地图的可靠性和现势性。

2. 避免因图纸伸缩带来的各种误差

纸质地图上的地图信息随着时间的推移，会因图纸的变形而产生误差。数字地图以数字信息保存，不会因时间的推移而产生误差。

3. 便于传输和处理，并可供多用户同时使用

用磁盘保存的数字地图，存储了图中具有特定含义的数字、文字、符号等各类数据信息，可方便地传输、处理和供多用户共享。数字地图的管理既节省空间，又操作方便。计算机与显示器、打印机联机时，可以显示或打印各种需要的资料信息。可以从显示器上观看不同视角、输出立体景观图；打印绘制各种比例尺地图等。

4. 方便成果的深加工利用

数字测图分层存放，可使地面信息无限存放（其优点是纸质图无法与之相比的），不受图面负载量的限制，便于成果的深加工利用，从而拓宽测绘工作的服务范围。比如CASS 软件中共定义 26 个层（用户还可根据需要定义新层），房屋、电力线、铁路、植被、道路、水系、地貌等均存于不同的层次中，通过关闭层、打开层等操作来提取相关信息，便可方便地得到所需测区内的各类专题图、综合图，如路网图、电网图、管线图、地形图等。又如在数字地籍图的基础上可以综合相关内容，补充加工成不同用户所需要的城市规划用图、城市建设用图、房地产图及各种管理用图和工程用图等。

5. 便于建立地图数据库和地理信息系统

地理信息系统（Geographic Information System，GIS）具有方便的空间信息查询检索功能、空间分析功能及辅助决策功能，这些功能在国民经济、办公自动化及人们日常生活中都有广泛应用。然而要建立 GIS，花在数据采集上的时间、精力及费用占整个工作的 80%，且 GIS 要发挥辅助决策功能，需要现势性强的基础地理信息资料。数字测图能提供现势性强的基础地理信息，经过格式转换，其成果即可直接导入 GIS 数据库，对GIS 数据库进行更新。

6. 便于成果使用

数字地图不仅可以自动提取点位坐标、两点间距离、方位，自动计算面积、土方，自动绘制纵横断面图，还可以方便地将其传输到 AutoCAD 等软件系统中，以便工程设计部门进行计算机辅助设计。

总之，数字地图从本质上打破了纸质地形图的种种局限，赋予地形图以新的生命力，提高了地形图的自身价值，扩大了地形图的应用范围，改变了地形图使用的方式。

二、认识数字测图

（一）数字测图的概念

电子技术、计算机技术、通信技术的迅猛发展，使人类进入了一个全新的时代——信息时代。数字技术作为信息时代的平台，是实现信息采集、存储、处理、传输和再现的关键。数字技术也对测绘科学产生了深刻的影响，改变了传统的地形测图方法，使测图领域发生了革命性的变化，从而产生了一种全新的地形测图技术——数字测图。利用全站仪、GNSS-RTK 接收机等测量仪器进行野外数据采集，或利用纸质图扫描数字化及利用航测像片、遥感影像数字化进行室内数据采集，并把采集到的地形数据传输到计算机，由数字成图软件进行数据处理，形成数字地形图的过程，称为数字测图。

广义的数字测图包括全野外数字测图、地形图扫描数字化、航空摄影测量数字成图和遥感数字成图。狭义的数字测图指全野外数字测图，本书详细介绍全野外数字测图。

（二）数字测图工作特点

全野外数字测图虽然是在白纸测图的基础上发展起来的，但它不同于传统的白纸测图，下面分别介绍数字测图的外业和内业工作特点。

1. 外业工作的特点

数字测图使用自动化程度较高的全站仪等测绘仪器，内业使用数字成图软件，与传统手工测图相比，具有以下显著的特点。

（1）测图过程自动化程度高。

白纸法在外业就基本完成了地形图的绘制，外业工作内容较多、手工记录、手工计算、自动化程度低、劳动强度大。而数字化测图在外业主要完成数据采集，成图工作主要在内业完成，加上数字化测图采用先进的电子仪器自动记录、自动计算、自动存储，自动化程度高，劳动强度低，错误（读错、记错、展错）概率小的优点，且可得到精确、可靠、详实的地形图。

（2）作业效率高。

白纸测图必须严格遵循"先控制后碎部"的原则。而数字测图则允许图根控制和碎部测量同时进行，即采用"一步测量法"，即使在未知点上设站也可以采用"自由设站法"设站，利用全站仪的计算功能进行测图工作。这样便于同时大面积展开测图工作，提高作业效率。

（3）测站覆盖范围大。

手工图解法测图由于受到测距精度和成图方法的限制，测站点的测量范围较小。而数字测图采用全站仪能同时自动地测定角度和边长，所以一般用"极坐标法"测定地形碎部点。由于全站仪具有很高的测距精度，因此在通视良好、定向边较长的情况下，可以放宽测站点到碎部点间的距离，扩大测站点的覆盖范围。

（4）作业时工作范围易于划分。

白纸测图是以图板为工具，以图幅为单元组织测量。这种规则地划分测图单元的方法往往给图边测图造成困难。数字测图的外业一般没有图幅的概念，而是以自然界线（河流、道路等）来划分作业组的工作范围。这样便可灵活地组织施测工作，更为重要的是可以减少地物接边问题带来的麻烦。

（5）对测点依赖性强。

白纸测图的外业工作可以较多地融入人的经验，如线状地物的转折和地形起伏方面，可以利用人的观察和判断来减少碎部点个数。数字测图则不然，它完全依赖所观测的点数。因此，一般情况下，数字化测图比常规测图需要较多的观测点数和较好的点位分布。

（6）对记录要求高。

数字测图所获得的有关地物、地貌的数字信息，无法显示图形信息及其相互关系，直观性较差；对于一些有关实体的属性（如地理名称、房屋结构与用途等）也无法在野外注记。因此，碎部点记录要准确记录测点点号、连线关系与地物属性信息。在复杂测区，通常采用野外绘制草图和地物属性注记的方法进行内业注记、图形及相对关系的检查。

（7）测量精度高。

全野外数字测图一般采用全站仪、GNSS-RTK进行碎部点数据采集，相对于传统的经纬仪模拟测图而言，碎部点测量具有较高的精度。

2. 内业工作的特点

数字测图内业成图工作主要依靠计算机及专业成图软件，其内业工作与手工图解法测图方法相比具有显著的特点。

（1）成图速度快。

白纸测图的内业工作主要是利用坐标展点器等工具，手工对外业绘制的白纸图进行清绘、整饰、拼接，相对数字化测图，内业处理速度较慢，劳动强度高。而数字测图在内业工作中充分利用现代技术手段，利用计算机和地形图成图软件对野外测量采集的数据与地形信息进行处理，提高了内业成图的速度，缩短了成图周期。

（2）绘制图形规范。

白纸测图内业处理是手工绘制地形图的点、线、符号，进行文字注记，显然线条难以均匀，绘制的符号难以规范，文字注记即手写字体更难以规范化。而数字测图的内业处理使用的绘图软件，能够使绘制的地形图的点、线、符号、文字注记等规范美观，符合地形图的成图规范。

（3）成图精度高。

手工图解法测图的内业处理，不仅难以做到点、线、符号和文字注记等地形图图面信息的规范化，而且会造成点位精度的损失，降低地形图的质量。而数字测图的内业处理依据外业测量的点位信息和属性信息进行图形编辑，外业采集到的碎部点坐标在展点过程中，不像传统的直角坐标展点器那样存在精度损失，所以成图精度较高。

（4）分幅、接边方便。

手工图解法测图一般是先分幅，然后逐幅测量，图幅接边不方便，相对数字测图精度低。而数字测图内业工作首先是图形编辑，将编辑好的图形按测区合成一体，然后统一进行地形图的分幅，省去了图幅接边的麻烦。

（5）易于修改和更新。

白纸测图方法的内业处理结果体现在图纸上，发现错误必须擦掉，重新绘制，修改很不方便。而数字测图内业处理是将处理结果储存在磁盘上，图形编辑中出现的问题易于修改和更新。

（6）对野外数据采集依赖性强。

手工图解法测图是在外业中完成地形图的绘制，绘图员可以边观察地形，边绘图、注记，内业只进行加工处理。而数字测图的内业处理是根据外业测量的地形信息进行图形编辑、地物属性注记的，如果外业采集的地形信息不全面，内业处理就比较困难。因此，数字测图内业完成后，一般要输出到图纸上，到野外检查、核对。

三、数字测图技术的发展与展望

（一）数字测图的发展历程

传统的测图手段是利用测量仪器对地球表面局部区域的各种地物、地貌特征点的空间位置进行测定，并以一定的比例尺按图式符号将其绘制在图纸上，也称为白纸测图（图解法测图）。在测图过程中，图形的精度由于刺点、绘图及图纸伸缩变形等因素的影响会有比较大的降低，而且存在工序多、劳动强度大、质量管理难等问题。特别是在当今的信息时代，纸质地形图已难承载过多的图形信息，图纸更新也极为不便，难以适应信息时代经济建设的需要。

随着科学技术的进步和计算机的迅猛发展及其向各个领域的渗透，以及全站仪和GNSS-RTK 等先进测量仪器和技术的广泛应用，数字测图技术得到了突飞猛进的发展，并以高自动化、全数字化、高精度的显著优势逐步取代了传统的手工图解法测图的方法。

数字测图实质上是一种全解析机助测图方法，在地形测绘发展过程中它是一次根本性的技术变革，这种变革主要体现在手工图解法测图的最终目的是地形图，图纸是地形信息的唯一载体；数字测图地形信息的载体是计算机的存储介质（磁盘或光盘），其提交的成果是可供计算机处理、远距离传输、多方共享的数字地形图数据文件，通过数控绘图仪可输出数字地形图。目前，利用数字地图可以生成各种专题电子地图；利用三维坐标系统，以数学描述和图像描述的数字地形表达方式，可实现对客观世界的三维描述。更具深远意义的是，数字地形信息作为地理空间数据的基本信息之一，已成为地理信息系统的重要组成部分。当前大比例尺数字地图可分为正射影像图（Digital Orthophoto Map，DOM），数字地面模型（DEM）、数字线划图（Digital Line Graphic，DLG）和数字栅格图（Digital Raster Graphic，DRG）即"4D"产品，一般经过逻辑与几何拼接处理后可以直接入库。

数字化成图是由制图自动化开始的。20 世纪 50 年代美国国防制图局开始对制图自动化进行研究，这一研究同时推动了制图自动化配套设备的研制和开发。20 世纪 70 年代初，制图自动化已形成规模，美国、加拿大及欧洲各国在相关重要部门都建立在自动制图系统。当时的自动制图系统主要包括数字化仪、扫描仪、计算机及显示系统4个部分。其成图过程：将地形图数字化，再由绘图仪在透明塑料片上回放地形图，并与原始地形图叠置以修正错误。

在20世纪80年代，摄影测量经历了模拟法、解析法，发展为今天的数字摄影测量。数字摄影测量是通过摄影的手段，对地面进行扫描得到的数字化影像，由计算机进行处理，从而提供数字地形图或专用地形图、数字地面模型等各种数字化产品。

大比例尺地面数字测图是20世纪70年代电子测速仪（电磁波测距仪或光电测距仪）问世后发展起来的，80年代初全站型电子速测仪的迅猛发展加速了数字测图仪的研究和应用。我国从1983年开始开展数字测图的研究工作。目前，数字测图技术已经得到广泛的应用，其技术手段成熟，为国民经济的发展做出重要贡献。其发展过程大体上可分为两个阶段。

第一阶段主要利用全站仪采集数据，电子手簿记录，同时人工绘制标注测点点号的草图，到室内将测量数据直接由记录器传输到计算机，再由人工按草图编辑图形文件，并输入计算机自动成图，经人机交互编辑修改，最终生成数字地形图，由绘图仪绘制地形图。在数字发展的初级阶段，人们看到了数字测图自动成图的美好前景。

第二阶段仍采用野外测记模式，但成图软件有了实质性的进展。一是开发了智能化的外业数据采集软件；二是计算机成图软件能直接对接收的地形信息数据进行处理。目前，国内利用全站仪配合便携式计算机或掌上计算机，以及直接利用全站仪进行大比例尺地面测图的方法已得到了广泛应用。

20世纪90年代出现了GNSS区域差分技术，又称GNSS-RTK（Real Time Kinematic）实时动态定位技术，这种测量模式是位于基准站（已知的基准点）的GNSS接收机通过数据链将其观测值及基准站坐标信息一起发给流动站的GNSS接收机，流动站不仅接收来自参考站的数据，还直接接收GNSS卫星发射的观测数据，从而组成相位差分观测值进行实时处理，能够实时提供测点在指定坐标系的三维坐标成果，在20 km测程内可达到厘米级的测量精度。实时差分观测时间短，并能实时给出定位坐标。目前，GNSS-RTK数字测图系统已经在开阔地区成为地面数字测图的主要方法。

（二）数字测图的发展趋势

随着科学技术水平的不断提高和地理信息系统的不断发展，全野外数字测图技术将在以下方面得到较快发展。

1. 无线传输技术的应用使得以镜站为中心成为可能

无线数据传输技术应用于全野外数字测图作业中，将使作业效率和成图质量得到进一步提高。目前生产中采用的各种测图方法，所采集的碎部点数据要么存储在全站仪的内存中，要么通过数据传输电缆输入电子平板（笔记本计算机）或 PDA（Personal Digital Assistant，手持终端）电子手簿中。由于不能实现现场实时连线成图，所以必然影响作业效率和成图质量。即使采用电子平板作业，也由于在测站上难以全面看清所测碎部点之间的关系而降低工作效率和质量。

为了很好地解决上述问题，可以引入无线数据传输技术，即实现 PDA 与测站分离，确保测点连线的实时完成，并保证连线的正确无误，具体方法是在全站仪的数据端口安装无线数据发射装置，它能够将全站仪观测的数据实时地发射出去；开发一套适用于 PDA 手簿的数字测图系统并在 PDA 上安装无线数据接收装置。作业时，PDA 操作者与立镜者同行（熟练操作员或在简单地区立镜者可同时操作 PDA），每测完一个点，全站仪的发射装置自动将观测数据发射出去，并被 PDA 接收，测点的位置实时在 PDA 的屏幕上显示出来，操作者根据测点的关系完成现场连线成图，这样就不会因为辨不清测点之间的相互关系而产生连线错误，也不必绘制观测草图进行内业处理，从而实现效率和质量的双重提高。

2. 全站仪与 GNSS-RTK 技术相结合

全野外数字测图技术的另一发展趋势是 GNSS-RTK 技术与全站仪相结合的作业模式。GNSS 具有定位精度高、作业效率高、不需点间通视等突出优点。实时动态定位技术（RTK）更使测定一个点的时间缩短为几秒钟，而定位精度可达厘米级。作业效率与全站仪采集数据相比，可提高 1 倍以上。但是在建筑物密集地区，由于障碍物的遮挡，容易造成卫星失锁现象，使 RTK 作业模式失效，此时可采用全站仪作为补充。所谓 RTK 与全站仪联合作业模式，是指测图作业时，对于开阔地区以及便于 RTK 定位作业的地物（如道路、河流、地下管线检修井等）采用 RTK 技术进行数据采集，对于隐蔽地区及不便于 RTK 定位的地物（如电杆、楼房角点等），则利用 RTK 快速建立图根点，用全站仪进行碎部点的数据采集。这样既可免去常规图根导线测量，同时又有效地控制了误差的积累，提高了全站仪测定碎部点的精度。最后将两种仪器采集的数据整合，形成完整的地形图数据文件，在相应软件的支持下，完成地形图（地籍图、管线图等）的编辑整饰工作。该作业模式的最大特点是在保证作业精度的前提下，易于技术普及且对操作者技术要求不高，从而得到迅速推广使用。

3. GIS 前端数据采集

随着地理信息系统的不断发展，GIS 的空间分析功能将不断增强和完善，作为 GIS 的前端数据采集手段的数字测图技术，必须更好地满足 GIS 对基础地理信息的要求。地形图不再是简单的点、线、面的组合，而应是空间数据与属性数据的集合。野外数据采集时，不仅仅是采集空间数据，同时必须采集相应的属性数据，行业上称之为"数字线划图"，数字线划图成果形式分为非符号化数据和符号化数据两类，这种数据成果可作为 GIS 数据前端采集系统，由于数据结构清晰、数据逻辑性强，数据生产规范（包括科学的编码体系，标准的数据格式，统一的分层标准和完善的数据转换、交换功能）将会受到作业单位的普遍重视。人类正迈向信息社会，作为信息产业重要组成部分的地理信息产业有了蓬勃发展。近几年，我国城市地理信息系统建设的势头迅猛，GIS 的建立离不开数据的更新。没有数据，GIS 就不可能建立；有了数据，若不能及时地更新，GIS 就会失去生命力。数字地（形）图及其更新是建立 GIS 最基础、工作量最大的工作。在各类工程建设中，工程设计所使用的地形图显示于屏幕，在交互式计算机图形系统的支撑下，工程设计人员可直接在屏幕上进行设计、方案比较和选择等。因此，传统的大比例尺测图方法必然要经历一场不可避免的革命性变化，变革最基本的目标就是数字化、自动化（智能化）。

4. 数字测图系统的高度集成化是必然趋势

大比例尺数字测图的发展创造空间需求，而需求指引发展，测图系统的集成是必然趋势。GNSS 和全站仪相结合的新型全站仪已用于多种测量工作，掌上计算机和全站仪的结合或者全站仪自身的功能在不断完善，如全站仪免棱镜测量技术等。

📖【项目小结】

本项目首先介绍了数字测图职业岗位，目的在于建立对课程设置的一个整体印象，了解学习该课程后对今后所从事的工作有何帮助，能从事什么样的职业岗位。本项目的重点是数字地图的基本概念和优点、数字测图的概念和特点，同时应对数字测图的发展历程和未来发展趋势有一个较明晰的了解。

📖【课后习题】

一、单项选择题

1. 以下哪一种比例尺地形图不属于我国基本比例尺地形图。（　　　　）

    A. 1 : 500　　　　　　　　　　　　B. 1 : 10 000

    C. 1 : 100 000　　　　　　　　　　D. 1 : 1 000 000

2. 点位的三维坐标是定位信息，亦称（　　　　）。

    A. 点位信息　　　　　　　　　　　B. 数字信息

    C. 属性信息　　　　　　　　　　　D. 连接信息

二、多项选择题

1. 数字测图内业成图工作主要依靠计算机及专业成图软件,其内业工作与手工测图方法相比具有(　　)的显著特点。

    A. 成图速度快　　　　　　　　　　B. 绘制图形规范

    C. 便于分幅和接边　　　　　　　　D. 易于修改和更新

2. 广义上讲数字测图主要包括的种类有(　　)。

    A. 全野外数字化测图　　　　　　　B. 纸质地图数字化

    C. 数字摄影测量　　　　　　　　　D. 遥感数字测图

3. 数字测图野外测绘时除测定点位的三维坐标外,还必须记录点位的(　　)。

    A. 点位信息　　　　　　　　　　　B. 几何信息

    C. 属性信息　　　　　　　　　　　D. 连接信息

4. 数字地图是指以数字形式存储在(　　)等介质上的地图

    A. 磁盘　　　　　　　　　　　　　B. 磁带

    C. 光盘　　　　　　　　　　　　　D. 纸张

5. 4D 数字测绘产品通常是指(　　)。

    A.DEM　　　　　　　　　　　　　B. DOM

    C. DLG　　　　　　　　　　　　　D. DRG

三、判断题

1. 传统的地图测绘方法是解析法测图,叫白纸测图或手工测图。(　　)

2. 纸质地图数字化主要包括数字化仪数字化和扫描矢量化两种方式。(　　)

3. 纸质地图的载体是纸张,数字地图的载体是计算机存储介质(磁盘、光盘等)。

(　　)

四、简答题

1. 什么是数字测图?

2. 什么是数字地图?

3. 简述数字地图的优点。

4. 数字测图工作有哪些特点?

5. 目前在我国数字测图工作领域中,数据采集方法主要有哪几种?

请同学们扫描以下二维码,获取课后习题答案。

课后习题答案1

📖【课堂测验】

请同学们扫描以下二维码，完成本项目课堂测验及答案。

课堂测验 1

项目二　了解数字测图系统

项目概述

本项目主要介绍了数字测图的基本思想、作业过程、作业模式，数据采集的方法，数字测图系统的定义、构成以及硬、软件的特点，GNSS-RTK 的原理与使用等，旨在培养学生能根据测图特点选择相应的软、硬件以及使用 GNSS-RTK 进行数据采集的能力。

学习目标

通过本项目的学习，理解数字测图系统的软、硬件构成，了解常用的数字测图软件的特点，熟练掌握数字测图每种作业模式、作业流程及其特点，同时能熟练运用 GNSS-RTK 进行坐标测量。

内容分解

项目	重难点	任务	学习目标	主要内容
了解数字测图系统	重点：数字测图系统硬件、软件的使用。难点：矢量数据结构、栅格数据结构及两者区别；GNSS-RTK 四参数及七参数的解算	任务一　了解数字测图基本原理	了解数字测图的基本思想、基本过程、数据采集的信息、数字测图作业模式	数字测图的基本思想；数字测图的基本过程（数据采集、数据处理、成果输出）；数据采集的信息（数字图形的表示，矢量数据结构、栅格数据结构及两者区别）；绘图信息（定位信息、连接信息、属性信息）；数字测图作业模式（数字测记模式、电子平板模式、地形图数字化模式、摄影测量模式、遥感成图模式）
		任务二　认识数字测图系统	了解数字测图系统的概念、数字测图系统硬件、数字测图系统软件	数字测图系统的概念；数字测图系统的组成；数字测图系统的硬件（计算机、全站仪、数字化仪、扫描仪、绘图仪、GNSS 接收机、电子手簿）；数字测图系统的软件（测记模式成图软件、电子平板模式成图软件、掌上电子平板软件、扫描矢量化软件）

项目	重难点	任务	学习目标	主要内容
		任务三　了解 GNSS 在数字测图中的应用	了解差分动态定位测量原理；掌握 RTK 使用方法	实时差分动态定位测量原理；GNSS-RTK 的组成；南方灵锐 S86T 型 GNSS-RTK 使用（设置基准站、设置移动站、参数设置、新建工程、建立坐标系并设置投影参数、测站校正、求解四参数和七参数、检查）；网络 RTK 系统
		任务四　大比例尺数字测图的主要方法	掌握数字测图成果、大比例尺数字测图的手段和方法	数字测图成果（成果描述、成果构成、成果形式、成果要求、成果特征）；大比例尺地形测图的手段和方法（测图流程、主要内容）

一、数字测图的基本思想

传统的地形测图（白纸测图）实质上是将用光学测量仪器获得的观测值用图解的方法转化为图形。这一转化过程几乎都是在野外实现，即使原图的室内整饰也要求在测区驻地完成，因此劳动强度较大；测得的数据所达到的精度也大幅度降低。同时，纸质地形图已难以承载诸多图形信息；变更、修改也极不方便，实在难以适应当前经济建设的需要。

数字测图就是要实现丰富的地形信息和地理信息数字化及作业过程的自动化，缩短野外测图时间，减轻野外劳动强度，将大部分作业内容安排到室内完成。

数字测图的基本思想是将地面上的地形和地理要素（或称模拟量）转换为数字量，然后由电子计算机对其进行处理，得到内容丰富的数字地图，需要时由图形输出设备（如显示器、绘图仪）输出地形图或各种专题图图形。将模拟量转换为数字量这一过程通常称为数据采集。目前数据采集方法主要有野外地面数据采集法、航片数据采集法、原图数字化法。

二、数字测图的基本过程

数字测图的作业过程与使用的设备和软件、数据源及图形输出的目的有关。但不论是测绘地形图，还是制作种类繁多的专题图、行业管理用图，只要是测绘数字图，都必须包括数据采集、数据处理和成果输出 3 个基本阶段。数字测图的作业过程如图 2-1 所示。

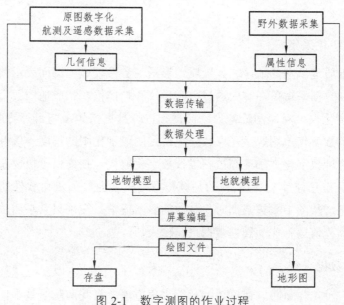

图 2-1　数字测图的作业过程

（一）数据采集

地形图、航测像片、遥感影像、图形数据、野外测量数据及地理调查资料等，都可以作为数字测图的信息源。数据资料可以通过键盘或转储的方法输入计算机；图形和图像资料一定要通过图数转换装置转换成计算机能够识别和处理的数据。数字测图数据采集可通过全站仪野外数据采集、GNSS-RTK 接收机野外数据采集、原图数字化、航测像片数据采集、遥感影像数据采集等方法实现。

1. 野外数据采集

野外采集数据通常采用 GNSS 法（即通过 GNSS-RTK 接收机采集野外碎部点的绘图信息数据）或大地测量仪器法（即通过全站仪、测距仪、经纬仪等大地测量仪器实现碎部点野外数据采集）。

野外数据采集是通过全站仪或 GNSS-RTK 接收机实地测定地形特征点的平面位置和高程，将这些点位信息自动存储在仪器内存储器或电子手簿中，再传输到计算机中（若野外使用便携机，可直接将点位信息存储到便携机中）。每个地形特征点的记录内容包括点号、平面坐标、高程、属性编码和与其他点之间的连接关系等。点号通常是按测量顺序自动生成的；平面坐标和高程是全站仪（或 GNSS-RTK 接收机）自动解算的；属性编码指示了该点的性质，野外通常只输入简编码或不输编码，用草图等形式形象记录碎部点的特征信息，内业可用多种手段输入属性编码；点与点之间的连接关系表明按何种连接顺序构成一个有意义的实体，通常采用绘草图或在便携机上边测边绘来确定。由于目前测量仪器的测量精度高，很容易达到亚厘米级的定位精度，所以地面数字测图是数字测图中精度最高的一种，是城镇小范围大比例尺（尤其是 1∶500）地形测图中主要方法。

2. 原图数字化采集

对于已有纸质地形图的地区，如纸质地形图现势性较好，图面表示清楚、正确，图纸变形较小，则数据采集可在室内通过数字化仪和扫描仪在相应地图数字化软件的支持下进行。用数字化仪可对原图的地形特征逐点进行数据采集（与野外测图类似），对曲线采用手扶跟踪数字化。用数字化仪数字化得到的数字化图的精度一般低于原图，加上作业效率低，这种数字化方法逐渐被扫描仪数字化取代。扫描仪可快速获取原图的数字图像（一幅图只需几分钟），但获得的是栅格数据，要通过矢量化软件处理才能得到地形图的绘图信息。从图上采集数据时，各地物要素通常只需采集其平面位置，而不必采集其高程值，高程值通常作为属性数据进行输入。

3. 航测法数据采集

航测法是一种工作量小、速度快的数据采集方法，是我国测绘基本比例尺地形图的主要方法。该法以航空摄影获取的航空像片作为数据源，利用测区的航空摄影测量获得的立体像对，在解析测图仪上或在经过改装的立体测量仪上采集地形特征点并自动转换成数字信息。由于精度原因，航测法在大比例尺（如 1：500）测图中受到一定限制，目前该法已被全数字摄影测量系统取代。

（二）数据处理

实际上，数字测图的全过程都是在进行数据处理，但这里讲的数据处理阶段是指在数据采集以后到图形输出之前对图形数据的各种处理。数据处理主要包括数据传输、数据预处理、数据转换、数据计算、图形生成、图形编辑与整饰、图形信息的管理与应用等。数据预处理包括坐标变换、各种数据资料的匹配、图形比例尺的统一、不同结构数据的转换等。数据转换内容很多，如将野外采集到的带简码的数据文件或无码数据文件转换为带绘图编码的数据文件，供自动绘图使用；将 AutoCAD 的图形数据文件转换为 GIS 的交换文件。数据计算主要是针对地貌关系的。当数据输入到计算机后，为建立数字地面模型绘制等高线，需要进行插值模型建立、插值计算、等高线光滑处理 3 个过程的工作。在计算过程中，需要给计算机输入必要的数据，如插值等高距、光滑的拟合步距等。必要时需对插值模型进行修改，其余的工作都由计算机自动完成。数据计算还包括对房屋类呈直角拐弯的地物进行误差调整，消除非直角化误差等。

经过数据处理后，可产生平面图形数据文件和数字地面模型文件。要想得到一幅规范的地形图，还要对数据处理后生成的"原始"图形进行修改、编辑、整理；还需要加上汉字注记、高程注记，并填充各种面状地物符号；还要进行测区图形拼接、图形分幅、图廓整饰、图形裁剪、图形信息管理与应用等。

数据处理是数字测图的关键阶段。在数据处理时，既有对图形数据进行交互处理，也有批处理。

（三）成果输出

经过数据处理以后，即可得到数字地图，也就是形成一个图形文件，存储在磁盘上永久保存。可以将数字地图转换成地理信息系统所需的图形格式，用于建立和更新 GIS 图形数据库。输出图形是数字测图的主要目的，通过对层的控制，可以编制和输出各种专题地图（包括平面图、地籍图、地形图、管网图、带状图、规划图等），以满足不同用户的需要。可采用矢量绘图仪、栅格绘图仪、图形显示器、缩微系统等绘制或显示地形图图形。为了使用方便，往往需要用绘图仪或打印机将图形或数据资料输出。在用绘图仪输出图形时，还可按层来控制线划的粗细或颜色，绘制美观、实用的图形。

三、数字测图数据采集的信息

（一）数字图形的表示

综合分析计算机地图制图过程，图形数据的数据类型有 3 种：空间数据、属性数据和拓扑数据，而空间数据是所有数据的基础。空间数据按照数据获取和成图方法的不同，可分为矢量数据和栅格数据两种数据格式，对应的图形通常称为矢量图形和栅格图像。

由野外直接采集、解析测图仪或数字化仪采集的数据是矢量数据，由扫描仪扫描或遥感所获影像的数据是栅格数据。矢量数据结构是人们最熟悉的图形数据结构，从测定地形特征点位置到线划地形图中各类地物的表示以及各类数字图的工程应用基本上都使用矢量格式数字图，而栅格格式的数字图，存在不能编辑修改、不便于工程量算、放大输出时图形不美观等问题，而且一般情况下，同样大小的区域，栅格格式成果质量难以保证，因此数字测图通常采用矢量数据格式。若采集的是数据是栅格数据，必须将其轮换为矢量数据；而且，由计算机输出的矢量图形不仅美观，而且更新方便，应用更广泛。

1. 栅格数据结构

栅格数据结构是将整个制图区域划分成一系列大小一致的栅格（每个格也称像元或像素），形成栅格数据矩阵，用以描述整个制图区域。所谓栅格数据是图形像元值按矩阵形式的集合。根据所表示的信息不同，每个栅格可用不同的灰度值表示，每个栅格被认为是内部一致的基本单元。如图 2-2 所示为用矢量数据结构和栅格数据结构表示的同一地物图形。

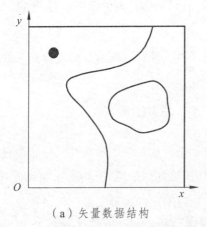
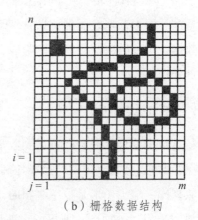

（a）矢量数据结构　　　　　　　　　（b）栅格数据结构

图 2-2　同一图形的两种数据结构

栅格数据结构的优点：栅格数据结构排列规则，实体的坐标位置可以隐含在栅格的存储地址中，编码容易，便于多层要素的叠置分析，适合在栅格式输出设备（如屏幕显示）上输出图形。缺点：由于不能很好地利用数据之间的内在几何关系，其数据冗余较大。栅格数据的精度取决于栅格的大小，栅格愈小精度愈高，但不可能高于数据源（例如实测数据或地形原图）的精度。

用栅格数据表示地图基本元素的方法：点状要素，用其中心点所处的单个像元来表示；线状要素，用其中轴线上的像元集合来表示；面状要素，用其所覆盖的像元集合来表示。

2. 矢量数据结构

地图矢量数据结构是一种用空间坐标来描述点、线、面3种基本类型的地图制图基本元素的，进而达到描述所有地图实体的目的。所谓矢量数据是图形的离散点坐标(x, y)的有序集合，用矢量数据结构描述地图实体的方法是非常简单的，如点状实体可以用一个坐标对(x, y)来描述，坐标对确定了点状地图实体定位点的位置；线状实体可以用一坐标对串来描述，即用(x_1, y_1)、(x_2, y_2)、…、(x_n, y_n)描述线段，其中的每一个坐标对确定的是线状地物定位线上各节点的位置；面状地物也可以用一坐标串来描述，只是要求首末两点的坐标相同，其中每一个坐标对确定的是面状地物边界线的节点位置。矢量数据的特点是直接以采样坐标为基础，可最大限度地利用采样点的精度。另外，矢量数据占用的存储空间一般也相对较少。

这种数据结构的优点：编码容易，数字化操作简单，数据编排直观。缺点：边界坐标数据的多边形实体单元是一一对应的关系，各多边形边界都单独编码及进行数字化，相邻多边形的公共边要数字化两遍，公共边界上的点及多连接方向的节点会数字化多次造成数据存储冗余。

3. 栅格图像与矢量图形的区别

用栅格数据和用矢量数据表示地图基本元素的方法不同，其图形的呈现形式也不同，前者称为栅格图像，后者称为矢量图形，两者的区别如下。

（1）栅格图像是以点阵形式存储，它的基本元素是像素（像元），它是以像素灰度的矩阵形式记录的；矢量图形是以矢量形式存储，它的基本元素是图形要素，图形要素的几何形状是以坐标方式按点、线、面结构记录的。

（2）栅格图像的显示是逐行、逐列、逐像元地显示，与内容无关；矢量图形的显示是逐个图形要素按顺序地显示，显示位置的先后没有规律。

（3）栅格图像放大到一定的倍数时，图像信息会发生失真，特别是图像目标的边界会发生阶梯效应；矢量图形的放大和缩小，其图形要素、目标不会发生失真。

（4）表示效果相同时，栅格图像表示比矢量图形表示占用的存储空间大得多。

依据上述的分析，考虑到地形图的应用，如进行点、线、面、坡度、断面等的计算、各类分析、统计等，数字图必须用矢量数据表示。也就是说，要将栅格图像数据转换成矢量图形数据，即以坐标方式记录图形要素的几何形状，这个转换过程称为矢量化。矢量化后的图形，再经过编辑、修改、加注即生成数字化图，亦可绘出线划图。

（二）绘图信息

测量的基本工作是测定点位。传统的测图方法是用仪器测量水平角、竖直角及距离来确定点位，然后绘图员按照角度与距离将点展绘到图纸上。跑尺员根据实际地形向绘图员报告测的是什么点（如房角点），这个（房角）点应该与哪个（房角）点连接等，绘图员则当场依据展绘的点位按图式符号将地物（房屋）描绘出来。通过这样一点一点地测与绘，一幅地形图就生成了。

数字测图是经过计算机软件自动处理（自动计算、自动识别、自动连接、自动调用图式符号等），自动绘出所测的地形图。地形图图形可以分解为点、线、面 3 种图形要素。因此，数字测图必须采集绘图信息。数字测图采集的绘图信息包括点的定位信息、连接信息和属性信息。

（1）定位信息也称点位信息，是利用仪器在外业测量中测得的，最终以 X、Y、$Z(H)$ 表示的三维坐标。点号在测图系统中是唯一的，根据它可以提取点位坐标。

（2）连接信息是指测点的连接关系，它包括连接点号和连接线型，据此可将相关的点连接成一个地物。上述两种信息皆称为图形信息，又称为几何信息。利用这些几何信息可以绘制房屋、道路、河流、地类界、等高线等图形。

（3）属性信息又称为非几何信息，包括定性信息和定量信息。属性的定性信息用来描述地图图形要素的分类或对地图图形要素进行标名，一般用拟定的特征码（或称地形编码）和文字表示。有了特征码就知道它是什么点，对应的图式是什么。属性的定量信息是说明地图要素的性质、特征或强度的，如面积、楼层、人口、产量、流速等，一般用数字表示。

野外测量时，知道测的是什么，是房屋还是道路等，当场记下该测点的编码和连接信息。计算机成图时，利用测图系统中的图式符号库，只要知道编码，就可以从库中调出与该编码对应的图式符号成图。也就是说，如果测得点位，又知道该测点应与哪个测点相连，还知道它们对应的图式符号，那么就可以将所测的地形图绘出来了。

四、数字测图的作业模式

由于使用的硬件设备不同，软件设计者的思路不同，数字测图有不同的作业模式。就目前数字测图而言，可区分为 5 种不同的作业模式：数字测记模式（简称测记式）、电子平板测绘模式（简称电子平板）、原图数字化模式、航测像片数字化模式和遥感影像数字化模式。

（一）数字测记模式

数字测记模式是一种野外数据采集、室内成图的作业方法。根据野外数据采集硬件设备的不同，可将其进一步分为全站仪数字测记模式和 GNSS-RTK 数字测记模式。

1. 全站仪数字测记模式

全站仪数字测记模式是目前最常见的测记式数字测图作业模式，为大多数软件所支持。该模式是用全站仪实地测定地形点的三维坐标，并用内存储器（或电子手簿）自动记录观测数据，然后将采集的数据传输给计算机，由人工编辑成图或自动成图。采用全站仪，由于测站和镜站的距离可能较远（1 km 以上），测站上很难看到所测点的属性和与其他点的连接关系，通常使用对讲机保持测站与镜站之间的联系，以保证测点编码（简码）输入的正确性，或者在镜站手工绘制草图并记录测点属性、点号及其连接关系，供内业绘图使用。

2. GNSS-RTK 数字测记模式

GNSS-RTK 数字测记模式是采用 GNSS 实时动态定位技术，实地测定地形点的三维坐标，并自动记录定位信息。采集数据的同时，在移动站输入编码、绘制草图或记录绘图信息，供内业绘图使用。目前，移动站的设备已高度集成，接收机、天线、电池与对中杆集于一体，质量仅几千克，使用和携带很方便。使用 GNSS-RTK 采集数据的最大优势是不需要测站和碎部点之间通视，只要接收机与空中 GNSS 卫星通视即可，且移动站与基准站的距离在 20 km 以内可达厘米级的精度（如果采用网络传输数据则不受距离的限制）。实践证明，在非居民区、地表植被较矮小或稀疏区域的地形测量中，用 GNSS-RTK 比全站仪采集数据效率更高。

（二）电子平板测绘模式

电子平板测绘模式就是"全站仪＋便携机＋相应测绘软件"实施的外业测图模式。这种模式用便携机（笔记本计算机）的屏幕模拟测板在野外直接测图，即把全站仪测定的碎部点实时地展绘在便携机屏幕上，用软件的绘图功能边测边绘。这种模式在现场就可以完成绝大多数测图工作，实现数据采集、数据处理、图形编辑现场同步完成，外业"即测即所见，所见即所得"，外业工作完成了图也就绘制出来了，实现了内外业一体化。但该方法存在对设备要求较高、便携机不适应野外作业环境（如供电时间短、液晶屏幕光强看不清）等主要缺陷。目前主要用于房屋密集的城镇地区的测图工作。电子平板测绘模式按照便携机所处位置，分为测站电子平板和镜站遥控电子平板。

1. 测站电子平板测图模式

测站电子平板是将装有测图软件的便携机直接与全站仪连接，在测站上实时地展点，观察测站周围的地形，用软件的绘图功能边测边绘。这样可以及时发现并纠正测量错误，图形的数学精度高。不足之处是测站电子平板受视野所限，对碎部点的属性和碎部点点间的连接关系不易判断准确。

2. 镜站遥控电子平板测图模式

镜站遥控电子平板是将便携机放在镜站，使手持便携机的作业员在跑点现场指挥立镜员跑点，并发出指令遥控驱动全站仪观测（自动跟踪或人工照准），观测结果通过无线传输到便携机，并在屏幕上自动展点。电子平板在镜站现场能够"走到、看到、绘到"，不易漏测，便于提高成图质量。

针对目前电子平板测图模式的不足，许多公司研制开发掌上电子平板测图系统，用基于 Windows CE 的 PDA（掌上计算机）取代便携机。PDA 优点是体积小、质量轻、待机时间长，它的出现，使电子平板作业模式更加方便、实用。

（三）地形图数字化模式

地形图数字化作业模式是指用数字化仪或扫描仪在测区原有纸质地形图基础上进行数据采集的模式。这种作业模式是我国早期（20 世纪 80 年代末和 90 年代初）数字成图的主要作业模式。由于大多数城市都有精度较高、现势性较好的地形图，要制作多功能的数字地形图，这些地形图是很好的数据源。1987 年至 1997 年主要用手扶跟踪数字化仪数字化旧图，后来随着扫描矢量化软件的成熟，扫描仪逐渐取代数字化仪数字化旧图。扫描矢量化作业模式不仅速度快、劳动强度小，而且精度损失较小。

先利用测区的旧图内业数字化成图，再在此基础上进行外业修测，是一种经济的数字成图方法，但得到的数字图的精度与模拟图是一致的。

（四）航空摄影测量成图模式

以航空摄影获取的航空像片做数据源，即利用测区的航空摄影测量获得的立体像对，在解析测图仪上或在经过改装的立体量测仪上采集地形特征点，自动转换成数字信息。这种方法工作量小，采集速度快，是我国测绘基本图的主要方法。由于精度原因，在大比例尺（如 1∶500）测图中受到一定限制。目前该法已逐渐被全数字摄影测量系统所取代。现在国内外已有多家厂商推出数字摄影测量系统，如原武汉测绘科技大学推出的 VirtuoZo、北京测绘科学研究院推出的 JX-4A DPW、美国 Intergraph 公司推出的 ImageStation、德国 Leica 公司推出的 Helava 数字摄影测量系统等。基于影像数字化仪、计算机、数字摄影测量软件和输出设备构成的数字摄影测量工作站是摄影测量、计算机立体视觉影像理解和图像识别等学科的综合成果，计算机不但能完成大多数摄影测量工作，而且借助模式识别理论，实现自动或半自动识别，从而大大提高了摄影测量的自动化功能。全数字摄影测量系统大致作业过程：将影像扫描数字化，利用立体观测系统观测立体模型（计算机视觉），利用系统提供的一系列进行量测的软件——扫描数据处理、测量数据管理、立体显示、地物采集、自动提取（或交互采集）DTM、自动生成正射影像等软件（其中利用了影像相关技术、核线影像匹配技术），使量测过程自动化。全数字摄影测量系统在我国迅速推广和普及，目前已取代了解析摄影测量。

（五）遥感成图模式

在航空投影基础上发展起来的遥感技术，具有感测面积大、获取速度快、受地面条件影响小以及可连续进行、反复观察等特点，已成为采集地球数据及其变化信息的重要技术手段，在国民经济建设和国防科技建设等许多领域发挥重要作用。遥感的物理基础是，不同的物体在一定的温度条件下发射不同波长的电磁波，它们对太阳和人工发射的电磁波具有不同的反射、吸收、透射和散射的特性。根据这种电磁波辐射理论，可以利用各种传感器获得不同物体的影像信息，并达到识别物体大小、类型和属性的目的。遥感成图是采用综合制图的原理和方法，根据成图的目的，以遥感资料为基础信息源，按要求的分类原则和比例尺来反映与主体紧密相关的一种或几种要素的内容。

以上 5 种作业模式各有特点，前 3 种是大比例尺地形图测绘的主要方法，在实际作业过程中，应针对测区实际情况合理选择适用的作业方法，合理安排，使成果、成图符合技术标准及用户要求，以获得最大的经济效益和社会效益。近几年出现了视频全站仪和三维激光扫描仪等快速数据采集设备，使快速测绘数字景观图成为可能。通过在全站仪上安装数字相机（视频全站仪）的方法，可在对被测目标进行摄影的同时，测定相机的摄影姿态，经过计算机对数字影像处理，得到数字地形图或数字景观图；利用三维激光扫描仪，通过空中或地面激光扫描获取高精度地表及构筑物三维坐标，经过计算机实时或事后对三维坐标及几何关系的处理，得到数字地形图或数字景观图。这种快速测绘数字景观的成图模式成为今后建立数字城市的主要手段。

任务二　认识数字测图系统

一、数字测图系统的概念

数字测图通过数字测图系统来实现。数字测图系统是指实现数字测图功能的所有元素的集合。数字测图系统是以计算机为核心，在输入、输出设备硬件和软件的支持下，对地形空间数据进行采集、处理、绘图和管理的测绘系统。

二、数字测图系统的组成

广义地讲，数字测图系统是硬件、软件、人员和数据的总和。

数字测图系统人员是指参与完成数字测图任务的所有工作与管理人员。数字测图对人员提出了较高的技术要求，他们应该是既掌握现代测绘技术又具有一定计算机操作和维护经验的综合性人才。

数字测图系统中的数据主要指系统运行过程中的数据流，包括采集（原始）数据、处理（过渡）数据和数字地形图（产品）数据。采集数据可能是野外测量与调查结果（如碎部点坐标、地物属性等），也可能是内业直接从已有的纸质地形图或图像数字化或矢量化得到的结果（如地形图数字化数据和扫描矢量化数据等）。处理数据主要是指系统运行中的一些过渡性数据文件。数字地形图数据是指生成的数字地形图数据文件，一般包括空间数据和非空间数据两大部分，有时也考虑时间数据。数字测图系统中数据的主要特点是结构复杂、数据量庞大。

数字测图系统的硬件主要有两大类：测绘仪器硬件和计算机硬件。前者指用于外业数据采集的各种测绘仪器，如全站仪、GNSS 接收机等；后者包括用于内业处理的计算机及其外设如显示器、打印机等，以及图形外设，如用于录入已有图形的数字化仪、扫描仪和用于输出纸质地形图的绘图仪。另外，实现外业记录和内、外业数据传输的电子手簿则可能是测绘仪器的一个部分，也可能是某种掌上计算机开发出的独立产品。目前，根据数据采集方法的不同，数字测图系统主要分为以下 3 种。

（一）基于现有地形图的数字成图系统

已有的纸质地形图是十分宝贵的地理信息资源，通过地图数字化的方法可以将其转化成数字地形图。从图上获取数据的过程称为图数转换或模数转换，也称数字化。实现这种转换的仪器称为数字化仪。在纸质地形图上进行数据采集，是数字测图获取数据的一个重要手段，它可加速实现测图、管图、用图的数字化、自动化。地图数字化的方法主要有两种，一种是手扶跟踪数字化，即在数字化仪上对原图各地图要素的特征点通过手扶跟踪的方法逐点进行采集，将采集结果自动传输到计算机中，并由相应的成图软件处理成数字地图；另一种是扫描矢量化，即首先通过扫描仪将原图扫描成数字图像，再在计算机屏幕上进行逐点采集或半自动跟踪，也可直接对各种地图要素进行自动识别与提取，最后由相应的成图软件处理成数字地形图。其基本系统构成如图 2-3 所示。

图 2-3 基于现有地形图的数字地图系统

地图数字化的两种方法中，手扶跟踪数字化精度低、速度慢、劳动强度大、自动化程度低，尽管在发展初期曾是地图数字化的主要方法，但目前已不适宜大批量现有地形图的数字化工作。而地图扫描矢量化法则可充分利用数字图像处理、计算机视觉、模式识别和人工智能等领域的先进技术，提供从逐点采集、半自动跟踪到自动识别与提取的多种互为补充的采集手段，具有精度高、速度快和自动化程度高等优点，已经成为地形图数字化的主要方法。

（二）基于影像的数字测图系统

这种数字测图系统以航空像片或卫星像片作为数据来源，即利用摄影测量与遥感的方法获得测区的影像并构成立体像对，在解析测图仪上采集地形特征点并自动传输到计算机中或直接用数字摄影测量方法进行数据采集，用软件进行数据处理，自动生成数字地形图，并由数控绘图仪进行绘图输出。其基本系统构成如图2-4所示。

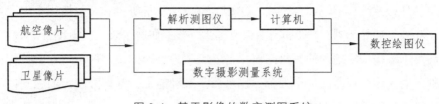

图 2-4　基于影像的数字测图系统

（三）地面数字测图系统

地面数字测图（亦称野外数字测图）系统是利用全站仪或 GNSS-RTK 接收机在野外直接采集有关绘图信息并将其传输到计算机中，通过测图软件进行数据处理形成绘图数据文件，最后由数控绘图仪输出地形图。其基本系统构成如图2-5所示。

图 2-5　地面数字测图系统

由于全站仪、GNSS-RTK 接收机具有较高的测量精度，这种测图方式又具有方便灵活的特点，因而在城镇大比例尺测图和小范围大比例尺工程测图中有广泛的应用。随着我国国民经济的发展和城市化的进程，许多城市都在建立城市测绘信息系统和土地信息系统，在此过程中，一般采用野外数字测图的方法作为地理信息的获取和更新手段。

目前，大多数数字化测图系统具有多种数据采集方法、多种功能和多种应用范围，能输出多种图形和数据资料，如图2-6所示。

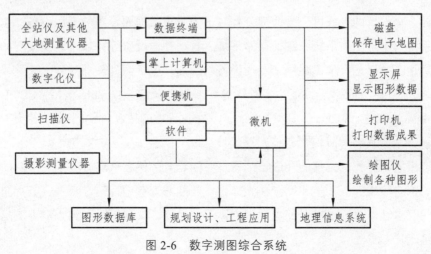

图 2-6　数字测图综合系统

三、数字测图系统的硬件

数字测图系统的硬件主要有两大类：测绘仪器硬件和计算机硬件。前者指用于外业数据采集的各种测绘仪器，如全站仪、GNSS-RTK 接收机等；后者包括用于内业处理的计算机及其外设如显示器、打印机等，以及图形外设，如用于录入已有图形的数字化仪、扫描仪和用于输出纸质地形图的绘图仪。另外，实现外业记录和内、外业数据传输的电子手簿则可能是测绘仪器的一个部分，也可能是某种掌上计算机开发出的独立产品。下面简单介绍它们的功能及在数字测图系统中的地位和作用。

（一）计算机

计算机是数字测图系统中不可替代的主体设备。它的主要作用是运行数字化成图软件，连接数字测图系统中的各种输入输出设备。

计算机硬件由中央处理器（CPU）、内存储器、输入设备、输出设备、总线等部件组成，每个部件分别按要求执行特定的基本功能。

按照体积的大小，计算机一般可以分为台式机、笔记本计算机和掌上计算机。就目前的情况来看，笔记本计算机与台式机在功能上已没有太大的差别。掌上计算机（PDA）是新发展起来的一种性能优越的随身计算机，它的便携带、长待机、笔式输入、图形显示等特点，有效解决了数字测图野外数据采集中的诸多问题。

（二）全站仪

全站仪是全站型电子速测仪的简称，是随着电子技术、光电测距技术以及计算机技术的发展而产生的智能测量仪器，它由电子测角、电子测距、电子计算机和数据存储单元组成的三维坐标测量系统，测量结果能自动显示，是能与外围设备交换信息的多功能测绘仪器。全站仪的组成可分为两部分：一是为采集数据而设置的专用设备，主要有电子测角系统、电子测距系统、数据存储系统、自动补偿设备等；二是测量过程的控制设备，主要用于有序地实现上述每个专用设备的功能，包括微处理器等。

目前，国外主流品牌全站仪主要有徕卡（Leica）、天宝（Trimble）、拓普康（Topcon）、尼康（Nikon）、索佳（Sokkia）、宾得（Pentax）等；国内主流品牌全站仪主要有南方（South）、瑞得、科力达、三鼎、博飞、苏一光等。

生产厂家不同，全站仪的外形、结构、性能和各部件名称略有区别，但总的来讲大同小异，都有照准部、基座和度盘 3 大部件。照准部上有望远镜，水平、竖直制动与微动螺旋，管水准器，圆水准器，光学对中器等。另外，仪器正反两侧大都有液晶显示器和操作键盘。

1. 全站仪的基本功能和应用范围

（1）全站仪的基本功能。

随着信息时代的到来，世界上主要测量仪器公司每年都有新型号的产品出现，使得全站仪的功能与性能不断增强，得到了广大测量人员的青睐和认可。目前的全站仪大都能够存储测量结果，并能进行大气改正、仪器误差改正和数据处理，有丰富的应用程序，如数据采集、施工放样、导线测量、偏心观测、悬高测量、对边测量、自由设站等。有些全站仪还具有自动调焦、激光对中、免棱镜测距及自动跟踪功能。

（2）全站仪的应用范围。

全站仪的应用范围已不仅仅局限于测绘工程、建筑工程、交通与水利工程、地籍与房地产测量，而且在大型工业生产设备和构件的安装调试、船体设计施工、大桥水坝的变形观测、地质灾害监测及体育竞技等领域中都得到了广泛应用。

全站仪的应用具有以下特点：

① 在地形测量过程中，可以将控制测量和地形测量同时进行。

② 在施工放样测量中，可以将设计好的管线、道路、工程建筑的位置测设到地面上，实现三维坐标快速施工放样。

③ 在变形观测中，可以对建筑（构筑）物的变形、地质灾害等进行实时动态监测。

④ 在控制测量中，导线测量、前方交会、后方交会等程序功能操作简单、速度快、精度高，其他程序测量功能方便，实用且应用广泛。

⑤ 在同一个测站点，可以完成测量的全部基本内容，包括角度测量、距离测量、高差测量，实现数据的存储传输。

⑥ 通过传输设备，可以将全站仪与计算机、绘图仪相连，形成内外一体的测绘系统，大大提高了地形图测绘的质量和效率。

2. 全站仪的测角

全站仪的测角由仪器内集成的电子经纬仪完成。电子经纬仪的测角与光学经纬仪类似，主要不同在于电子经纬仪采用光电扫描度盘自动计数、自动数据处理、自动显示及储存、输出数据。全站仪的内部还设置安装了一个微处理器，由它来控制电子测角、测距，以及各项固定参数如温度、气压等信息的输入、输出，还由它进行观测误差的改正、有关数据的实时处理等。

目前，电子经纬仪的测角系统主要有 3 类：绝对式编码度盘测角、增量式光栅度盘测角以及动态式（编码、光栅度盘）测角。有关原理请查阅相关教材，在此不做介绍。

3. 全站仪的测距

目前，全站仪内置的测距仪大都采用相位式红外测距仪。短程的全站仪的测距频率一般采用分散的直接测距频率方式，而长测程的全站仪则均采用集中的间接测距频率方式，即用组合的方式解析得到一组间接测距频率，以便扩大确定整波数 N 的范围。三频率测量原理是采用分散的直接测距频率和集中的间接测距频率的组合——混合测距频率方式。有关原理请查阅相关教材，在此不做介绍。

4. 全站仪的数据通信

所谓全站仪的数据通信，是指全站仪与计算机或 PDA 之间经通信线路而进行的数据交换。目前全站仪与计算机的通信主要是利用全站仪的输出接口，通过通信电缆直接将全站仪内存中的数据文件传送到计算机，也可以从计算机将坐标数据文件和编码库数据直接装入全站仪的内存中。

目前的全站仪大多可以通过 USB 口或者 SD 卡进行数据拷贝，以前的全站仪使用数据线进行通信。全站仪与计算机之间使用数据线进行通信时，为了实现全站仪与计算机之间的正常通信，全站仪与计算机两端的通信参数设置必须一致。通信参数的设置一般包括以下几项（各仪器说明书中都有具体的规定）。

（1）波特率。

波特率表示数据传输速度的快慢，用位/秒（b/s）表示，即每秒钟传输数据的位数（bit）。常见的波特率有 300 b/s，600 b/s，1 200 b/s，1 800 b/s，2 400 b/s，4 800 b/s，9 600 b/s 和 19 200 b/s 等。

（2）数据位。

数据位是指单向传输数据的位数，数据代码通常使用 ASCII 码，一般用 7 位或 8 位。

（3）校验位。

校验位，又称奇偶校验位，是指数据传输时接在每个 7 位二进制数据信息后面发送的第 8 位，它是一种检查传输数据正确与否的方法。即将一个二进制数（校验位）加到发送的二进制信息串后，让所有二进制数（包含校验位）的总和总保持是奇数或偶数，以便在接收单元检核传输的数据是否有误，校验位通常有 5 种校验方式。

① NONE（无校验）。这种方式规定发送数据信息时，不使用校验位。这样就使原来校验位所占用的第 8 位成为可选用的位，这种方法通常用来传送由 8 位二进制数（而不是 7 位 ASCII 码数据）组成的数据信息。这时，数据信息就占用了原来由校验位使用的位置。

② EVEN（偶校验）。这是一种最常用的方法，它规定校验位的值与前面所传输的二进制数据信息有关，并且应使校验位和 7 位二进制数据信息中"1"的总和为偶数。换而言之，如果二进制数据信息中"1"的总数是偶数，则校验位为"0"，如果二进制数据信息中"1"的总数是奇数，则校验位是"1"。

③ ODD（奇校验）。这种方法规定校验位的值与其伴随的二进制数据信息有关，并且应使校验位和 7 位二进制数据信息中"1"的总和为奇数。也就是说，如果数据信息中所有的二进制数"1"的总数是偶数，则校验位为"1"，如果所有二进制制数"1"的总数是奇数，则校验位是"0"。

④ MARK（标记校验）。这种方法规定校验位总是二进制数"1"，而与所传输的数据信息无关。因此这种方式下二进制数"1"仅仅是简单地填补了这个位置，并不能校验数据传输正确与否。它的存在并无实际意义。

⑤ SPACE（空号校验）。这种方法规定校验位总是二进制数"0"，它也只是简单地填补位置，虽有校验位存在，但并不用来做传送质量的检验，其存在也无实际意义。

在全站仪的通信中，一般采用前3种校验方式，占一位，用N或E或O表示（分别代表NONE、EVEN和ODD）。

（4）停止位。

在校验位之后再设置一位或两位停止位，用来表示传输字符的结束。

有的全站仪还规定了自己的发送与接收端间的应答信息。接收端没有发出请求发送的信息，全站仪送出的数据，接收端不会接收，以确保数据传输的正确性和完整性。只有全站仪与计算机（或其他设备如PDA等）两端设置的参数一致，才能实现正确的通信。

5. 全站仪操作注意事项

全站仪集光电于一身，为保证全站仪的正常工作，延长其使用寿命，在操作使用全站仪时应注意：

（1）仪器应由专人使用、保管。迁站、装箱时只能握住仪器的支架，而不能握住镜筒，以免对仪器造成损伤，影响观测精度。

（2）日光下测量应避免将物镜直接瞄准太阳。若在太阳下作业应安装滤光器。

（3）避免在高温和低温下存放仪器，亦应避免温度骤变（使用时气温变化除外）。在高温天气作业时，必须撑伞，否则仪器内部温度容易升到 60~70℃，从而缩短仪器的使用寿命。

（4）仪器不使用时，应将其装入箱内，置于干燥处，注意防振、防尘和防潮。

（5）若仪器工作处的温度与存放处的温度差异太大，应先将仪器留在箱内，直至它适应环境温度后再使用。

（6）仪器长期不使用时，应将仪器上的电池卸下分开存放。电池应每月充电一次，且必须使用专用充电器充电。

（7）仪器运输应将仪器装于箱内进行，运输时应小心避免挤压、碰撞和剧烈振动，长途运输最好在箱子周围使用软垫。

（8）仪器安装至三脚架或拆卸时，要一只手先握住仪器，以防仪器跌落。

（9）外露光学件需要清洁时，应用脱脂棉或镜头纸轻轻擦净，不可用其他物品擦拭。

（10）仪器使用完毕后，用绒布或毛刷清除仪器表面灰尘。仪器被雨水淋湿后，切勿通电开机，应用干净软布擦干并在通风处放一段时间。

（11）作业前应仔细全面检查仪器，确信仪器各项指标、功能、电源、初始设置和改正参数均符合要求时再进行作业。

（12）发现仪器功能异常时，非专业维修人员不可擅自拆开仪器，以免发生不必要的损坏。

（13）其他使用要点与光学经纬仪相同。

（三）数字化仪

数字化仪是数字测图系统中的一种图形录入设备。它的主要功能是将图形转化为数据，所以有时它又称为图数转换设备。在数字化成图工作中，对于已经用传统方法施测过地形图的地区，只要已有地形图的精度和比例尺能满足要求，就可以利用数字化仪将已有的地形图输入计算机中，经编辑、修补后生成相应的数字地形图。

1. 数字化仪结构原理

数字化仪由数字化板、定标器及控制电路组成。数字化板厚度约为 2 cm，其表面平整光滑。表面下的平板之中嵌入了一组互相垂直的规则导线网格（即 x，y 导线栅格阵列），构成了一个具有高分辨度的矩阵（一个精细的坐标系）。图形定标器是一种图形输入装置，其外形像一只拖着尾巴的老鼠，定标器内部装有一个中心嵌着十字丝（十字定准线）的感应线圈，作为信号发射源。定标器上一般有 16 个按键，内部按 0～15 编号，表面按 0～9 和 A～F 标出，用以确定不同的操作方式（通常有点式、开关流式、连续式、步进式、增量式）。作业过程由定标器产生磁场信号，由于电磁感应产生电场，引起嵌在数字化板内的格网状导线相应位置上电场的变化，经过逻辑电路的处理，就得到定标器在数字化板上的坐标。控制机构起到由点信号到数字变换的枢纽作用。在控制机构的微处理器中，还有一个能起缓冲作用的临时存储器，在传送到计算机之前，将坐标值和功能键发出的信号暂存在这里，以便在发现操作不当和错误时及时纠正。

2. 数字化仪的使用

使用手扶跟踪数字化时，连接好计算机后，按要求配置好数字化仪。为了方便操作，通常在数字化板的有效区域的左边贴一个操作菜单，并在使用前标定操作菜单。数字化开始时，应先将原图放在数字化板面上的有效区域内，用透明胶带固紧。打开电源开关，使数字化仪进入运行状态。在数字化采集之前，通常首先进行图纸定向，即对图幅的 4 个图廓点进行数字化。数字化录入时，点状符号将其定位点数字化，线状符号和面状符号中的直线段将其始末点数字化，曲线段则要数字化其上较多的点。曲线数字化的一种方法是跟踪整条曲线，连续记录坐标点；另一种方法是仅采集曲线上的拐点，其他点应用插值计算求出。图形数字化时是分要素进行的，其地形特征码通常通过定标器点取操作菜单输入。手扶跟踪数字化得到的数据是矢量数据。

数字化仪的主要技术指标有分辨率、精确度和幅面大小。分辨率是能分开相邻两点的最小间距，通常为 ±（0.01～0.05）mm，即 100～500 线/mm。精确度是指量测坐标值与原图坐标值的符合程度，一般为±（0.025～0.20）mm；有效工作幅面最小为 280 mm×280 mm，最大可达 1 000 mm×1 200 mm，幅面大小为 A4～A0。

由于数字化仪几何精度低，数字化速度慢，作业劳动强度较大，易疲劳，目前在生产实际中的应用越来越少。

（四）扫描仪

扫描仪的功能是把实在的图像划分成成千上万个点，变成一个点阵图，然后给每个点编码，得到它们的灰度值或者色彩编码值。也就是说，把图像通过光电部件变换为一个数字信息的阵列，使其可以存入计算机并进行处理。通过扫描仪可以把整幅的图形或文字材料，如图形（包括线划地形图）、图像（黑白或彩色，包括遥感和航测照片）、报刊或书籍上的文章等，快速地输入计算机，以栅格图形文件形式保存，通过专用的图形图像软件进行矢量化处理，将栅格数据转换为矢量数据，可供 CAD、GIS 等使用。

扫描仪种类较多，常用的主要有光电感应式扫描仪和 CCID 阵列式扫描仪。目前应用的主要是电荷耦合传感器（CCD）阵列构成的光电式扫描仪。CCD 阵列式扫描仪主要由驱动滚筒、激光源和传感器阵列组成，基本工作原理是用激光源经过光学系统照射原稿，使扫描线区被照亮，同时反射光反射到 CCD 阵列，CCD 阵列将每一个像素的反射光进行数字化，使其成为 8 bit 的灰度值。CCD 感光阵列装置被分成数千个小单元，每个单元里积聚着一个小电荷，这个电荷会根据反射光落在单元里的多少而发生变化，在一个极短暂的时间内，以百万分之一秒的速度完成测量后，扫描仪从传感器阵列的每个单元里收集电荷，并将它们转换成数字信号，扫描仪把数据组织成扫描线，这些扫描线被 CCD 阵列捕获并以数据形式存入计算机。对黑白图像，扫描仪可产生包含不同灰度等级信息的数字信号。对于彩色图像，一般用 3 种颜色（红、绿、蓝）分别进行处理，得到包含 3 种颜色比例信息的结果。

对于文字、图形或图像，通过扫描仪获取的数据形式是相同的，都是扫描区域内每个像素的灰度或色彩值。对这些数据的解释需要专门的算法和相应的处理程序。如对于线划图可用矢量化软件进行矢量，对于文字与表格可进行文字识别，对于航片可通过专用软件进行立体重现，然后进行数字化处理等。

目前扫描仪的型号很多，对于大幅面工程扫描仪，扫描幅面可达 137.2 cm×无限长，扫描介质可以是透明或非透明类，图纸类型可为纸张、相纸、硫酸纸、薄膜胶片等，扫描厚度可达 15 mm，分辨率可达 2 400 dpi。对于普通扫描仪，扫描幅面一般为 A4 幅面，分辨率一般为 300～2 400 dpi。

（五）绘图仪

绘图仪是数字测图系统中一种重要的图形输出设备——输出"纸质地形图"，又称"可视地形图"或数字地形图的"硬拷贝"。在数字测图系统中，尽管能得到数字地形图，且数字地形图具有很多优良的特性，但纸质地形图仍然是不可替代的。一方面是人们的习惯，另一方面则是在很多情况下纸质地形图使用更方便。另外，利用数字地形图得到的回放图也是数字地形图质量检查的一个基本依据。因此，在数字地形图编辑好以后，一般都要在绘图仪上输出纸质地形图。

（六）GNSS 接收机

GNSS（Global Navigation Satellite System）即全球导航卫星系统。利用该系统，用户可以在全球范围内全天候、连续、实时地三维导航定位和测速，可以进行高精度的时间传递和高精度的精密定位。GNSS 主要由空间部分（GNSS 卫星星座）、地面控制部分（地面监控系统）、用户设备部分（GNSS 信号接收机）3 部分组成。RTK 测量系统为 GNSS 测量工作的可靠性和高效率提供了保障，使 GNSS 在测绘行业的应用更加广阔。GNSS-RTK 组成与使用将在本项目任务三进行讲解。

（七）电子手簿

电子手簿是野外测量数据采集与存储的电子数据记录器。它以一种方便数字测图软件处理的文件格式记录数据，同时包括一些野外工作常用的功能（如导线测量与平差、数据通信等），在数字测图中得到广泛应用。

电子手簿实质上是一个取代手工记录的电子数据记录器。从硬件上讲，主要有仪器内置的存储模块或插入式磁卡、仪器厂家生产的与全站仪相配套的专用电子手簿，是以通用的袖珍计算机或掌上计算机为依托开发的电子手簿类型。目前，由于全站仪的内存容量和数据的存取功能已经能够满足数字测图的需要，实际作业一般直接利用全站仪内存作为记录手簿。

各种类型的电子手簿都具有微处理器，能以各自设计的格式记录、存储、观测数据并计算成果数据及其他信息。电子手簿通过标准接口可与测距仪、电子经纬仪连接，也能与电子计算机连接进行数据传输。通常专用的电子手簿分固有程序型和可编程序型两种类型。固有程序型是指进行各种野外测量（如导线测量、后方交会、碎部测量、放样测量等）时，都按电子手簿事先编制好的测量操作程序逐步进行，并能同时得到点的坐标和高程。

四、数字测图系统的软件

从一般意义上讲，数字测图系统中的软件包括为完成数字化成图工作用到的所有软件，即各种操作系统软件（如操作系统 Windows XP、Windows 8、Windows 10 等）、支撑软件（如计算机辅助设计 AutoCAD）和实现数字化成图功能的应用软件（如南方测绘的 CASS 成图软件）。

数字测图应用软件是数字测图系统的关键数据采集、数据处理（包括图形数据的处理）的专用软件，一个功能比较完善的数字测图系统软件，应集数据采集、数据处理（包括图形数据的处理、属性数据及其他数据格式的处理）、成果编辑与修改、成果输出与管理于一身，且通用性强，稳定性好，并提供与其他软件进行数据转换的接口。

目前，国内测绘行业使用的数字测图应用软件较多，比较集中的数字测图系统主要有以下几种。

（一）传统的测记模式成图软件

采用此模式的测图软件以武汉瑞得测绘自动化公司的 RDMS 系统为代表，该类软件保留了传统测图的作业模式。由于外业只能处理数据或某个图块，无法实时显示和处理图形，图形信息在很大程度上靠数据来体现，这就给测绘地面情况比较复杂的地形图、地籍图等带来困难，作业时在现场需要点号与地物一一对应绘制草图。但该系统测量灵活，系统硬件对地形、天气等条件的依赖性较小，易形成规模化生产。

（二）电子平板模式测图软件

采用此模式的系统有南方测绘仪器公司的 CASS 系统、北京清华山维新技术开发公司的 EPSW 系统、广州开思有限公司的 SCS 系统、北京威远图的 SV300 系统和道亨公司的 SVCAD 系统等。电子平板测绘系统在传统数字化成图系统的基础上开发而成，其数据采集与图形处理在同一环境下完成，实时处理所测数据，具有现场直接生成地形图、"即测即显，所见即所得"的优点。由于电子平板测绘系统是基于室内环境开发的一种系统，野外作业时，对阴雨天、暴晒或灰尘等条件难以适应。另外，把室内编辑的大量工作放到外业完成有悖于减少外业工作量的原则。

1. 南方 CASS 成图软件

南方地形地籍成图软件 CASS 是广州南方测绘仪器公司基于 AutoCAD 平台开发的 GIS 前端数据采集系统，主要应用于地形成图、地籍成图、工程测量应用 3 大领域。它全面面向 GIS，彻底打通了数字化成图系统与 GIS 的接口，使用了骨架线实时编辑、简码用户化、GIS 无缝接口等先进技术。CASS 软件推出以来，在我国大部分地区已经成为主流成图软件，其详细的使用操作将在项目五中做详细介绍。南方 CASS 系列软件的主要技术特色如下：

（1）采用 CELL 技术的人机交互界面，数据编辑管理、系统设置更方便快捷；

（2）方便灵活的电子平板多测尺功能，更符合测绘习惯；

（3）完全可视化的断面设计功能，图数互动，设计过程更直观；

（4）方便的图幅管理功能，地形图分幅管理更规范；

（5）数据质量全程控制，具有与主流 GIS 系统无缝接口。

2. 清华山维 EPSW 全息测绘系统

EPSW 全息测绘系统，是北京清华山维新技术开发有限公司开发的面向地形、地籍、房产、管网、道路、航道、林业等多行业的数据采集与管理系统，系统主要特点如下：

（1）工程模板使数据生产标准化和规范化，保证大规模生产各作业组作业规格一致；

（2）利用数据库存储技术，突破数据量瓶颈，可进行任意面积测绘；

（3）支持测站碎部坐标重算，图根控制测量与碎部测绘可同时进行；

（4）支持曲线桥、转弯楼梯等超复杂地物符号表示；

（5）支持多媒体属性，支持 OLE 链接与嵌入；

（6）支持三维显示和空间查询；

（7）数据能被 EPSW 系列软件直接调用，直接进入 SunwayGIS，经转换可进入其他 GIS 系统（如 ArcGIS、MapGIS、Mapinfo 等）。

3. RDMS（瑞得）数字测图系统

RDMS 系统是武汉瑞得信息工程有限责任公司开发的一套集数字采集、数据处理、图形编辑于一体的数字化测图系统。RDMS 系统广泛应用于城市规划、土地管理、水利、交通、地矿、房地产等部门，它不仅可以满足各种地形测量、地籍测量、房产测量、管线测量等，还可进行三维图形的显示漫游、土方工程计算等。系统主要特点如下。

（1）灵活多样的数据采集方式。电子手簿作业、可移动式电子图板作业、直接读取全站仪内存数据成图。支持全站仪数据的多样化以及其他方式采集数据，使用地面摄影等方式采集数据成图。

（2）强大的图形及数据处理功能。全新的操作界面，支持多视图的编辑操作，多方式的窗口排列；菜单配合工具条、对话框，易学易用，无需记忆任何命令和操作；操作可视化、图数合一；符号库开放；动态属性链接；自动拓扑检查；逼真的三维漫游；在生成等高线时，可任意选择三维显示或二维平面显示，无须任何特殊处理，系统自动形成逼真的三维图形，并可自由地进行漫游、水面淹没等模拟操作。

（3）完备的事务处理功能。标准数据交换，开放的数据接口，地籍、房产及管线数据的自动处理。

（4）支持一体化的地类体系。地籍报表的输出支持一体化地类，可使用瑞得报表格式进行编辑和输出，亦可直接导入 Excel 表格中输出。

4. SV300 R2002 数字制图软件

SV300 R2002 是威远图公司采用 AutoCAD 2002i 开发技术全面升级。SV300 R2002 与 AutoCAD 2002i 无缝集成，继承了 AutoCAD 强大的绘图编辑功能，是数字测图的标准化软件。SV300 R2002 将地形测绘、地籍测绘、扫描矢量化等统一到同一环境中，兼备土方计算、线路测设等工程量算功能，实现了大中比例尺地形图成图的全部规范要求，图式图例包括从 1∶500 到 1∶10 000，成图方法有草图法成图、野外电子平板、扫描矢量化等。整个系统将数据采集、地图的编辑加工、等高线生成、数据的存储、面向对象的符号实体进行了集成，并依据图式规范设计了文字注记工具；理想地实现了不同比例尺图形变换；实现了自动分幅；实现了灵活地图廓定制和图廓外整饰。系统的主要特点如下。

（1）采用最新的 ObjectARX、ObjectDBX SDK 技术。SV300 R2002 应用 AutoCAD2002i 最新的 ObjectARX、ObjectDBX SDK 技术。ObjectDBX SDK 是 AutoCAD2002i 为宿主程序（ACAD）、图形文件（DWG）、用户应用程序（ARX）和用户对象文件（DBX）之间的接口。SV300 R2002 应用这种技术，开发了从 1∶500 到 1∶10 000 比例尺的国标地形图图式符号，增强了符号的可移植性和开放性。

（2）多种数据采集方式。

（3）提供 ASCII 格式的接口文件，其中包括了空间数据和属性数据及空间实体的连接关系。在此基础上，提供了转换接口，可进行与主流数据的交换。

（三）掌上电子平板软件

便携机最大的问题是内置电池容量有限，整机价格昂贵. 野外环境恶劣，易于损坏，故目前采用掌上计算机代替便携机，称为掌上电子平板测绘模式。

1. 测图精灵

测图精灵（Mapping Genius）是南方测绘仪器公司全新推出的野外测绘数据采集及成图一体化软件。它充分发挥了掌上平板的优点，实现了坐标、图形、属性数据的同步采集、现场成图，做到了真正的内外业一体化。可视化界面，人性化设计，操作简单，携带方便，是目前较为理想的野外测绘数据采集及成图工具。特别是目前已和全站仪完美结合，开发了 WINCE 全站仪，内置了测图精灵软件，野外测图更加方便灵活。

2. 清华山维 EPSCE 掌上平板测图系统

EPSCE 是浓缩 EPSW 功能的精华，以掌上计算机为支撑平台的外业测图系统，可完成各种比例尺的地形图、地籍图、管网图等专业测绘。系统与 EPS 系列软件数据完全双向兼容，与 EPS 系列软件配套使用，可灵活、便捷和高效地实现 GIS 库的更新与修测。

3. PalmRSP 测绘"熊掌"

PalmRSP 是由广州开思测绘软件公司研制开发的，主要用于大比例尺野外数字测绘和地形图的修、补测以及工程放样，也可以单独用于其他数字化测图系统。提供其他测绘数据采集系统的接口，用于完成碎部点、勘丈点、实体信息以及地物属性数据的野外现场数据采集，从而使外业测绘人员避免了以往作业中由草图到内业的成图过程中容易产生的各种错误，方便了外业测绘人员的工作，提高了工作效率。

（四）扫描矢量化软件

扫描矢量化软件是把扫描得到的栅格图像转换为矢量图形的专用软件。目前，扫描矢量化软件主要有以下几种。

1. 南方 CASSCAN 9.0

CASSCAN9.0 并新增了房屋提取、数字识别等强大功能，同时沿袭了南方地形地籍成图软件 CASS 的精髓，界面友好、流程清晰、操控简单，可以精确捕捉，自动跟踪，结合小幅面扫描仪工作，方便快速地将扫描图数字化，直接得到面向 GIS 的数字化成果。

其工作流程大致如下。

（1）图纸扫描。利用扫描仪将图纸扫描成灰度图或二值栅格图像文件存入磁盘。

（2）图像处理。调入扫描图像后，对图像进行处理，将灰度图处理成二值栅格图。

（3）图像纠正、图像合并。采用多种纠正算法，对图像实行平移旋转拉伸，真正实现图像纠正。若有多幅图，还需进行图像拼接合并，将分幅的图重新合成一幅图。

（4）地物绘制。房屋提取——可以直接识别房屋；数字识别——自动识别数字；线条跟踪——自动批量识别多条自由曲线。

（5）出图。图幅整饰后直接用打印机或绘图仪出图。

2. R2V 自动矢量化软件

迄今为止，这是图像矢量化软件中自动化程度较为完善的软件。该软件将强有力的智能自动数字化技术与方便易用的菜单驱动图形用户界面有机地结合到 Windows NT 环境中，为用户提供了全面的自动化光栅图像到矢量图形的转换，它可以处理多种格式的光栅（扫描）图像，是一个可以用扫描光栅图像为背景的矢量编辑工具。该软件具有良好的适应性和高精确度，非常适合于 GIS、测绘、地质、CAD 及科学计算等。

3. EPSCAN 扫描矢量化系统

EPSCAN 是北京清华山维开发的扫描矢量化系统，能实现图像缩放、旋转、校正、修复、擦除、消蓝、平滑、细化等，图像拼接、接边自动处理，图像色彩和背景随意调整，图像编辑功能丰富。

4. 图形矢量化 VPStudio11 中文版

VPStudio 能将扫描得到的光栅文件转换成 CAD 矢量格式，它是基于 Windows 9x 和 Windows NT 环境的完美的光栅矢量转换软件，适用于各种规格的草案、文档、技术图纸和地图处理。VP 将自动和交互式矢量化的优点融为一体，用其独特、高效、强大的编辑功能将光栅文件完美地转换成 100%CAD 软件兼容的矢量格式。

5. Wintopo Pro V3.5.1

WinTopo 是一款非常精小的光栅（Raster Image）转换成向量（Vector）图像的工具。WinTopo 将光栅图像的线性和多线特点转换成相应的矢量图像。此程序可转换扫描的地质图或者是工程绘图。主要功能包括输入高达 24 位 RGB、BMP、TIFF、GIF 文件；以多种文件格式输出，如 ARC、DXF、Mapinfo、MIF、TXT；使用 Canny 方法进行边缘检测等。

除此之外，较为成熟的扫描矢量化软件还有武汉瑞得公司开发的 RDScan2.0 扫描矢量化系统、北京迪瑞斯新技术发展有限公司的 DrScan 扫描矢量化系统、北京东方泰坦科技有限公司的 TITAN Scanln 地图扫描矢量化软件等。

任务三　了解 GNSS 在数字测图中的应用

GNSS 定位分为绝对定位和相对定位，在测量中主要使用相对定位。GNSS 相对定位在施测中主要有静态相对定位、快速静态相对定位和动态相对定位之分。静态相对定位主要用于精密控制测量，快速静态相对定位主要用于较小范围的控制测量（应用越来越少，逐渐被 RTK 取代），动态相对定位主要用于数据采集、图根控制和施工放样等。动态相对定位又可分为实时差分动态定位 RTK（Real Time Kinematic）、后处理差分动态定位 PPK 和网络（多基准站、单基准站）RTK，其中实时差分动态定位 RTK 在野外数据采集中被广泛应用。

GNSS 系统组成、GNSS 静态相对定位原理、GNSS 静态测量等内容，请参阅 GNSS 定位原理与应用教材，在此不再赘述。本任务主要介绍 GNSS-RTK 的工作原理及使用方法。

一、实时差分动态定位测量原理

GNSS-RTK 测量系统是集计算机技术、数字通信技术、无线电技术和 GNSS 测量定位技术为一体的一种运用载波相位差分技术进行实时定位的 GNSS 测量系统。在这一系统中，基准站以及移动站同时接收 4 颗以上的卫星（初始化则要求 5 颗）进行载波相位观测。而设置在精确坐标已知点上的基准站，在跟踪载波相位测量的同时，通过数据链将测站坐标、观测值、卫星跟踪状态及接收机工作状态发射出去。另一台或若干台接收机则作为移动站在各待定点上依次设站观测，移动站在接收 GNSS 信号进行载波相位观测的同时，还通过数据链接收来自基准站的载波相位差分及其他数据，现场实时解算 WGS-84 坐标系的坐标，并根据控制器上设置的转换参数以及投影方法实时计算出移动站的北京 1954 年坐标系、国家 1980 年大地坐标系、2000 国家大地坐标系或任意定义的城建坐标系的平面坐标和高程。

载波相位差分分为修正法和差分法两类。

1. 修正法

基准站将载波相位修正量通过数据链通信发送给流动站，流动站以其改正本站的载波相位观测值，然后求解流动站的坐标。

2. 差分法

差分法是将基准站采集的载波相位观测值通过数据链通信完整地发送给流动站，流动站的工作手簿（亦称控制器）将其和自己同步得到的载波相位观测值求差，并对相位差分观测依进行实时处理，求得流动站的坐标。GNSS-RTK 主要采用差分法。

二、GNSS- RTK 系统组成

GNSS-RTK 用户系统由一台基准站（亦称参考站）接收机和一台或多台流动站接收机以及用于数据实时传输的数据链系统构成，如图 2-7 所示。

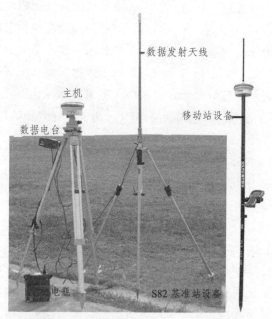

图 2-7　南方零锐 S82 型 GNSS-RTK 系统

基准站的设备有 GNSS 接收机、GNSS 天线（通常与接收机合为一体）、GNSS 无线数传输电台、数据链发射天线、电瓶、连接电缆等；流动站的设备有 GNSS 接收机、GNSS 天线、数据链接收电台（现在大部分已将接收电台模块放置在主机内）、数据链接收天线、工作手簿（控制器）等，流动站主机与工作手簿之间越来越多地采用蓝牙无线通信。

大量的实践证明，在开阔区域，RTK 定位技术较常规测量技术有着不可比拟的优势，如速度快、精度高、不要求通视等，所以在数字测图中已得到了越来越广泛的应用，成为野外数据采集的主要设备。

三、南方灵锐 S86T 型 GNSS-RTK 使用

（一）设置基准站

1. 设置基准站的方法

基准站可以安置在已知控制点上，也可安置在任意合适的位置。具体步骤如下。

（1）安置脚架于控制点上（或未知点上），安装基座，再将基准站主机装上连接器置于基座之上，对中整平。

（2）安置发射天线和电台，建议使用对中杆支架，将连接好的天线尽量升高，再在合适的位置安放发射电台，连接好主机、电台和蓄电池。

（3）检查连接无误后，打开电池开关，再打开电台和主机，并进行相关设置（主机设置为动态模式，电台通道则根据经验设置）。

2. 设置基准站应遵循的原则

（1）基准站要尽量选在地势高、视野开阔地带。

（2）要远离高压输电线路、微波塔及其他微波辐射源，其距离不小于 200 m。

（3）要远离树林、水域等大面积反射物。

（4）要避开高大建筑物及人员密集地带。

3. 安置基准站的特别注意事项

（1）安置脚架要保证稳定，风大时作业要用其他物体固定脚架，避免被大风吹倒。

（2）电源线及连接电缆要完好无损，以免影响信号发射与接收。

（3）开机后要随时观察主机及电台信号灯状态，从而判断主机与电台工作是否正常。

（4）基准站留人看守，以便及时发现基准站工作状态及避免基站被他人损坏或丢失。

（5）安置基准站时要检查箱内所有附件的数量及位置，工作结束后要"归位"，避免影响日后工作。

（二）设置移动站

（1）连接碳纤对中杆、移动站主机和接收天线，连接完毕后主机开机。

（2）安装手簿托架，固定数据采集手簿，打开手簿，进行蓝牙连接，连接完毕后即可进行仪器设置操作。

（三）参数设置

在进行校正之前必须对主机、移动站、手簿中"工程之星"软件进行设置。

1. 手工设置

不论是基准站还是移动站，都可以通过手工来对工作模式进行设置，首先让接收机

处于开机状态，刚开机的主机需要等一段时间，使接收机完成初始化过程，观察仪器表现是处于静态还是动态，再进行操作。若为静态模式，数据链灯和电源灯会长亮，等待搜星达到要求时，开始记录历元，状态指示灯会按采集时间间隔闪烁（如果不设置，默认为 5 s）。手动切换，参数则沿用默认设置参数。

（1）动态与静态模式切换。

若为静态模式，长按电源键，几秒钟之后，蜂鸣器首先会鸣响 3 声，接着沉寂 6 s（电源灯也熄灭），再接着鸣响一声，这时再松开电源键，主机变为关机状态，再开机，主机的工作模式将被设置为动态。

若为动态模式，长按电源键，几秒钟之后，蜂鸣器首先会鸣响 3 声，接着沉寂 6 s（电源灯也熄灭），再接着鸣响两声，这时再松开电源键，主机变为关机状态，再开机，主机的工作模式将被设置为静态。

（2）基准站与移动站设置。

若为动态模式，则进行以下操作。

① 基准站。

模式设置好后开机，在两种条件下，基准站会自动进入发射模式，一个条件是PDOP<2.5；另一个条件是接收卫星数 > 8 颗且 PDOP<4.5，基准站会自动进入发射状态，数据链灯每隔 5 s 快闪两次、状态指示灯每秒闪一次表明基准站正常发射，发射间隔为1 s。如果需要改变发射间隔，或重设发射条件，需将手簿与主机连接来设置基准站。

② 移动站。

动态模式下直接开机，系统会自动搜索差分信息，并锁定通道。

③ 蓝牙初始化。

长按电源键几秒后，蜂鸣器首先鸣响 3 声，接着沉寂 6 s（电源灯也熄灭），再接着鸣响 3 声，这时才松开电源键，主机变为关机状态，再开机，主机的蓝牙完成初始化。

2. 用手簿设置

为进行坐标数据采集，通常装好手簿电池后，需将已安装有"工程之星"软件的手簿与移动站和电台进行连接，并进行必要的设置。

手簿能对移动站接收机进行动态、静态、数据链的设置，但不能进行静态转动态的设置。用手簿切换其他模式后，要对各模式的参数进行设置。如静态模式设置包括点名、采集间隔、卫星高度截止角、天线高和开始采集的 PDOP 条件。

（四）新建工程

按【ENTER】键打开手簿，双击【我的计算机】→【FLASH-DISK】→【SETUP】→【工程之星】图标，出现界面"新建工程"。

执行【工程】→【新建工程】命令，出现"新建作业"对话框，如图 2-8 所示。在对话框中输入作业名称，一般为工程名称或日期命名（可个性化输入），新建作业的方式有向导和套用两种。

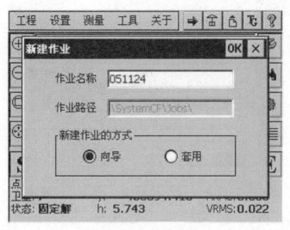

图 2-8　输入工程名

1. 向导方式新建工程

新建的工程（作业）将保存在默认的作业路径"\系统存储器（或 SystemCF\Jobs\）"文件夹中，在如图 2-8 所示界面中，选择"向导"选项，单击【OK】按钮，进入参数设置向导，如图 2-9 所示，可进行参数设置。

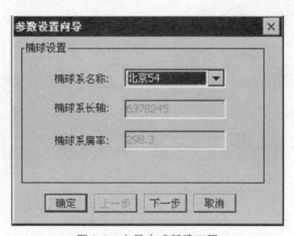

图 2-9　向导方式新建工程

2. 套用方式新建工程

在如图 2-8 所示界面中，输入工程名称后，选择"套用"选项，然后单击【OK】，出现"打开"界面，如图 2-10 所示，选择好套用参照的工程文件，然后单击【确定】，工程已经建立完毕，该新建工程的有关参数与已选的参照工程参数相同。

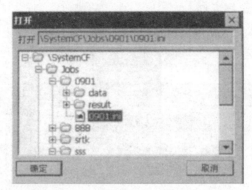

图 2-10 套用方式新建工程

（五）建立坐标系并设置投影参数

在如图 2-9 所示的"参数设置向导"界面中，单击"椭球系名称"下拉按钮，选择工程所用的椭球系（系统默认的椭球为北京 1954 年坐标系，可供选择的椭球系有国家 1980 年坐标系、WGS-84 坐标系、WCS-72 坐标系和自定义坐标系）。然后，单击"下一步"，进入如图 2-11 所示的"参数设置向导"界面。

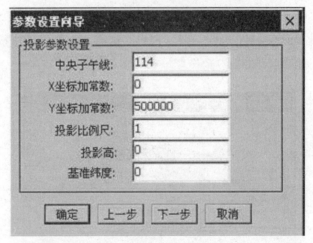

图 2-11 参数设置向导界面

（六）测站校正

校正的目的是将 GNSS 所获得的 WGS-84 坐标转换至工程所需要的当地坐标。根据不同的校正方法，有时需要先求出转换参数，再进行校正。

1. 求转换参数（四参数、七参数）

四参数是同一个椭球系内不同坐标系之间进行转换的参数。在工程之星软件中的四参数指的是在投影设置下选定的椭球内 GNSS 坐标和施工测量坐标系之间的转换参数。

工程之星提供的四参数的计算方式有"工具→参数计算→计算四参数"和"控制点坐标库"两种计算方式。参与计算的控制点原则上至少要用两个公共点，控制点等级的高低和分布直接决定了四参数的控制范围。经验上四参数的理想控制范围一般都在 5 ~ 7 km 以内。四参数的四个基本项分别是 X 平移、Y 平移、旋转角和缩放比例（尺度比）。其操作与计算步骤如下：

工具→参数计算→计算四参数→增加→输入转换前和转换后坐标（两个公共点）→计算→保存→启用四参数。如图 2-12 ~ 图 2-15 所示。

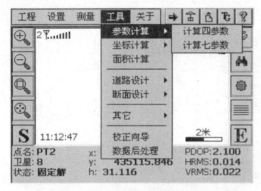

图 2-12　参数设计子菜单

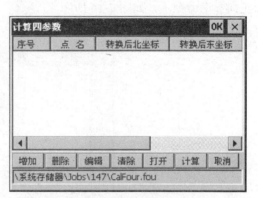

图 2-13　四参数计算

图 2-14　四参数录入

图 2-15　四参数计算完毕

七参数是分别位于两个椭球内的两个坐标系之间的转换参数。在工程之星软件中的七参数指的是 GNSS 测量坐标系和施工坐标系之间的转换参数。工程之星提供了一种七参数的计算方式，七参数计算时至少需要 3 个公共的控制点，且七参数和四参数不能同时使用。3 个点组成的区域最好能覆盖整个测区，这样的效果较好。七参数的控制范围可以达到 10 km 左右。七参数的基本项分别是 X 平移、Y 平移、Z 平移、X 旋转、Y 旋转、Z 旋转和缩放比例（尺度比）。

2. 校正方法

在校正之前启用四参数（七参数）或者在新建工程中启用四参数（七参数）并输入

参数值，然后根据向导完成校正过程。南方灵锐 S82 的校正分"基准站架设在已知点上"和"基准站架设在未知点上"两种方式。两种校正方法的操作基本相同，主要区别是基准站架设在已知点上，要求输入已知点的点位信息；基准站架设在未知点上，要求输入未知点的信息。

（1）基准站架设在已知点的校正步骤。

① 在参数浏览里先检查所要使用的转换参数是否正确，然后执行【工具】→【校正向导】命令项，如图 2-16 所示。

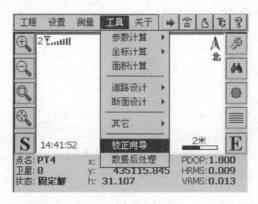

图 2-16　校正向导

② 打开"校正模式选择"界面，如图 2-17 所示，在界面中选择"基准站架设在已知点"，点击【下一步】，打开"输入基准站坐标"界面，如图 2-18 所示。

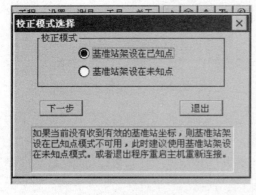

图 2-17　选择校正模式

图 2-18　输入基准站坐标

③ 在如图 2-18 所示界面中输入基准站架设点的已知坐标及天线高，并且选择天线高形式，输入完后即可点击【校正】，进入"校正向导提示"界面，如图 2-19 所示（注意直高与斜高的正确区分和量取）。

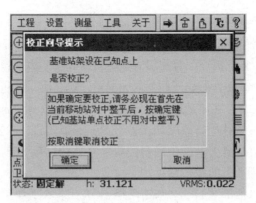

图 2-19　校正确认

④ 系统会提示是否校正，并且显示相关帮助信息，检查无误后点击【确定】按钮，校正完毕。

（2）基准站架在未知点的校正步骤。

① 首先在至少 2 个已知控制点上测定各点 WGS-84 坐标系统下的坐标，各点转动对中杆在互为 90°的 4 个方向采集得 4 次坐标（按手簿上的 A 键即可）、修改点名（每次采集与实际点名一致，且不会发生覆盖），并按【ENTER】键进行存储。

② 采集完后选择【设置】菜单下的求转换参数→【增加】→【录入已知控制点的坐标】（注意认真核对）→按【OK】键→【选择从坐标管理库中选点】→【导入】→选择刚才所建的工程文件中的 RTK 坐标数据（文件后缀为*. RTK），从导入的坐标数据中合理选取对应控制点采集的 4 次坐标值中的一组后确定。

用同法增加第 2 个、第 3 个控制点，然后选择屏幕下方的保存键，输入文件名确定，最后点击【应用】即可（必须选应用，否则重新纠正）。

（七）检　查

校正完成后，为确定参数求解的正确性，并避免给后续工作带来不必要的麻烦，必须测定其他控制点的坐标，与已知坐标比较，若水平误差在 2 cm 以内、高程误差在 3 cm 以内，则可进行后续工作（数据采集、点位放样等测量工作）。

四、网络 GNSS-RTK 系统

近几年来，一些大城市开始建立网络 RTK 系统，这种系统称为连续运行参考站（Continuously Operating Reference Stations，CORS）。CORS 由一个或若干个连续运行的基准站、数据处理中心、数据发布中心和用户流动站组成。

常规 GNSS-RTK 是建立在流动站与从基准站误差强相关这一假设基础上的，当流动站离基准站较远（超过 15 km）时，这种误差强相关性随流动站与基准站的间距增加变得越来越差。

CORS 采用虚拟参考站法，其基本工作原理是在一个市区（较大的区域）均匀地布设多个连续运行的参考站，根据各参考站长期跟踪的观测结果，反演出区域内 GNSS 定位的一些主要误差模型，如电离层、对流层、卫星轨道等误差模型；系统运行时，将这些误差从参考站的观测值中减去，形成所谓的"无误差"观测值，再利用无误差观测值与用户流动站观测值的有效组合，在流动站附近（几米到几十米）建立起一个虚拟参考站。

将流动站和虚拟参考站进行载波相位差分改正，就实现了 RTK 定位。

CORS 差分改正值是多个基准站的观测资料平差的结果，已有效地消除了定位中的各种误差，亦可达到厘米级的定位精度。

连续运行参考站包括单基站、多基站网络 CORS 等多种类型。下面对南方 CORS 系统进行简单介绍。

（一）南方单基准站 CORS 系统

单基准站 CORS 就是只有一个连续运行参考站。类似于 1 + 1 的 RTK，只不过基准站由一个连续运行的基准站代替，基准站同时是一个服务器，通过软件实时查看卫星状态、存储静态数据、实时向 Internet 发送差分信息以及监控移动站作业情况。移动站通过 GPRS、CDMA 网络通信方式与基站服务器进行通信。

1. 系统组成

单基准站 CORS 系统由以下 5 个子系统组成：
（1）基准站子系统（Reference Stations Sub-System，RSS）；
（2）系统控制中心（System Monitoring Center，SMC）；
（3）数据通信子系统（Data Communication Sub-System，DCS）；
（4）用户数据中心（User's Data Center，UDC）；
（5）用户应用子系统（User's Application Sub-System，UAS）。
单基准站 CORS 系统各子系统的定义与功能如表 2-1 所示。

表 2-1　单基准站 CORS 系统各子系统的定义与功能

系统名称	主要工作内容	设备构成	技术实现
基准站子系统（RSS）	卫星信号的捕获、跟踪、采集与传输，设备完好性监测	单个基准站	5 个基准站
系统控制中心（SMC）	数据分流与处理，系统管理与维护，服务生产与用户管理	计算机、网络设备、数据通信设备、电源设备	1 个中心
数据通信子系统（DCS）	把基准站 GNSS 观测数据传输至系统控制中心	有线网络	SDH
用户数据中心（UDC）	向用户提供数据服务	Internet、GSM	因特网、GSM
用户应用子系统（UAS）	按照用户需求进行不同精度定位	GNSS 接收设备、数据通信终端、软件系统	适于 DGNSS、WADGNSS、RTK、SP 系统

2. 系统原理

单基准站 CORS 系统的原理如图 2-20 所示。

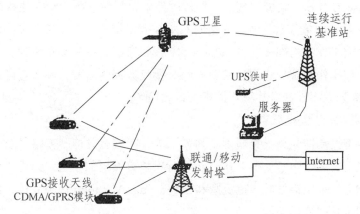

图 2-20　南方单基准站 CORS 系统的原理

3. 系统运作流程

基准站连续不间断地观测 GNSS 卫星信号获取该地区和该时间段的"局域精密星历"及其他改正参数，按照用户要求把静态数据打包存储并把基准站的卫星信息送往服务器上 Eagle 软件的指定位置。

移动站用户接收定位卫星传来的信号，并解算出地理位置坐标。

移动站用户的数据通信模块通过局域网从服务器的指定位置获取基准站提供的差分信息后输入用户单元 GNSS 进行差分解算。

移动站用户在野外完成静态测量后，可以从基准站软件下载同步时间的静态数据进行基线联合解算。

单基准站系统总体数据流程如图 2-21 所示。

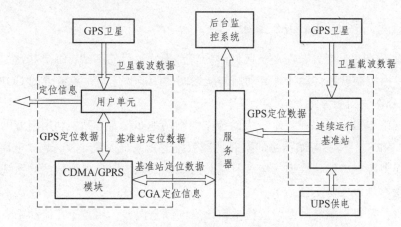

图 2-21　南方单基准站 CORS 系统数据流程

4. 系统构成

（1）基准站主机——South-Base。

South-Base 参考站接收机实现了工控机硬件平台与最新型 GNSS 主板的完美结合，可用于 CORS 系统的单基站、多参考站的 GNSS 数据接收平台。带有多种通信接口，可持续长时间稳定工作；内部安装 Windows XP 操作系统，操作简单方便；50 GB 的硬盘可充分满足存储操作系统、应用软件和 GNSS 接收数据的需要；操作者可通过网络、串口、USB 设备及鼠标/键盘对基准站进行管理和设置。

（2）大地型扼流圈天线。

南方大地型扼流圈天线支持精确度为毫米级，能够有效抑制多路径效应的影响，结合不妥协的稳定的相位中心（小于 0.8 mm）且可以抑制射频干扰。天线建在大地测绘研究标准的基础上，采用铝材质的扼流圈和一个 Dome#Margolin 偶极元件，低噪声、低消耗，还拥有同步频率选择功能。

（3）基站数据采集和传输软件——BaseTrans。

BaseTrans 软件是 South-Base 接收机的内置主控程序，它能够实现接收机的参数配置、卫星状况的监控、GNSS 静态数据的采集和传输、端口的设置等功能，既管理 South-Base 的运行状况，又可以为静态事后差分定位提供静态数据。

（4）信息发布平台——Eagle。

Eagle 是单基站 CORS 的信息发布平台，为 TCP/IP、GPRS、CDMA 访问提供网络服务；同时是整个系统的"中央处理中心"，对参考站采集的数据进行统一管理和处理，可以为 RTK 实时定位提供多种格式的实时差分数据（RTCM、RTCM 2.X、RTCM3.0、CMR），软件可监测数据质量，实时查看当前用户的固定解情况。可以管理流动站用户，根据需要可设定用户登录密码、用户使用时间；监控移动站的工作情况，加入地图，随时可以看到登录移动站所在位置；而且 Eagle 软件可以连接不同的 TCP/IP 地址，管理员或用户可通过互联网查看各站运行情况，以确保系统连续运行的可靠性。

（二）南方多基站 CORS 系统

多基站 CORS 是指分布在一定区域内的多台连续运行的基站，每个基站都是一个单基站系统，由控制软件自动计算流动站与从站间的距离，选择距离最近的 CORS 基站作为 RTK 差分作业的参考站。

南方网络 CORS 可以在一个较大的范围内均匀地布设参考站，利用南方网络参考站系统软件（NRS），将参考站网络的实时观测数据进行系统误差建模，建立电离层、对流层、轨道误差等综合误差模型，然后对覆盖区域内流动站用户观测数据的系统误差进行计算，获得厘米级实时定位结果。

工作时，系统根据流动站位置模拟出该点的综合误差，相当于在流动站点位上生成一个"虚拟参考站"，做短基线解算。

1. 网络 CORS 系统构成

网络 CORS 系统包括控制中心、固定站和用户部分（GNSS-RTK 接收机）以及通信系统。系统工作原理如图 2-22 所示。

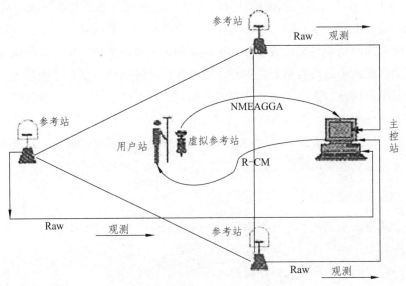

图 2-22　网络 CORS 工作原理

（1）控制中心。

控制中心是整个系统的核心。它既是通信控制中心，也是数据处理中心。它通过通信线（光纤，ADSL）与所有的固定参考站通信；通过 Internet、无线网络与移动用户通信。计算机实时系统控制整个系统的运行，所以控制中心的软件 VFNUS 既是数据处理软件，也是系统管理软件。

（2）固定参考站。

固定参考站是固定的 GNSS 接收系统，分布在整个网络中，一个虚拟参考站网络可以包含无数个站，但最少需要 3 个站，站与站之间的距离可达 70 km（传统高精度网络，站间距离不过 10～20 km），固定参考站与控制中心之间由通信线相连，数据实时传送到控制中心。

（3）用户部分。

用户部分就是用户的 GNSS 接收机，加上无线通信模块（CDMA/GPRS）。接收机通过无线网络将自己的初始位置发给控制中心，并接收控制中心的差分信号，生成厘米级的位置信息。目前，南方网络 CORS 采用通用数据格式，支持现有各种常规 GNSS 接收机。

2. 系统作业流程

（1）各个参考站连续采集现测数据，并实时传输到数据处理与控制中心的数据库中，进行网络计算。参考站原始观测数据包括 GNSS 载波相位以及伪距观测数据、参考站精确坐标、广播星历、气象参数、电离层拓扑信息、多路径历史信息等。

（2）计算中心在线解算 GNSS 参考站网内各独立基线的载波相位整周模糊度值。

（3）利用各参考站相位观测值计算每条基线上各种误差源的实际或综合误差影响值，并依此建立电离层、对流层，轨道误差等距离相关误差的空间参数模型。

（4）流动用户将单点定位或 DGNSS 确定的用户概略坐标（NMEAGGA 格式），通过无线移动数据链传送给数据处理中心，中心在该位置创建一个虚拟参考站，利用中央计算服务器结合用户、基站和 GNSS 卫星的相对几何关系，通过内插得到虚拟参考站上各误差源影响的改正值，并按 RTCM 格式发给流动用户。

（5）流动用户站与虚拟参考站构成短基线。流动用户接收控制中心发送的虚拟参考站差分改正信息或者虚拟观测值，进行差分解算得到用户的位置。

3. CORS 系统的优点

（1）个人测量系统，不需要架参考站，无需引点，作业更方便。

（2）所有用户共享已经建立的统一坐标框架。

（3）提供数据采集过程完整性监控。

（4）使用确定的通信，缩短了初始化时间，作业距离更远。

（5）显著地降低系统误差，提高精度，精度更均匀。

（6）排除依靠单一的参考站作业所带来的风险。

（7）比传统大地控制网均匀，而精度更高。

4. CORS 用途

CORS 系统的服务不再局限于测绘领域，也可以用于监测地壳运动，提供测量控制，支持测量、GIS 数据采集、机械控制以及精密定位和监测等。在数字测图中，主要用 CORS 系统进行野外数据采集。

（三）南方网络 RTK 操作

1. 连接主机和手簿

打开主机和手簿，双击运行"工程之星"（首次运行桌面上可能没有相应的快捷方式，可以到设备中的"Fash disk\setup\"目录下查找，便可在桌面上直接运行）。默认情况下软件会自动进行蓝牙连接，如果弹出"端口打开失败，请重新连接"提示窗口，则点击"设置"菜单下的"连接仪器"选项，然后用光笔点中输入端口项，在文本框中输入 7（数字 7 取决于蓝牙搜索设备后随机分配的端口号），再点击"连接"按钮，就可连接手簿和主机。连接成功后，软件有一个自动搜索过程，若是网络 RTK，屏幕左上角会出现"R"标志，"设置"菜单上，会显示"网络连接"，否则会显示"电台设置"。若显示无数据，表明蓝牙没有连接（或运行了两次工程之星），请检查蓝牙设置或重新进行连接。

2. 新建工程

一般情况下，新建工程只需要输入工程名和中央子午线，转换参数可以暂时不理。运行工程之星，软件默认打开上一次工程文件。

3. 配置网络参数

（1）参数配置。

此设置只需初始时设置一次即可，无需反复设置。当手簿与 GNSS 主机（GNSS 模块）连通之后，手簿读取主机的模块类型，则"设置"下拉菜单下面"电台设置"功能自动变为"网络连接"，如图 2-23 所示。

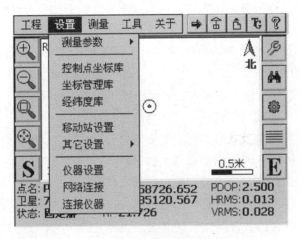

图 2-23　设置菜单

点击"网络连接"选项，出现如图 2-24 所示"网络连接"界面，点击"设置"按钮，打开如图 2-25 所示的"设置"界面。

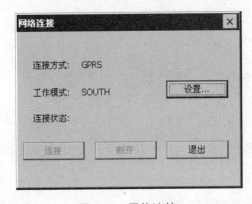

图 2-24　网络连接

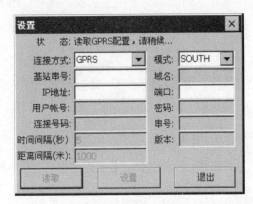

图 2-25　"设置"界面

在如图 2-25 所示界面中,"连接方式"根据手机卡类型点击下拉箭头,选择 GPRS 或 CDMA,"模式"选择 VRS-NTRIP,然后输入 IP 地址、域名、端口、用户名和密码(联系 CORS 中心申请),设置完成后点击【设置】按钮,提示设置成功后退出即可。该设置只需要输入一次,以后无须重复设置。

此时软件上的网络参数已设置完毕,只要参数设置正确,一般情况下很快就可以看到读取的基准站距离,同时很快在屏幕左上角即可看到基准站播发的差分信息。

(2)注意事项。

① 收不到差分信息的处理。

网络 RTK 依托无线网络进行数据传输,有时很久都收不到差分信息,这时要从以下方面进行常见问题的诊断和处理:

a. 通过【设置】→【网络连接】设置,进行网络参数读取,查看参数设置是否正确;

b. 查看【设置】→【移动站设置】,检查差分格式是否正确,选择正确的差分格式;

c. 检查手机卡是否欠费(如为新卡应检查所开通的上网业务是否为 NET 方式,而不能是 WAP 方式);

d. 检查所使用的 GPRS 或 CDMA 网络是否覆盖作业区域。

② 无固定解的处理。

如果可以收到差分信息,但一直处于浮点解,无法达到固定解,则进行以下处理:

a. 检查作业地区的网络是否稳定,网络延迟是否严重;

b. 检查可用卫星分布及状态是否满足要求;

c. 检查流动站距主参考站的距离是否过远;

d. 检查作业地区周围是否有较大的电磁场干扰源;

e. 如果没有上述问题,则重新启动主机重新初始化;

f. 如经过以上检查仍然有差分信息但无法固定,请联系 CORS 中心。

4. 求转换参数

如果已经获得测区参数,在【设置】→【测量参数】中进行输入即可。如果没有转换参数,则需要用控制点来求,转换参数有四参数和七参数之分,两者只能用其一。求转换参数的操作方法与常规 GNSS-RTK 相同,这里不再赘述。

5. 数据采集

转换参数求好之后,进行测站校正,便可以开始正常的碎部点信息采集作业。在作业过程中,可以随时按两下字母【B】键,进行测量点查看。

6. 成果输出

操作:【工程】→【文件输出】。野外作业完成后,要把测量成果以不同的格式输出(不同的成图软件要求的数据格式不一样,例如南方 CASS 的数据格式为点名,属性,Y,X,H)。打开"文件输出"后,在数据输出格式选择框中选择所需格式。

文件转换为所需要的格式后，到系统文件夹下的工程文件夹中，打开"data"文件夹，找到转换后的文件，复制到 SD 卡，即可转存到计算机，供内业成图使用。

任务四　大比例尺数字测图的主要方法

大比例尺地形图工程数字测图基本思想是在野外利用数据采集器将地表的地形信息和附带的地理信息数字化，并实现数字信息的传输、记录、处理、成图、绘图等作业过程的自动化和成果输出的多样化。

一、数字测图成果

（一）数字测图成果的描述

数字线划图（Digital Line Graph，DLG）是以点、线、面形式或地图特定图形符号形式表达地形要素的地理信息矢量数据集。点要素在矢量数据集中表示为一组坐标及相应的属性值，线要素表示为一串坐标组及相应的属性值；面要素表示为首尾点重合的一串坐标组及相应的属性值，数字线划图是我国基础地理信息数字成果的主要组成部分。

（二）数字测图成果构成

数字线划图由数字线划图矢量数据（包括要素属性）、元数据及相关文件构成。

（1）矢量数据包含 GB/T 20257.1、GB/T 20258.1 规定的定位基础（平面与高程）、水系、居民地及设施、交通、管线、境界与政区、地貌、植被与土质等地形要素的空间坐标、属性和几何信息，以及注记、图廓整饰及图形数据等。

（2）元数据是关于数据的说明数据。如图 2-26 所示为元数据的样例。

产品名称	产品代号	图名	图号	比例尺分母	图幅等高距	产品生产日期	产品更新日期	出版日期	产品所有权单位名称	产品生产单位名称
1:500数字线划图	DLG	无	74.75-08.00	500	1	2013.3	无	2013	辽宁省测绘地理信息局	辽宁省基础地理信息中心
产品出版单位名称	数据量	数据格式	西南图廓角点X坐标	西南图廓角点Y坐标	西北图廓角点X坐标	西北图廓角点Y坐标	东北图廓角点X坐标	东北图廓角点Y坐标	东南图廓角点X坐标	东南图廓角点Y坐标	密级
辽宁省测绘地理信息局	242 KB	DWG									秘密

图 2-26　元数据样例示意图

（3）相关文件是指需要随矢量数据同时提供的其他附件及说明信息。

（三）数字测图成果形式

数字线划图分为非符号化和符号化数据两类。

非符号数据是以平面位置坐标、几何信息和属性值表示地形要素，即点线面形式的非符号化数量数据集。

符号化数据是以平面位置坐标、属性和地图特定符号的形式表示地形要素，是按照GB/T 20257.1 要求进行了地图符号化及编辑处理后的数量数据集。

如下图为同一地区 1：2 000 比例尺地形图的两种数据形式。如图 2-27 所示为非符号化数字线划图；如图 2-28 所示为符号化数字线划图。

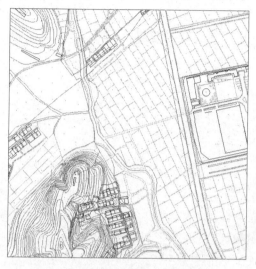 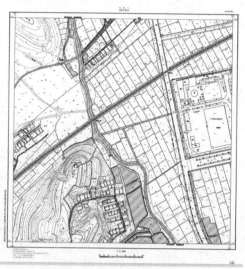

图 2-27　非符号化数字线划图　　　　图 2-28　符号化数字线划图

注：上述图形来自虚拟的行业竞赛数据。

由此可见，数字测图的成果形式为数字线划图（DLG），其非符号化数字线划图是地理信息入库数据的库前数据；符号化数字线划图是数字测图成果的符号化具体体现和应用。

（四）数字测图成果要求

1. 数学基础

坐标系采用 2000 国家大地坐标系；确有必要时，亦可采用依法批准的其他独立坐标系。

地图投影采用高斯-克吕格投影，按 3°分带；确有必要时亦可按 1.5°分带。

高程基准采用 1985 国家高程基准；确有必要时，亦可采用依法批准的其他高程基准。

2. 分幅与编号

数字线划图分幅与编号见 GB/T 20257.1 的规定。

3. 表示内容及方式

数字线划图表示的内容及方式见 GB/T 20257.1 的规定。

4. 要素描述

要素描述包括名称、定义、数据类型、值域、代码以及图式表达等。要素描述按 GB/T 20257.1、GB/T 20258.1 的规定。根据用户需求或制图区域特征可补充增加要素，增加的要素应在相关文件中明示。

5. 基本等高距

基本等高距依据地形类别划分，按如表 2-2 所示规定。一幅图内宜采用一种等高距，亦可以图内线性地物为界采用两种等高距，但不应多余两种。

表 2-2　基本等高距　　　　　　　　　　　　　单位：m

比例尺	地形类别			
	平地 坡度<2°	丘陵地 （2°≤坡度<6°）	山地 （6°≤坡度<25°）	高山地 坡度≥25
1：500	0.5	1.0（0.5）	1.0	1.0
1：1 000	0.5（1.0）	1.0	1.0	2.0
1：2 000	1.0（0.5）	1.0	2.0（2.5）	2.0（2.5）

注1：坡度按图幅范围内大部分的地面坡度划分。
　2：括号内表示依用途需要选用的等高距

以上为 CH/T 9008.1—2010《基础地理信息数字成果 1：500、1：1 000、1：2 000 数字线划图》对数字线划图的要求，有关本规范的其他章节详见附录三。

（五）数字测图成果的特征

从数字测图成果本身的含义及应用范围等方面归纳分析，其应具有下列基本特征。

1. 科学性

数字测图成果的生产、加工和处理等各个环节，都是依据一定的数学基础、测量理论和特定的测绘仪器设备以及特定的软件环境系统来进行的，因而数字测图数据成果具有科学性的特点。

2. 系统性

数字测图数据成果是根据一定的数学基础和投影法则，在一定的测绘基准和测绘系统的控制下，按照先控制、后碎步、先整体、后局部的原则，有着内在的关联，具有系统性。

3. 专业性

不同的测绘项目和不同的要求及不同的成果形式、不同的精度要求，都说明数字测图数据成果具有专业性。

4. 保密性

由于数字测图成果涉及自认地理要素和地表人工的形状、大小、空间位置及其属性，大部分成果会涉及国家安全和利益，具有保密性。

二、大比例尺数字测图的手段和方法

当前能够承担大比例尺 1：500、1：1 000、1：2 000 数字测图从主要采集方式可分为全野外数字测图、摄影测量法数字测图；从数字测图成果的角度可分为新测和修测、补测，即修补测。对于没有电子数据的测区，可以采用扫描矢量化方式进行全野外数据采集或摄影测量法修补测。

选择哪种采集方式需要结合测区内的自然条件、控制点情况、生产单位的仪器设备、软硬件环境、技术人员等条件决定。选择哪种成图方法由测区合同约定和成图后使用情况等决定。

无论采用哪种成图方法，成图的标准是一致的，对于修补测来说，不仅是要对变化的地方进行修正，还要对修正后的数据与周围没有变化的进行图面接边、协调处理，使之成为具有当前现势性的新图。本书只介绍全野外采集方式的新测和修补测。摄影测量法数字测图将在后续的书中阐述。大比例尺地形图全野外数字测图的流程如图 2-29 所示。

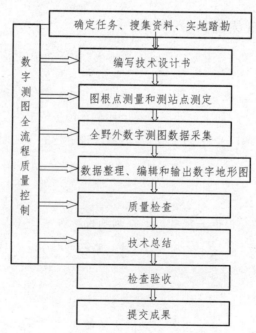

图 2-29　数字测图全流程质量控制

从图中可以看出，质量控制贯穿于生产过程的始终。

三、大比例尺地形图数字测图主要内容

大比例尺地形图数字测图内容包括① 技术设计；② 技术施工；③ 质量控制；④ 技术总结；⑤ 检查验收；⑥ 提交成果。

这几个动作层层递进、相互检核、相互印证、自成系统。

本章节详细论述大比例尺地形图技术设计书的编写，其主要集中在 1 : 500、1 : 1 000、1 : 2 000 为比例尺主要内容来表述，将在后续的章节介绍其他"动作"内容。

【项目小结】

通过本单位的学习，应理解数字测图系统的软、硬件构成，了解常用的数字测图软件的特点，熟练掌握数字测图每种作业模式、作业流程及其特点，同时能熟练运用 GPS-RTK 进行坐标测量。

【课后习题】

一、单项选择题

1. 数字测图采集的绘图信息包括点的定位信息、连接信息和属性信息，其中属性信息又称为（　　）。

  A. 几何信息　　　　　　　　　　B. 非几何信息

  C. 定位信息　　　　　　　　　　D. 位置信息

2. 数字测图采集的绘图信息包括点的定位信息、连接信息和属性信息，其中属性信息包括定性信息和（　　）两种。

  A. 定量信息　　　　　　　　　　B. 时间信息

  C. 位置信息　　　　　　　　　　D. 空间信息

3. 全站仪的测角原理不包括（　　）。

  A. 绝对式编码度盘测角　　　　　B. 量式光栅度盘测角

  C. 动态式（编码、光栅度盘）测角　　D. 脉冲式

4. GNSS（Global Navigation Satellite System）即全球导航卫星系统，其功能不包括（　　）。

  A. 导航　　　　　　　　　　　　B. 定位

  C. 测速　　　　　　　　　　　　D. 测温

5. RTK 的意义是（　　　）。

    A. 实时差分动态定位　　　　　　　　B. 后处理差分动态定位

    C. 静态相对定位　　　　　　　　　　D. 以上都不对

二、多项选择题

1. 不论是测绘地形图，还是制作种类繁多的专题图、行业管理用图，只要是测绘数字图，都必须包括（　　　）3 个基本阶段。

    A. 数据输入　　　　　　　　　　　　B. 数据采集

    C. 数据处理　　　　　　　　　　　　D. 成果输出

2. 野外数据采集时，每个地形特征点的记录内容包括点号、（　　　）、与其他点之间的连接关系等。

    A. 平面坐标　　　　　　　　　　　　B. 高程

    C. 属性编码　　　　　　　　　　　　D. 高差

3. 关于栅格数据结构的说法正确的有（　　　）。

    A. 排列规则　　　　　　　　　　　　B. 编码容易

    C. 数据冗余较大　　　　　　　　　　D. 精度取决于栅格大小

4. 关于矢量数据结构的说法正确的有（　　　）。

    A. 离散点坐标（x, y）的有序集合

    B. 点状实体可以用一个坐标对（x, y）来描述

    C. 线状实体可以用一坐标对串来描述

    D. 占用的存储空间一般也相对较少

5. 数字测图采集的绘图信息包括点的（　　　）。

    A. 定位信息　　　　　　　　　　　　B. 连接信息

    C. 属性信息　　　　　　　　　　　　D. 时空信息

三、判断题

1. 传统的地形测图（白纸测图）实质上是将用光学测量仪器获得的观测值用图解的方法转化为图形。（　　　）

2. 数字测图的基本思想是将地面上的地形和地理要素（或称模拟量）转换为数字量，然后由电子计算机对其进行处理，得到内容丰富的数字地图。（　　　）

3. 对已有的纸质地形图，若图纸现势性较好，图面表示清楚、正确，图纸变形较小，则数据采集可在室内通过数字化仪和扫描仪在相应地图数字化软件支持下进行。（　　　）

4. 扫描仪可快速获取原图的数字图像，扫描直接获得的是矢量数据。（　　　）

5. 栅格数据结构具有排列规则，数据冗余较小。（　　　）

四、简答题

1. 全站仪主要由哪几部分组成？

2. 什么叫波特率？

3. 全站仪在进行数据传输之前应进行哪些设置？

4. 简述 GPS-RTK 系统的基本原理与操作步骤。

5. 常用的数字测图软件有哪些？各有什么特点？

6. 数字测图作业模式有哪几种？

7. 简述数字测图的作业过程。

8. 在操作使用全站仪时应注意什么？

9. 解释以下名词：数字测图系统、几何信息、属性信息、矢量数据、栅格数据。

请同学们扫描以下二维码，获取课后习题答案。

课后习题答案 2

📖 【课堂测验】

请同学们扫描以下二维码，完成本项目课堂测验。

课堂测验 2

项目三　野外数据采集

项目概述

数字测图作业通常分为野外数据采集和内业数据处理编辑两大部分。野外数据采集是数字测图的基础和依据，也是数字测图的重要环节，直接决定成图质量与效率。数据采集就是利用数据采集设备（目前主要是全站仪和GNSS-RTK）在野外直接测定地形特征点的位置，并记录地物的连接关系及其属性，为内业成图提供必要的信息。本章主要介绍数字测图前的准备工作，图根控制测量，野外教据采集原理与方法，测记法、电子平板法（含掌上电子平板）野外数据采集等内容。

学习目标

通过本项目学习，了解野外数据采集碎部点测量的综合取舍原则；掌握图根控制测量的原理和方法，野外教据采集的原理与方法，测记法和电子平板法野外数据采集的方法，南方 CASS 系统的简码应用等；会熟练使用全站仪、GNSS-RTK 等设备进行野外数据采集。

内容分解

重难点	任务	学习目标	主要内容	实训教学组织
全站仪进行野外数据采集的原理及方法；RTK进行野外数据采集的原理及方法；	任务一　大比例尺数字测图技术设计	理解大比例尺数字测图技术设计的主要内容	大比例尺数字测图技术设计（意义、主要依据、基本原则、主要内容）	以本校校园地形图测绘为项目载体，完成"校园1：500数字地形图测绘技术设计"
	任务二　图根控制测量	理解图根控制网布设原则及方法；掌握全站仪、RTK 图根控制测量方法	图根点布设、全站仪图根控制测量（极坐标法、辐射点法、一步测量法）、RTK图根控制测量、图根高程控制测量、增补测站点	给各组分发一份 1：2 000 学院白纸地形图。在教师的引导下，组内在纸上设计图根控制网形后，实地踏勘选点；教师现场演示一步法、辐射法等作业步骤；学生分组进行观测

重难点	任务	学习目标	主要内容	实训教学组织
草图的绘制方法；碎部点采集过程中输入编码的方法	任务三　碎部点数据采集方法与数据编码	掌握碎部点数据采集的基本方法；掌握编码法测图外业数据采集时的编码方法	碎部点数据采集方法（全站仪坐标法、GNSS-RTK坐标法、方向交会法、方向距离交会法、距离交会法）；数据编码（国家标准地形要素分类与编码、全要素编码、简编码、其他编码方案、无码作业和有码作业）	给各组分发一套全站仪测图设备，在教师的引导下，学生分组完成全站仪设站（测站设置、后视定向、定向检查）；给各组分发一套GNSS-RTK测图设备。在教师的引导下，学生分组完成RTK设站及点校正（基准站设置、移动站设置、参数解算、点校正）；熟悉常见地物简编码，为实训过程中野外编码做好准备
	任务四　测记法野外数据采集	掌握利用全站仪进行地物、地貌碎部点采集方法；掌握利用RTK进行地物、地貌碎部点采集方法；掌握野外数据采集时草图的绘制方法，培养正确绘制草图的能力	测记法数据采集的操作程序；野外数据采集基本要求（碎部点采集方法、综合取舍的一般原则）；全站仪野外数据采集（准备工作、数据采集、草图绘制）；GNSS-RTK野外数据采集（仪器设置与连接参数解算及点校正、碎部点采集）	给各组分发一套全站仪测图设备，在教师的引导下，学生分组进行测区碎部点数据采集，绘制测站草图。具体要求掌握如下技能：全站仪的基本操作；全站仪数据采集功能的基本操作；测站观测的方法；跑点的方法；外业草图的绘制；全站仪数据传输。给各组分发一套GNSS-RTK测图设备。在教师的引导下，学生分组进行测区碎部点信息采集，练习地物编码。具体要求掌握如下技能：RTK的基本操作；RTK数据采集功能的基本操作；采点的方法；外业草图的绘制；RTK数据传输
	任务五　电子平板法野外数据采集	了解电子平板测图的方法	电子平板野外数据采集（准备工作、测站设置、测图操作、注意事项）；测图精灵掌上平板电子测图（准备工作、测站设置、测图操作）	给各组分发一套电子平板测图设备，完成相关准备工作、测站设置及测图操作，现场完成校园内一定范围的地形图测绘

接受上级下达任务或签订数字测图任务合同后，为了保证所编写的数字测图技术设计书的可行性和数据采集的顺利进行，要求在数字测图作业开始之前，做好详细周密的准备工作（实施前的测区踏勘、资料收集、器材筹备、观测计划拟定、仪器设备检校等），在此基础上进行大比例数字测图技术设计，并编写技术设计书。

一、测图前的准备工作

（一）仪器器材与资料准备

根据任务的要求，在实施外业测量之前精心准备好所需的仪器、器材，控制成果和技术资料等是非常关键的。

1. 仪器、器材准备

仪器、器材主要包括全站仪、GNSS 接收机、脚架、电子手簿或便携机、对讲机、备用电池、数据线、花杆、棱镜、钢尺、皮尺、计算器、草图本、测伞等。仪器必须经过严格的检校且有充足电量方可投入工作。当然，仪器设备的性能、型号精度、数量与测量的精度、测区的范围、采用的作业模式等有关，各个测区和作业单位的设备配备会有所不同，所以必须根据实际情况认真准备。

2. 控制测量成果和技术资料准备

（1）各类图件。

应准备测区及测区附近已有的各类图件资料，内容包括施测单位、施测年代、等级、精度、比例尺、规范依据、范围、平面和高程坐标系统、投影带号等。

（2）已有控制点资料。

已有控制点资料包括已有控制点的数量、分布，各点的名称、等级、施测单位、保存情况等。最好提前将测区的全部控制成果输入电子手簿、全站仪或便携机，以方便调用。野外采集数据时，若采用测记法，则要求现场绘制较详细的草图，也可在工作底图上进行，底图可以用旧地形图、晒蓝图和航片放大影像图（或从谷歌地球上下载的影像图）。若采用简码识别法或电子平板法测图，可省去草图绘制工作。

（3）其他资料。

其他资料包括测区有关的地质、气象、交通、通信等方面资料及城市与乡、村行政区划表等。

（二）实地踏勘与测区划分

1. 实地踏勘

测区实地踏勘主要调查了解以下内容。

（1）交通情况。公路、铁路、乡村便道的分布及通行情况等。

（2）水系分布情况。江河、湖泊、池塘、水渠分布，桥梁、码头及水路交通情况等。

（3）植被情况。森林、草原、农作物的分布及面积等。

（4）控制点分布情况。三角点、水准点、GNSS 点、导线点的等级、坐标、高程系统，点位数量及分布，点位标志的保存状况等。

（5）居民点分布情况。测区内城镇、乡村居民点的分布，食宿及供电情况等。

（6）当地风俗民情。各民族的分布、民俗和地方方言、习惯及社会治安情况等。

2. 测区划分

为了方便多个作业组同时作业，以提高效率，在野外数据采集之前，常将整个测区划分成多个小区域（作业区）。数字测图不需要按图幅测绘，而是以道路、河流、沟渠等明显线状地物或山脊线为界，将测区划分成若干个作业区，分块测绘。对于地籍测址来说，一般以街坊为单位划分作业区。分区原则是各作业区之间的数据尽可能独立。对于跨作业区的线状地物（如河流），应测定其方向线，以供内业编绘。

（三）人员配备及组织协调

1. 人员配备

根据任务的实际情况，往往需要对外业人员进行分组。以一个作业小组人员配备为例，使用全站仪测记法无码作业时，通常需观测员 1 人、跑尺员（司镜员）1~2 人（也可酌情增减）、领尺员 1 人；使用全站仪测记法有码作业时，则配备观测员 1 人、跑尺员（司镜员）1~3 人；使用电子平板作业时，则测站配备 1~2 人，跑尺员（司镜员）1~2 人；使用 GNSS-RTK 作业模式时，则基站配备 1 人，每个移动站配备 1~2 人。

以上人员配置并非绝对，可根据情况做一定调整，但领尺员是作业小组的核心，负责画草图和内业成图，他必须与测站保持良好的联系，保证草图上的点号和手簿上的点号一致，有时还需对跑尺员进行必要的指挥，所以须安排技术过硬和经验丰富的人来担任。

2. 组织协调

数字测图不仅涉及作业单位内部的分工协调，还涉及委托方和主管部门、测绘单位和测区的各家各户。因此，作业单位在做好内部分共的同时，还必须做好与外部的协调、联系工作。这一环节的工作主要是首先与委托方或主管部门协调数字测图工作的具体时间，测区范围大小，测绘内容、深度及作业工期要求，测图比例尺，数字测图经费，如何收集资料以及其他涉及测绘的相关工作如何落实等问题；然后根据技术力量的状况组织工作队伍（通常应成立技术指导与跟踪检查组和数字测图作业小组）、落实清楚各项任务，分工明确，并保证责任到人。

二、大比例尺数字测图技术设计

在数字测图前，为了保证测量工作在技术上合理可靠，经济上节省人力、物力，有计划、有步骤地开展工作，一般应精心编写数字测图技术设计书。对于小范围的大比例尺测图、修测或补测等，可根据实际情况只作简单的技术说明。

所谓技术设计，就是根据测图比例尺、测图面积和测图方法以及用图单位的具体要求，结合测图的自然地理条件和本单位的仪器设备、技术力量及资金等情况，灵活运用测绘学的有关理论和方法，制定在技术上可行、经济上合理的技术方案、作业方法和实施计划，并将其按一定格式编写成技术设计书。

微课视频：3-1 大比例尺数字测图技术设计

（一）技术设计的意义

测绘技术设计的目的是制定切实可行的技术方案，保证测绘成果（或产品）符合技术标准和满足顾客要求，并获得最佳的社会效益和经济效益。因此，每个测绘项目作业前应进行技术设计。

数字测图技术设计规范了整个数字测图过程的技术环节。从硬件配置到软件选配，从测量方案、测量方法及精度等级的确定到数据的记录计算、图形文件的生成、编辑及处理，直到各工序之间的配合与协调和检查验收要求等，以及各类成果数据和图形文件符合规范、图式要求和用户的需要。各项工作都应在数字测图技术设计的指导下开展。

数字测图技术设计是数字测图最基本的工作。技术设计书须呈报上级主管部门或测图任务的委托单位审批，并按规定向测绘主管部门备案，未经批准不得实施。当技术设计需要作原则性修改或补充时，须由生产单位或设计单位提出修改意见或补充稿，及时上报原审批单位核准后方可执行。

（二）数字测图技术设计的主要依据

1. 上级下达的测绘任务书或测绘合同

测绘任务书或测绘合同是测绘施工单位上级主管部门或合同甲方下达的技术要求

文件。这种技术文件是指令性的，它包含工程项目或编号、设计阶段及测量目的、测区范围（附图）及工作量、对测量工作的主要技术要求和特殊要求，以及上交资料的种类和时间等内容。

数字测图方案设计，一般是依据测绘任务书提出的数字测图的目的、精度、控制点密度、提交的成果和经济指标等，结合规范（规程）规定和本单位的仪器设备、技术人员状况，通过现场踏勘具体确定加密控制方案、数字测图的方式、野外数字采集的方法以及时间、人员安排等内容。

2. 有关的技术规范、规程、图式

数字测图测量规范（规程）是国家测绘管理部门或行业部门制定的技术法规，目前数字测图技术设计依据的规范（规程）有

（1）《国家基本比例尺地图图式第一部分：1∶500、1∶1 000、1∶2 000 地形图图式》（GB/T 20257.1—2017）；

（2）《1∶500、1∶1 000、1∶2 000 地形图数字化规范》（GB/T 17160—2008）；

（3）《基础地理信息要素分类与代码》（GB/T 13923—2022）；

（4）《1∶500、1∶1 000、1∶2 000 外业数字测图技术规程》（GB/T 14912—2017）；

（5）《工程测量标准》GB 50026—2020 或《城市测量规范》（CJJ T8—2011）；

（6）《地籍测绘规范》（CH5002—94）、《地籍图图式》（CH5003—94）、《房地产测量规范》（GB/T 17896—2000）、《地籍调查规程》（GB/T 42547—2023）；

（7）《测绘技术设计规定》（CH/T 1004—2005）；

（8）测绘任务书中要求的执行的有关技术规程、规范。

此外，还包括地形测量的生产定额、成本定额和装备标准，测区已有的资料等。

专业规范：3-1《1∶500 1∶1 000 1∶2 000 地形图图式》（GB/T 20257.1—2017）

专业规范：3-2《1∶500，1∶1 000，1∶2 000 外业数字测图技术规程》（GB/T 14912—2017）

专业规范：3-3 《测绘技术设计规定》（CH/T 1004—2005）

专业规范 3-4《城市测量规范》（CJJ T8—2011）

（三）技术设计的基本原则

技术设计是一项技术性和政策性非常强的工作，设计时应遵循以下基本原则。

（1）技术设计方案应充分考虑顾客的要求，引用适用的国家、行业或地方的相关标准，重视社会效益和经济效益。

（2）技术设计方案应先考虑整体而后局部，且顾及发展；要根据作业区实际情况，考虑作业单位的资源条件（如人员的技术能力和软、硬件配置情况等），挖掘潜力，选择最适用的方案。

（3）积极采用适用的新技术、新方法和新工艺。

（4）认真分析和充分利用已有的测绘成果（或产品）和资料；对于外业测量，必要时应进行实地勘察，并编写踏勘报告。

（5）当测图面积非常大，需要的工期较长时，可根据用图单位的规划和轻重缓急，将测区划分为几个小区域，分别进行技术设计；当测区较小时，技术设计的详略可根据情况确定。

（四）技术设计书的主要内容

设计人员必须明确任务的要求和特点、工作量和设计依据及设计原则，认真做好测区情况的踏勘、调查和分析工作，对设计书负责。在此基础上做出切实可行的技术设计。技术设计要求内容明确，文字精练；对作业中容易混淆和忽视的问题，应重点叙述；使用的名词、术语、公式、代号和计量单位等应与有关规范和标准一致。技术设计书主要包含以下内容。

1. 任务概述

说明任务来源、测区范围、地理位置、行政隶属、成图比例尺、采集内容、任务量等基本情况。

2. 测区自然地理概况和已有资料情况

（1）测区自然地理概况。

根据需要说明与设计方案或作业有关的测区自然地理概况，内容可包括测区地理特征、居民地、交通、气候情况和困难类别等。

（2）已有资料情况。

说明已有资料的施测年代，采用的平面、高程基准，资料的数量、形式，主要质量情况和评价，利用的可能性和利用方案，等。

3. 引用文件

说明专业技术设计书编写中所引用的标准、规范或其他技术文件。主要包括

（1）上级下达的测绘任务书、数字测图委托书（或测绘合同）；

（2）本工程执行的规范及图式，其中要说明执行的定额及工程所在地的地方测绘管理部门制定的适合本地区的一些技术规定等。

4. 成果（或产品）规格和主要技术指标

说明作业或成果的比例尺、平面和高程基准、投影方式、成图方法、成图基本等高距、数据精度、格式、基本内容以及其他主要技术指标等。

5. 设计方案

设计方案内容主要包括

（1）规定测量仪器的类型、数量、精度指标以及对仪器校准或检定的要求，规定作业所需的专业应用软件及其他配置。

（2）图根控制测量：规定各类图根点的布设，标志的设置，观测使用的仪器、测量方法和测量限差的要求等。

（3）规定作业方法和技术要求：规定野外地形数据采集方法，包括采用全站型速测仪、平板仪、全球定位系统（GNSS）测量等；规定野外数据采集的内容、要素代码、精度要求；规定属性调查的内容和要求；数字高程模型（DEM），应规定高程数据采集的要求；规定数据记录要求；规定数据编辑、接边、处理、检查和成图工具等要求；数字高程模型（DEM）和数字地形模型（DTM），还应规定内插 DEM 和分层设色的要求等。

（4）其他特殊要求：拟定所需的主要物资及交通工具等，指出物资供应、通信联络、业务管理以及其他特殊情况下的应对措施或对作业的建议等；采用新技术、新仪器测图时，需规定具体的作业方法、技术要求、限差规定和必要的精度估算和说明。

6. 质量控制环节和质量检查的主要要求

质量控制的核心是在数字测图的每一个环节采取所制定的技术和管理的措施、方案，控制各环节的质量。应重点说明数字测图各环节的检查方法、要求。

检查验收方案应重点说明数字地形图的检测方法、实地检测工作量和要求，中间工序检查的方法与要求，自检、互检、组检方法和要求，各级各类检查结果的处理意见等。

7. 应提交的资料

上交和归档成果及其资料的内容和要求。

8. 建议与措施

每个数字测图项目的实际情况总是不尽相同的，在工程的具体实施过程中势必会出现各种各样的问题，各类突发事件也时常发生。为顺利按时完成测图任务、确保工程质量，技术设计书中不仅应就如何组织力量、保证质量、提高效益等方面提出建议，而且要充分、全面、合理预见工程实施中可能遇见的技术难题、组织漏洞和各类突发事件等，并针对性地制订处理预案，提出切实可行的解决方法。

最后应说明业务管理、物资供应、食宿安排、交通设备、安全保障等方面必须采取的措施。

数字测图技术设计书示例详见附录一，仅供学习参考。

任务二 图根控制测量

当测图高级控制点的密度不能够满足大比例尺数字测图的需求时，需加密适当数量的图根控制点，直接供测图使用，这项工作称为图根控制测量。它是碎部测量之前的一个重要环节，在较小的独立测区测图时，图根控制可以作为首级控制。野外数据采集包括两个阶段，即图根控制测量和地形特征点（碎部点）采集。

测区高级控制点的密度不能满足大比例尺数据测图的需求时，应加密适当数量的图根控制点，又称图根点，直接供测图使用。图根控制布设，是在各等级控制下进行加密，一般不超过两次附合。在较小的独立测区测图时，图根控制可作为首级控制。

图根控制测量包括图根平面控制测量和图根高程控制测量。

图根平面控制点的布设，可采用图根导线、图根三角、交会方法和 GNSS-RTK 等方法。常用的导线测量方法有一步测量法和支站法等。

一、图根点布设

图根控制点（包括已知高级点）的密度，应根据地形复杂、破碎程度或隐蔽情况而决定。如果利用全站仪采集碎部点，就常规成图方法而言，一般以在 500 m 以内能测到碎部点为原则。一般平坦而开阔地区每平方千米图根点的密度，对于 1/2 000 比例尺测图不少于 4 个，对于 1/1 000 比例尺测图不少于 16 个，对于 1/500 比例尺测图不少于 64 个。

图根点相对于图根起算点的点位中误差，按测图比例尺：1∶500 不应大于 5 cm，1∶1 000、1∶2 000 不应大于 10 cm。高程中误差不应大于测图基本等高距的 1/10。

图根点应视需要埋设适当数量的标石，城市建设区和工业建设区标石的埋设，应考虑满足地形图修测的需要。

二、全站仪图根控制测量

利用全站仪进行图根平面控制测量，可采用图根导线（网）、极坐标法（引点法）、辐射法、一步测量法和交会法等方法布设。在各等级控制点下加密图根点，不宜超过二次附合。在难以布设附合导线的地区，可布设成支导线。测区范围较小时，图根导线可作为首级控制。图根导线的测量方法及相关技术要求请查阅《地形测量》教材和相关规范，在此不再赘述。

微课视频：3-2　全站仪测回法测水平角及数据记录计算过程

微课视频：3-3　全站仪导线测量一个测回的观测顺序

微课视频：3-4　全站仪导线外业测量及平差计算

（一）极坐标法

采用光电测距极坐标法测量时，应在等级控制点或一次附合图根点上进行，且应联测两个已知方向，其边长按测图比例尺：1：500 不应大于 300 m，1：1 000 不应大于 500 m，1：2 000 不应大于 700 m。采用光电测距极坐标法所测的图根点，不应再次发展。

（二）辐射点法

辐射点法就是在某一通视良好的等级控制点上，用极坐标测量方法，按全圆方向观测方式，依次测定周围几个图根控制点。这种方法的优点：一是图根点只需与测站通视，易于选择有利于测图的最佳位置；二是无需平差计算，可直接获得坐标，只要采取一定的措施，相对于测站的点位精度可控制在 5 cm 之内，常用于以地形图为主的大比例尺数字测图。为了保证图根点的可靠性，一般要变换定向点进行两次观测。该方法可连续进行，通常不超过 3 站，且每站都应变换定向点进行检核。

（三）一步测量法

对于小范围区域测图，有些测图软件有"一步测量法"功能，不需要单独进行图根控制测量。一步测量法就是在图根导线选点、埋石以后，利用全站仪将图根导线测量与碎部测量同时作业，在测定导线后，提取各条导线测量数据进行导线平差，而后按图根导线点的新坐标对碎部点进行坐标重算，这样可以提高外业工作效率。

"一步测量法"的步骤归结为（见图 3-1），先在已知坐标的控制点 V501 上设测站，在该测站上先测出下一导线点 C1（图根点）的坐标，然后再施测本测站的碎部点 30、36、56、50 的坐标，并可实时展点绘图。搬到下一测站 C1，其坐标已知，测出下一导线点 C2 的坐标，再测本站碎部点 40、41 点坐标……待导线测到 C5 测站，可测得 V511 坐标，记作 V511′点。V511′点坐标与 V511 点已知坐标之差，即为该附合导线的闭合差。若闭合差在限差范围之内，则可平差计算出各导线点的坐标。为提高测图精度，可根据平差后的坐标值，重新计算各碎部点的坐标，然后再显示成图。若闭合差超限，则想办法查找出导线错误之处，返工重测，直至闭合为止。但这个返工工作量仅限于图根点的返工，而碎部点原始测量的数据仍可利用，闭合后，重算碎部点坐标即可。

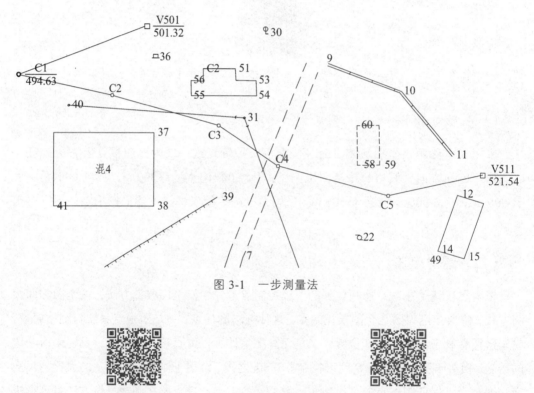

图 3-1　一步测量法

动画：3-1 全站仪测回法测水平角　　　　　动画：3-2 全站仪三维坐标测量原理

动画：3-3 全站仪三联脚架法导线测量

三、RTK 图根控制测量

随着 RTK 技术的快速发展，目前利用 GNSS-RTK 进行图根控制测量在数字测图中已得到普遍使用，在一般地形区域，具有速度快、作业面积大、不传递误差等特点。特别是在开阔的测区，GNSS-RTK 图根控制测量更能充分发挥其优越性。GNSS-RTK 测量原理及使用详见项目二任务三。RTK 图根控制测量的相关要求如下。

（1）RTK 图根点标志宜采用木桩、铁桩或其他临时标志，必要时可埋设一定数量的标石。

（2）RTK 图根点测量时，地心坐标系与地方坐标系的转换参数的获取方法一般是在测区现场通过点校正的方法获取。

（3）RTK 图根点高程的测定，通过流动站测得的大地高减去流动站的高程异常获得。流动站的高程异常可以采用数学拟合方法、似大地水准面精化模型内插等方法获取，也可以在测区现场通过点校正的方法获取。

（4）RTK 图根点测量流动站观测时应用三角架对中整平，每次观测历元数应大于20 个。

（5）RTK 图根点测量平面坐标转换残差不应大于图上 ± 0.07 mm。RTK 图根点测量高程拟合残差不应大于 1/12 基本等高距。

（6）RTK 图根点测量平面测量各次测量点位较差不应大于图上 0.1mm，高程测量各次测量高程较差不应大于 1/10 基本等高距，各次结果取中数作为最后结果。

微课视频：3-5 GNSS-RTK 硬件介绍　　微课视频：3-6 GNSS-RTK 的连接与调试

动画：3-4 GNSS-RTK 七参数求解过程

四、图根高程控制测量

图根点的高程应采用图根水准测量或电磁波测距三角高程测量。图根水准可沿图根点布设为附合路线、闭合路线或结点网。图根水准测量应起始于不低于四等精度的高程控制点上。当水准路线布设成支线时，应采用往返观测，其路线长度不应大于 2.5 km。

当水准路线组成单结点时，各段路线的长度不应大于 3.7 km。

电磁波测距三角高程测量附合路线长度不应大于 5 km，布设成支线不应大于 2.5 km。仪器高、坐标高量取至毫米。其路线应起闭于图根以上各等级高程控制点。

五、增补测站点

数字测图时应尽量利用各级控制点作为测站点。但由于地表上的地物、地貌有时是极其复杂零碎的，要全部在各级控制点上采集到所有的碎部点往往比较困难，因此，除了利用各级控制点外，还要增设测站点。

增设测站点是在控制点或图根点上，采用极坐标法、支导线法、自由设站法等方法测定测站点的坐标和高程。数字测图时，测站点的点位精度，相对于附近图根点的中误差不应大于 $0.2 \times M \times 10^{-3}$ m，高程中误差不应大于测图基本等高距的 1/6。利用极坐标法、支导线法增补测站点的原理与传统测图方法完全一致。这里只介绍自由设站法。

自由设站就是使用全站仪在一个未知坐标的测站点 P 上观测 N 个已知控制点（观测方向数受全站仪内置程序限制，一般不超过 5 个），根据观测值（方向值及距离）和控制点坐标先计算出设站点 P 的近似坐标，然后列出方向和边长的误差方程式，经过间接平差计算测站点 P 的平面坐标。测站点 P 的高程由电磁波测距三角高程测量方法求得。该方法的优点在于要求的控制点数目少，设站基本上不受图形限制，测站点的平面坐标按间接平差计算，具有较高的平面精度。

进行自由设站时，根据联测控制点数的不同，分为 3 种情况：一是用方向和距离联测两个控制点，如图 3-2（a）所示；二是用方向联测 3 个控制点，如图 3-2（b）所示；三是用多余观测进行自由设站，如图 3-2（c）所示。只联测 3 个控制点的方向进行自由设站和后方交会相同，没有多余观测和检查条件，一般不宜采用。

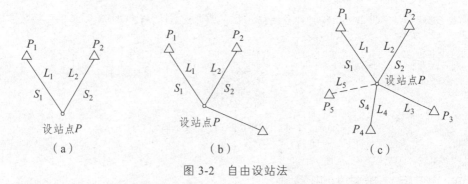

图 3-2 自由设站法

使用全站仪自由设站时，设站操作完成后，全站仪会自动完成测站和定向设置（不用另行进行测站和后视设置），可直接进入碎部点数据采集。

在地形琐碎、合水线地形复杂地段，小沟、小山脊转弯处，房屋密集的居民地，以及雨裂冲沟繁多的地方，对测站点的数量要求会多一些，切忌用增设测站点做大面积的测图。

一、碎部点数据采集方法

数字测图要求先测定所有碎部点的坐标及记录碎部点的绘图信息（即数据采集），并记录全站仪的内存中，而后传输到计算机，并利用计算机辅助成图。在野外数据采集中，若用全站仪测定所有独立地物的定位点、线状地物、面状地物的折点（统称碎部点）的坐标，不光工作量大，有些是无法直接测定。因此必须灵活运用"测算法"测算结合，测定碎部点坐标。

碎部点坐标"测算法"的基本思想：在野外数据采集时，利用全站仪适当用极坐标法测定一些"基本碎部点"，再用勘丈法（只测距离）测定一部分碎部点的位置（坐标），最后充分利用直线、直角、平行、对称、全等几何特征，在室内（或现场）计算出所有碎部点的坐标，也可以直接在测图软件的作图环境下绘出图形来。下面介绍几种常用的碎部点测算方法。

1. 全站仪坐标法

如图 3-3 所示，使用经纬仪根据已知控制点 A、B 测出角度 β 和距离 d，据此确定地形点 P 的位置，常称为经纬仪极坐标法。使用全站仪则可以直接测出碎部点的三维坐标，所以通常称为全站仪坐标法。

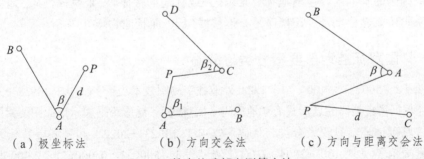

（a）极坐标法　　　　　（b）方向交会法　　　　　（c）方向与距离交会法

图 3-3　基本的碎部点测算方法

2. GNSS-RTK 坐标法

采用 GNSS-RTK 测量碎部点坐标时，首先使用已知控制点计算出正确的转换参数，再使用 GNSS 相对定位技术测出碎部点的三维坐标，这种方法常称为 GNSS-RTK 坐标法。

3. 方向交会法

如图 3-3（b）所示，根据控制点 A、B 和 C、D 测得角度 β_1、β_2 交会出地形点 P 的位置。

4. 方向与距离交会法

如图 3-3（c）所示，根据 A、B 测得角度 β 和从已确定的点 C 测得距离 d，由方向 AP 和距离 d 交会出地形点 P 的位置。

5. 距离交会法

如图 3-4 所示，根据已知控制点 A、B 测出角度 α、β 和距离 D_1、D_2，据此确定地形点 P 的位置。

现今数字测图确定地形点点位的主要方法就是全站仪坐标法和 GNSS-RTK 坐标法，方向交会法、距离交会法、方向与距离交会法等主要用于配合上述两种方法对不易到达或隐蔽地物进行测绘。其中碎部点的高程在全站仪极坐标法中应用三角高程法确定，在 GNSS 相对定位中根据空间坐标换算得到。

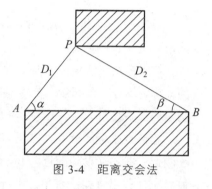

图 3-4　距离交会法

二、数据编码

仅有野外数据采集的碎部点坐标并不能满足计算机自动成图的要求，还必须将地物点的属性信息，按一定规则构成的符号串来表示地物属性和连接关系等信息。这种由一定规则组成，用来表示碎部点属性信息的符号串，称为数据编码。编码设置的作用，是确定将要绘制的实体的代码、线型或者符号、图层、颜色等。

数据编码的基本内容包括地物要素编码（或称地物特征码、地物属性码、地物代码）、连接关系码（或连接点号、连接序号、连接线型）、面状地物填充码等。

（一）国家标准地形要素分类与编码

按照《1∶500、1∶1 000、1∶2 000 外业数字测图技术规程》（GB/T 14912—2017）规定，野外数据采集编码的总形式为"地形码＋信息码"。地形码是表示地形图要素的代码。

在《基础地理信息要素分类与代码》（GB/T 13923—2022）和《城市基础地理信息系统技术规范》（CJJ 100—2004）中对比例尺为 1∶500、1∶1 000、1∶2 000 地形图的代码位数的规定是 6 位十进制数字码组成，分别为按数字顺序排列的大类（1 位）、中类（1 位）、小类（2 位）、子类码（2 位）。

左起第一位为大类码；第二位为中类码，是在大类基础上细分形成的要素码；第三、第四位为小类码，是在中类基础上细分形成的要素码；第五、第六位为子类码，是在小类基础上细分形成的要素码。代码的每一位均用 0～9 表示，对于大类：1 为定位基础（含测量控制点和数学基础）、2 为水系、3 为居民地及设施、4 为交通、5 为管线、6 为境界与政区、7 为地貌、8 为植被与土质。如表 3-1 所示为 8 个大类中大比例尺成图基础地理信息要素部分代码的示例。

表 3-1　1：500、1：1 000、1：2 000 基础地理信息要索部分代码

分类代码	要素名称	分类代码	要素名称
100000	定位基础	310000	居民地
110000	测量控制点	310100	城镇、村庄
110101	大地原点	310300	普通房屋
…	…	310500	高层房屋
110103	图根点	310600	棚房
110202	水准点	311002	地下窑洞
110300	卫星定位点	340503	邮局
…	…	380201	围墙
300000	居民地及设施	380403	凉台

　　数字测图中的数据编码要考虑的问题很多，如满足计算机成图的需要，野外输入简单、易记，便于成果资料的管理与开发。数字测图系统内的数据编码一般在 6～11 位，有的全部用数字表示，有的用数字、字符混合表示。目前，国内开发的测图软件已经有很多，由于国标推出比较晚，目前使用的测图系统一般都是根据各自的需要、作业习惯、仪器设备及数据处理方法等设计自己的数据编码方案，如果要转换为国标规定的编码则通过转换程序进行编码转换。数据编码从结构和输入方法上区分，主要有全要素编码、块结构编码、简编码和二维编码。

（二）全要素编码

　　全要素编码通常是由若干个十进制数组成。其中每一位数字都按层次分，都具有特定的含义。有的采用 5 位，有的采用 6 位、7 位、8 位，甚至 11 位编码的都有，各种编码都有各自的特点，但其中地物编码一般都是 3 位，只是将一些不是最基本的、规律的连接及绘图信息都纳入编码。如 CASS 数字测图系统的编码主要参照《国家基本比例尺地图图式第一部分：1：500　1：1 000　1：2 000 地形图图式》（GB/T 20257.1—2017）的章节号为所有的地形符号进行了编码。编码统一为 6 位数字，其规则是"1（或 2、3）＋图式序号＋顺序号＋次类号"。其中 3～9 章的内容第一位数字为 1，10～12 章的内容第一位数字为 2，对于地籍测量的内容第一位数字为 3；"图式序号"指 993 版图式中符号的章节号（去除点），如三角点章节为 3.1.1，则其图式序号为 311，示坡线的章节号为 10.1.3，则其图式序号为 013；"顺序号"为此类符号顺序号，从 0 开始；"次类号"指同一图式章节号中不同图式符号，从 0 开始。如简单房屋、陡坎（未加固）、水井在图式上的章节号分别为 4.1.2，10.4.2，8.5.1，则 CASS 赋予它们的编码分别为 141200，204201，185102。因为在图式的 8.5.1 下又将水井划分为依比例尺的水井和不依比例尺的水井，所以 CAsS 依比例尺的水井编号为 185101，不依比例尺的水井编号为 185102。

对于有辅助符号位的编码，在其骨架线编码后加"顺序号"，如围墙辅助符号位的边线编码为 144301-1，围墙辅助符号位的短线编码为 144301-2。

这种编码方式的优点是各点编码具有唯一性，计算机易识别与处理，但外业编码输入较困难，目前很少用。

（三）简编码

简编码就是在野外作业时仅输入简单的提示性编码。经内业简码识别后，自动转换为程序内部码。CASS 系统的有码作业模式，是一个有代表性的简编码输入方案。CASS 系统的野外操作码（也称为简码或简编码）可区分为类别码、关系码和独立符号码 3 种，每种只由 1~3 位字符组成。其形式简单、规律性强、无需特别记忆，并能同时采集测点的地物要素和拓扑关系；它也能够适应多人跑尺（镜）、交叉观测不同地物等复杂情况。

1. 类别码

类别码（亦称地物代码或野外操作码）如表 3-2 所示，是按一定的规律设计的，不需要特别记忆。有 1~3 位，第 1 位是英文字母，大小写等价，后面是范围为 0~99 的数字，如代码 F0、F1、…、F6 分别表示特种房（坚固房）、普通房、一般房屋、…、简易房。F 取"房"字的汉语拼音首字母，0~6 表示房屋类型由"主"列"次"。另外，K0 表示直折线型的陡坎，U0 表示曲线型的陡坎；X1 表示直折线型内部道路，Q1 表示曲线型内部道路。由 U、Q 的外形很容易想象到曲线。类别码后面可跟参数，如野外操作码不到 3 位，与参数间应有连接符"-"，如有 3 位，后面可紧跟参数，参数有下面几种：控制点的点名；房屋的层数；陡坎的坎高等。

表 3-2 类别码符号及含义

类型	符号码及含义
坎类（曲）	K（U）+数（0—陡坎，1—加固陡坎，2—斜坡，3—加固斜坡，4—垄，5—陡崖，6—干沟）
线类（曲）	X（Q）+数（0—实线，1—内部道路，2—小路，3—大车路，4—建筑公路，5—地类界，6—乡、镇界，7—县、县级市界，8—地区、地级市界，9—省界线）
垣栅类	W+数（0、1—宽为 0.5 m 的围墙，2—栅栏，3—铁丝网，4—篱笆，5—活树篱笆，6—不依比例围墙、不拟合，7—不依比例围墙、拟合）
铁路类	T+数（0—标准铁路（大比例尺），1—标（小），2—窄轨铁路（大），3—窄（小），4—轻轨铁路（大），5—轻（小），6—缆车道（大），7—缆车道（小），8—架空索道，9—过河电缆）
电力线类	D+数（0—电线塔，1—高压线，2—低压线，3—通信线）
房屋类	F+数（0—坚固房，1—普通房，2—一般房屋，3—建筑中房，4—破坏房，5—棚房，6—简单房）

类型	符号码及含义
管线类	G+数（0—架空（大），1—架空（小），2—地面上的，3—地下的，4—有管提的）
植被土质	拟合边界
不拟合边界	H-数（0—旱地，1—水稻，2—菜地，3—天然草地，4—有林地，5—行树，6—狭长灌木林，7—盐碱地，8—沙地，9—花圃）
圆形物	Y+数（0 半径，1—直径两端点，2—圆周三点）
平行体	P+（X（0~9），Q（0~9），K（0~6），U（0~6）⋯⋯）
控制点	C+数（0—图根点，1—埋石图根点，2—导线点，3—小三角点，4—三角点，5—土堆上的三角点，6—土堆上的小三角点，7—天文点，8—水准点，9—界址点）
例如：K0—直折线型的陡坎，U0—曲线型的陡坎，W1—土围墙， 　　　T0—标准铁路（大比例尺），Y012.5—以该点为圆心半径为 12.5 m 的圆	

2. 关系码

关系码（亦称连接关系码），共有 4 种符号："+""-""A$"和"P"配合来描述测点间的连接关系。其中"+"表示连接线依测点顺序进行；"-"表示连接线依相反方向顺序进行连接，"P"表示绘平行体；"A$"表示断点识别符，如表 3-3 所示。

表 3-3　连接关系码的符号及含义

符　号	含　义
+	本点与上一点相连，连线依测点顺序进行
-	本点与下一点相连，连线依测点顺序相反方向进行
$n+$	本点与上 n 点相连，连线依测点顺序进行
$n-$	本点与下 n 点相连，连线依测点顺序相反方向进行
p	本点与上一点所在地物平行
np	本点与上 n 点所在地物平行
+ A$	断点标识符，本点与上点连
- A$	断点标识符，本点与下点连
"+""-"符号的意义：（"+""-"表示连线方向） 　　1　　　　　　　　2　　　　1　　　　　　　　2 　●━━━━━━━▶○　　　○◀━━━━━━━●○ 　1(F1)　　　　　2+　　1(F1)　　　　　2-	

3. 独立符号码

对于只有一个定位点的独立地物，用 A×× 表示，如表 3-4 所示，A14 表示水井，A70 表示路灯等。

表 3-4　部分独立地物（点状地物）编码及符号含义

符号类别	编码及符号名称				
水系设施	A00 水文站	A01 停泊场	A02 航行灯塔	A03 航行灯桩	A04 航行灯船
	A05 左航行浮标	A06 右航行浮标	A07 系船浮筒	A08 急流	A09 过江管线标
	A10 信号标	A11 露出的沉船	A12 淹没的沉船	A13 泉	A14 水井
居民地	A16 学校	A17 废气池	A18 卫生所	A19 地上窑洞	A20 电视发射塔
	A21 地下窑洞	A22 窑	A23 蒙古包		
公共设施	A68 加油站	A69 气象站	A70 路灯	A71 照射灯	A72 喷水池
	A73 垃圾台	A74 旗杆	A75 亭	A76 岗亭、岗楼	A77 钟楼、鼓楼、城楼
	A78 水塔	A79 水塔烟囱	A80 环保监测点	A81 粮仓	A82 风车
	A83 水磨房、水车	A84 避雷针	A85 抽水机站	A86 地下建筑物天窗	
……	……				

（四）其他编码方案

1. 块结构编码

块结构编码将整个编码分成几个部分，如分为点号、地形编码、连接点和接线型 4 分分别输入。其中地形编码是参考图式的分类，用 3 位整数将地形要素分类编码。每一个地形要素都赋予一个编码，使编码和图式符号一一对应。如 100 代表测量控制点类；104 代表导线点；200 代表居民地类，又代表坚固房屋；210 代表建筑中的房屋。

2. 二维编码

GB/T 13923—2006 规定的地形图要素代码只能满足制图的需要，不能满足 GIS 图形分析的需要。因此有些测图系统在 GB/T 13923—2006 规定的地形要素代码的基础上进行了扩充，以反映图形的框架线、轴线、骨架线、标识点（Label 点）等。二维编码（亦称主附编码）对地形要素进行了更详细的描述，一般由 6～7 位代码组成。

二维编码没有包含连接信息，连接信息码由绘图操作顺序反映。二维编码数位多，观测员很难记住这些编码。因此，测图时需要对照实地现场利用屏幕菜单和绘图专用工具或用鼠标提取地物属性编码，绘制图形。

（五）无码作业与有码作业

野外数据采集时，输入图形信息码是数字测图数据采集的一项重要工作，如果只有碎部点的坐标和高程，计算机处理时无法识别碎部点是哪一种地形要素以及碎部点之间的连接关系。因此要将测量的碎部点生成数字地图，就必须给碎部点记录输入图形信息码。

图形信息码输入方式有两种：有码作业和无码作业。无码作业就是用全站仪（或GNSS-RTK）测定碎部点的定位信息（X，Y，Z），并自动记录在电子手簿或内存储器中，手工记录碎部点的属性信息与连接信息。简码作业是在测定碎部点的定位信息的同时输入简编码，带简编码的数据经内业识别，自动转换为绘图程序内部码，可以实现自动绘图。

1. 有码作业方式

有码输入方式就是在野外采集数据过程中直接输入编码，以便自动绘图。不同的测图系统，输入的方式不尽相同，如清华山维的 EPSW 系统的编码输入和南方的 CASS 系统的简码输入。在此只介绍南方 CASS 系统的简码作业方式。

使用南方 CASS 软件测绘地形图时，如果测区地物比较规整时，可以采用"简码识别法"模式，即在野外采集数据时，在输入点号的同时输入野外操作码（简码），连同坐标数据一并存入全站仪的内存中，回到室内后，将数据输入计算机即可自动成图。野外操作码可以自定义野外操作码，内业编辑索引文件 JCODE.DEF 即可。如图 3-5 所示点号旁的括号里的内容为每个测点输入的简码。

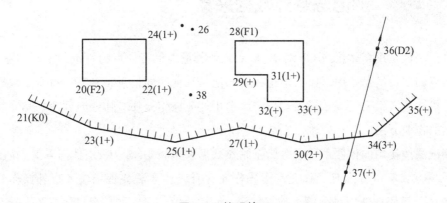

图 3-5　简码输入

对于 CASS 系统的简码作业，其操作码的具体使用规则如下。

（1）对于地物的第一点，操作码即为地物代码。

（2）连续观测某一地物时，操作码为"＋"或"－"。

（3）交叉观测不同地物点时，操作码为"$n+$"或"$n-$"。其中，n 表示该点应与以上 n 个点相连（n = 当前点点号-连接点号-1，即跳点数）。还可以用"＋A \$"或"－A \$"标示断点，"A \$"是任意助记字符。

（4）观测平行体时，操作码为"P"或"nP"。其中，"P"的含义为通过该点所画的符号应与上一点所在地物的符号平行且同类，"nP"的含义为通过该点所画的符号应与以上跳过 n 个点后的点所在的符号平行且同类。对于带齿线的坎类符号，系统将会自动识别是堤还是沟。若上一点或跳过 n 个点后的点所在的符号不为坎类和线类，系统将会自动搜索已测过的坎类和线类符号的点。因此，用于绘平行体的点，可在平行体的一"边"

未测完对面点，也可在测完后接着测对面的点，也可穿插测其他地物点后，再来测平行体的对面点。

（5）如果某个点含有两种地物信息，就要改变代码重测一次，或者重生成一个点并赋予新的代码。

2. 无码作业方式

无码作业现场不输入地物代码（编码），而用草图或笔记记录绘图信息。领尺员在镜站把所测点的属性及连接关系在草图（用放大的旧图作为工作底图更好）上反映出来，供内业处理、图形编辑时使用。草图的绘制要遵循清晰、易读、相对位置准确、比例尽可能一致的原则。另外，在野外采集时，能测到的点要尽量测，实在测不到的点可利用皮尺或钢尺量，将丈量结果记录在草图上；室内用交互编辑方法成图或利用电子手簿的量算功能及时计算这些直接测不到的点的坐标。

任务四 测记法野外数据采集

测记法就是用全站仪或 GNSS-RTK 在野外测量地形特征点的点位，用仪器内存储器记录测点的定位信息，用草图、笔记或简码记录其他绘图信息，到室内将测量数据传输到计算机，经人机交互编辑成图。测记法由于外业操作方便，作业时间短，是测绘人员常采用的作业方法。

测记法按使用的仪器不同可分为全站仪数据采集和 GNSS-RTK 数据采集。按图形信息码采集方式又可分为有码作业和无码作业，有码作业需要现场输入野外操作码（如CASS9.0）。无码作业现场不输入数据编码，而用草图记录绘图信息，绘草图人员在镜站把所测点的属性及连接关系在草图上反映出来，以供内业处理、图形编辑时用。

一、测记法数据采集的操作程序

测记法是在观测碎部点时，绘制工作草图，在工作草图记录地形要素名称、碎部点连接关系。然后在室内将碎部点显示在计算机屏幕上，根据工作草图，采用人机交互方式连接碎部点，输入图形信息码和生成图形。具体操作如下。

进入测区后，领镜（尺）员首先对测站周围的地形、地物分布情况大概看一遍，认清方向，制作包含主要地物、地貌的工作草图（若在原有的旧图上标明会更准确），便于观测时在草图上标明所测碎部点的位置及点号。

观测员指挥立镜员到事先选定好的某已知点上立镜定向；自己快速架好仪器，量取仪器高，启动全站仪，进入数据采集状态，选择保存数据的文件，按照全站仪的操作设置测站点、定向点，记录完成后，照准定向点完成定向工作。为确保设站无误，可选择检核点，测量检核点的坐标，若坐标差值在规定的范围内，即可开始采集数据，不通过检核则不能继续测量。

上述工作完成后，通知立镜员开始跑点。每观测一个点，观测员都要核对观测点的点号、属性、镜高并存入全站仪的内存中。

野外数据采集时，测站与测点两处作业人员必须时时联络。每观测完一点，观测员要告知绘草图者被测点的点号，以便及时对照全站仪内存中记录的点号和绘草图者标注的点号，保证两者一致。若两者不一致，应查接原因，是漏标点了，还是多标点了，或一个位置测重复了等，必须及时更正。

在一个测站上当所有的碎部点测完后，要找一个已知点重测进行检核，以检查施测过程中是否存在误操作、仪器碰动或出故障等原图造成的错误。检查完，确定无误后，关机、装箱搬站。到下一测站，重新按上述采集方法、步骤进行施测。

二、野外数据采集基本要求

1. 碎部点采集方法

野外实测时，数字测图的碎部点坐标采集并非打点越多越好，重要的是点位的选择是否得当。有时，打点过多不仅会增加工作量，而且会使数据量增加，内业成图困难。因此，在野外数据采集时，跑尺打点是一项重要的工作。立镜点和跑尺线路的选择对地形图的质量和测图效率都有直接影响。

（1）碎部点采集的一般原则。在地形测量中，地形点就是立尺点。测图开始前，绘图员和跑尺员应先在测站上研究需要立尺的位置和跑尺的方案。在地性线明显的地区，可沿地性线在坡度变换点上依次立尺，也可沿等高线跑尺。一般常采用"环行线路法"和"迁回线路法"。

在进行地貌采点时，可以用一站多镜的方法进行。一般在地性线上要有足够密度的点，特征点也要尽量测到。例如在山沟底测一排点，也应该在山坡边再测一排点，这样生成的等高线才真实。测量陡坎时，最好在坎上坎下同时测点，这样生成的等高线才没有问题。在其他地形变化不大的地方，可以适当放宽采点密度。

碎部点测量应首先测定地物和地貌的特征点，还可以选一些"地物和地貌"的共同点进行立尺并观测，这样可以提高测图工作的效率。

（2）地物测绘。地物点应选在地物轮廓线的方向变化处。如果地物形状不规则，一般地物凹凸长度在图上大于 0.4 mm 均应表示出来。如 1：500 地形图测绘时，在实地地物凹凸长度大于 0.2 m 的要进行实测。

如测量房屋时，应选房角为地形点；测量房屋时应用房屋的长边控制房屋，不可以用短边两点和长边距离画房，那样误差太大。有些成片房屋的内部无法直接测量，可用全站仪把周围测量出来，里面的用钢尺丈量。

在测量水塘时，选有棱角或弯曲的地点为地形点。测量电杆时一定要注意电杆的类别和走向。有的电杆上边是输电线，下边是配电线或通信线，应表示主要的。成排的电杆不必每个都测，可以隔一根测一根或隔几根测一根，因为这些电杆是等间距的，在内业绘图时可用等分插点画出。但有转向的电杆一定要实测。

测量道路可测路的一边，量出路宽，内业绘图时即可绘制道路。

主要沟坎必须表示，画上沟坎后，等高线才不会相交。地下光缆也应实测，但有些光缆，例如国防光缆须经某些部门批准方可在图上标出。

（3）地貌测绘。地面上的山脊线、山谷线、坡度变化线和山脚线都称为地性线，在地性线上有坡度变换点，它们是表示地貌的主要特征点，如果测出这些点，再测出更多的地形点，便能正确而详细地表示实地的情况。一般地形点间最大距离不应超过图上3 cm，如1:500比例尺地形图为15 m。

地形点的最大间距，不应大于如表3-5所示规定。

表3-5 地形点的最大间距

比例尺		1:500	1:1 000	1:2 000	1:5 000
一般地区		15	30	50	100
水域	断面间距	10	20	40	100
	断面上测点间距	5	10	20	50

注：水域测图的断面间距和断面的测点间距，根据地形变化和用图要求，可适当加密或放宽。

在平原地区测绘大比例尺地形图，地形较为简单，因地势较平坦，高程点可以稀一些，但有明显起伏的地方，高处应沿坡走向有一排点，坡下有一排点，这样画出的等高线才不会变形。

在测山区时，主要是地形，但并不是点越多越好，做到山上有点、山下有点，确保山脊线、山谷线等地性线上有足够的点，这样画出的等高线才准确。

（4）工矿区现状图测绘。在工矿区测绘地形图时，建（构）筑物细部坐标点测量的位置，如表3-6所示。

表3-6 建（构）筑物细部坐标点测量的位置

类型		坐标	高程	其他要求
建（构）筑物	矩形	主要墙角	主要墙外角、室内地坪	
	圆形	圆心	地面	注明半径、高度或深度
	其他	墙角、主要特征点	墙外角、主要特征点	
地下管线		起、终、转、交叉点管道中心	地面、井台、井底、管顶、下水测出入口管底或沟底	经委托方开挖后施测

类型	坐标	高程	其他要求
架空管道	起、终、转、交叉点支架中心	起、终、转、交叉点、变坡点的基座面或地面	注明通过铁路、公路的净空高
架空电力线路、电信线路	铁塔中心、起、终、转、交叉点杆柱中心	杆（塔）的地面或基座面	注明通过铁路、公路的净空高
地下电缆	起、终、转、交叉点的井位或沟道中心，入地处、出地处	起、终、转、交叉点的井位或沟道中心，入地处、出地处、变坡点的地面和电缆面	经委托方开挖后施测
铁路	车挡、岔心、进厂房处、直线部分每50 m一点	车挡、岔心、变坡点、直线每50 m一点、曲线内轨每20 m一点	
公路	干线交叉点	变坡点、交叉点、直线段每30～40 m一点	
桥梁、涵洞	大型的四角点，中型的中心线两端点，小型的中心点	大型的四角点，中型的中心线两端点，小型的中心点、涵洞进出口底部高	

（5）城镇建筑区地形图的测绘。

① 在房屋和街巷的测量时，对于1∶500、和1∶1 000比例尺地形图，应分别实测；对于1∶2 000比例尺地形图，小于1 mm宽的小巷，可适当合并；对于1∶5 000比例尺地形图，小巷和院落连片的，可合并测绘。

② 街区凸凹部分的取舍，可根据用图的需要和实际情况确定。

③ 各街区单元的出入口及建筑物的重点部位，应测注高程点：主要道路中心在图上每隔5 cm处和交叉、转折、起伏变换处，应测注高程点；各种管线的检修井。电力线路、通信线路的杆（塔），架空管线的固定支架，应测出位置并适当测注高程点。

④ 对于地下建（构）筑物，可只测量其出入口和地面通风口的位置和高程。

2. 综合取舍的一般原则

地物、地貌的各项要素的表示方法和取合原则，除应按现行国家标准地形图图式执行外，还应符合如下有关规定（非强制规定，供参考）。请参考附录一技术设计书示例部分。

三、全站仪野外数据采集

在进行野外数据采集之前，应做好充分的准备工作。准备工作包括工具的准备、全站仪的半测回观测法观测值的改正、作业区划分以及图根点成果资料的准备等。

微课视频：3-7　全站仪设站

微课视频：3-8　全站仪数据采集

教学录像：3-1　全站仪数据采集基本过程

教学录像：3-2　全站仪数据采集注意事项

教学录像：3-3　全站仪采集地物地貌特征点

教学录像：3-4　全站仪采集地物点实例

教学录像：3-5　碎部点采集顺序和技巧1

教学录像：3-6　碎部点采集顺序和技巧2

教学录像：3-7　草图的绘制方法和技巧

教学录像：3-8　地形地貌的采集方法1

教学录像：3-9　地形地貌的采集方法2

教学录像：3-10　棱镜高出现错误解决方法

（一）测前准备工作

1. 仪器器材的准备

仪器器材主要包括全站仪、对讲机、便携机、备用电池、通信电缆、花杆、反光棱镜、钢尺等。全站仪、对讲机应提前充电。在数字测图中，由于测站到镜站的距离一般都比较远，每组都应该配备对讲机。在数据采集之前，最好提前将测区的全部已知点成果通过计算机输入全站仪的内存中，以方便调用。

2. 全站仪的半测回观测法观测值的改正

在图根控制和测站点测量中，采用全站仪进行观测，可按半测回观测法观测水平方向和竖直角。由经纬仪测角可知，采用测回法取盘左、盘右平均值测定水平方向和竖直角，可以消除由于横轴误差和视准轴误差所产生的水平方向的影响，以及消除竖盘指标差对竖直角的影响。全站仪半测回观测法是预先测定仪器的横轴误差、视准轴误差和竖盘指标差，并储存在全站仪内存中，在观测水平方向和竖直角时，由程序对半测回观测方向和天顶距自动进行改正来消除其影响。当视准轴误差和竖盘指标差有较大变化时，应进行仪器误差的重新测定。

（1）横轴误差对水平方向影响的改正。

设因横轴倾斜 i 角而产生的水平方向的读数影响：

$$x_i = i \cdot \tan \alpha \tag{3-1}$$

则正确的水平方向读数为

$$L = L' - x_i, \quad R = R' + x_i \tag{3-2}$$

式中　L'、R'——盘左、盘右水平方向读数；

　　　α——竖直角。

（2）视准轴误差对水平方向影响的改正。

设因视准轴误差 c 对水平方向的影响：

$$x_c = c / \cos \alpha \tag{3-3}$$

则正确的水平方向读数为

$$L = L' - x_c, \quad R = R' + x_c \tag{3-4}$$

式中　L'、R'——盘左、盘右水平方向读数；

　　　α——竖直角。

在半测回观测法中，为施加 x_i 和 x_c 改正，观测水平方向时必须同时观测竖直角 α，如果只是为了求 x_i 和 x_c，竖直角 α 不必精确测定。

（3）指标差对竖直角的改正。

设指标差为 x，则一般垂直度盘竖直角的计算公式为

$$\alpha = 90° - (L - x) \quad \text{或} \quad \alpha = (R - x) - 270° \tag{3-5}$$

式中　L、R——盘左、盘右天顶距读数；

　　　α——竖直角。

3. 作业区划分

数字测图中，一般都是多个小组同时作业，为了便于作业，在野外采集数据之前，通常要对测区进行"作业区"划分。一般以道路、河流、沟渠、山脊等明显线状地物为

界线，将测区划分为若干个作业区。对于地籍测量来说，一般以街坊为单位划分作业区。分区的原则是各区之间的数据（地物）尽可能地独立（不相关）。自然地块进行分块，对于跨区地物，如电力线等，会增加内业编图的麻烦。

4. 图根点成果资料的准备

图根点成果资料的准备主要是备齐所要测绘范围内图根点的坐标和高程成果表，必要时也可先将图根点的坐标高程成果传输到全站仪中，需要时调用即可。

（二）全站仪野外数据采集

1. 草图的主要内容

目前多数数字测图系统在野外进行数据采集时，要求绘制较详细的草图。如果测区有相近比例尺的地图，则可利用旧图或影像图并适当放大复制，裁成合适的大小（如 A4 幅面）作为工作草图。在这种情况下，作业员可先进行测区调查，对照实地将变化的地物反映在草图上，同时标出控制点的位置，这种工作草图也起到工作计划图的作用。在没有合适的地图可作为工作草图的情况下，应在数据采集时绘制工作草图。草图可按地物的相互关系分块地绘制，也可按测站绘制。

草图的主要内容：地物的相对位置、地貌的地性线、点名、丈量距离记录、地理名称和说明注记等。用随测站记录时，应注记测站点点名、北方向、绘图时间、绘图者姓名等，最好在每到一测站时，整体观察一下周围地物，尽量保证一张草图把测站所测地物表示完全，对地物密集处标上标记另起一页放大表示，如图 3-6 所示。草图上点号标注应清楚正确，并与全站仪内存或电子手簿记录点号对应。

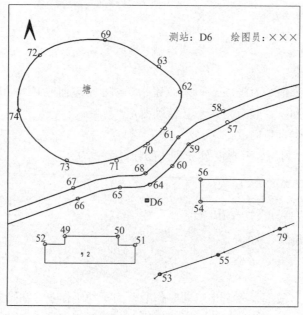

图 3-6 测区草图

2. 全站仪草图法测图时野外数据采集的步骤

（1）在高等级控制点或图根点上安置全站仪，完成仪器的对中和整平。

（2）量取仪器高。

（3）全站仪开机，照明设置，气象改正，加常数改正，乘常数改正，棱镜常数设置、角度和距离测量模式设置等。

（4）进入全站仪的数据采集菜单，输入数据文件名，如"20090605"。

（5）进入测站点数据输入子菜单，输入测站点的坐标和高程（或从已有数据文件中调用），输入仪器高。

（6）进入后视点数据输入子菜单，输入后观点坐标、高程或方位角（或从已有数据文件中调用），并在作为后视点的已知图根点上立校锐进行定向。

（7）进入前视点坐标、商程测量子菜单，将已知图根点当作碎部点进行检核，确认各项设置正确后，方可开始测量碎部点。

（8）领尺员指挥跑尺员跑棱镜，观测员操作全站仪，并输入第一个立镜点的点号（如0001），按键进行测量。以采集碎部点的坐标和高程，第一点数据测量保存后，全站仪屏幕自动显示下一立镜点的点号（点号顺序增加，如0002）。

（9）依次测量其他碎部点。

（10）领尺员绘制草图，直到本测站全部碎部点测量完毕。

（11）全站仪搬到下一站，再重复上述过程。

四、GNSS-RTK 野外数据采集

在开阔区域，RTK 定位技术有着常规测量不可比拟的优势，如速度快、精度高、不要求通视等，所以在数字测图中 RTK 技术已经得到越来越广泛的应用。下面以南方灵锐 S82 型 RTK 为例，介绍 GNSS-RTK 坐标数据采集的作业方法。

微课视频：3-9 GNSS-RTK 数据采集　　　微课视频：3-10 GNSS-RTK 四参数解算

教学录像：3-11 基准站模式设置　　　教学录像：3-12 移动站模式设置

教学录像：3-13　S86T 基准站的架设方法　　　教学录像：3-14　S86T 移动站的连接方法

教学录像：3-15　S86T 手簿的使用　　　教学录像：3-16　坐标点校正的方法

（一）灵锐 S82 GNSS-RTK 数据采集

（1）打开工程之星（手簿与主机为内置蓝牙连接）。如果手簿上状态为无数据，则表示手簿与主机未连接成功，退出工程之星；将手簿热启动一次，再次打开工程之星。

（2）手簿的状态为"固定解"状态后，新建一个工程。依次按要求填写或选取工程名称、椭球系名称、投影参数设置等工程信息。进行四参数设置、七参数设置和高程拟合参数设置（未启用可暂不填写）。工程文件将保存在"\Flash\Disk\J0 bs\"目录下。

（3）校正作业。校正方法有两种，即基准站架设在已知点或未知点上。

①　基准站架设在已知点启动"校正向导"，按提示输入基准站坐标和基准站仪器高（此时移动站可安置在任意点固定不动，并且为"固定解"状态），点"校正"即已完成单点校正作业（单点校正获得两个坐标系间 3 个移动参数在基准站与移动站距离很近的情况下，用"三参数"进行坐标转换是可行的）。如果作业距离比较远，则要用两点校正（采用两点校正可自动获得并启用"四参数"）。两点校正时，第一点校正步骤同前，第二点校正时，移动站需安置在一已知点上，启动校正向导，第一个界面跳过"点【下一步】"，输入此已知点的坐标与移动站的仪器高，点【校正】即完成校正作业。

②　基准站架设在未知点。步骤基本同上，按手簿软件提示来操作即可。

（4）校正作业完成后，当确定校正无误时，则可以进行数据采集：选择【测量】→【目标点测量】→输入点名、属性、天线高→点击【确定】保存。工程之星软件提供了快捷方式，测量点时也可直接按手簿上的【A】键，显示测点信息后输入点名、属性、天线高，按手簿上的【Enter】键保存数据，继续测量时，点名将自动累加。碎部点的选择与传统作业模式一致，但在进行测定时，必须时刻注意移动站手簿界面显示的指标是否达到数据采集的条件。在数据采集过程中，通常要求锁定卫星颗数≥4，精度因子 PDOP ≤4，解算状态必须是固定解状态，水平精度 HRMS≤2 cm，高程精度 VRMS≤3 cm。

（5）当基准站关机后，例如第一天的工作结束后，第二天在该区域重新施测时的操作步骤又分成两种情况：

① 基准站架设在已知点上。当移动站接收到基准站自动启动的差分信号并达到固定解后，在软件的工程项目中打开第一天所求四参数的项目，再进行"基准站架设在已知点"的校正后即可进行工作。

② 基准站架设在未知点上。移动站架设到已知点上对中、整平，当接收到基准站自动启动的差分信号并达到固定解后，在工程之星软件的工程项目中使用第一天所求"四参数"的基础上再进行"基准站架设在未知点"的校正后即可进行工作。

（6）数据采集完成后，手簿里面的数据要进行后处理，把数据格式变为所需要的数据格式。通过计算机中的 WINCE 通信软件将数据传到计算机中，即可进行绘图作业。

（二）基准站架设条件

RTK 数据链的工作与周围的电磁环境以及作用距离都有较大的关系。在基准站架设时，应当注意使观测站位置具备以下条件：

（1）至少观测到 5 颗卫星，且在 10°高度截止角以上的空间不应有障碍物。

（2）附近不应有强电磁辐射源，如电视发射塔、雷达、手机信号发射天线等。

（3）基准站最好选在地势相对高的地方，并保证基准站电池电量充足。

（三）数据传输

将数据卡从采集器中取出，插入计算机数据卡接口直接读取测量数据，并进行数据备份。

任务五　电子平板法野外数据采集

电子平板作业方式主要是利用便携机和专业测图软件,配合全站仪或 GNSS 接收机,在外业边测边绘,同时给地物输入相应属性,直接生成数字图,实现所测即所得。随着计算机技术的发展,便携机的体积功耗越来越小,因此,电子平板的作业模式得以实施。CASS 电子平板的重要功能是连接各种全站仪,实现野外数据采集的自动输入和记录,并且可以在野外将地形图绘制出来,实现所测即所见。现将其作业方法介绍如下。

一、CASS 电子平板

（一）数据采集（测图）前的准备工作

在进行碎部测量时要求绘图员清楚地物点之间的连线关系，对于复杂地形，要求测站到碎部点之间的距离较短，要勤于搬站，否则会令绘图员绘图困难；对于房屋密集的地方，可以用钢尺丈量法丈量，用交互编辑法成图。野外作业时，绘图员与跑尺员相互之间的通信非常重要，因此对讲机是必不可少的设备。

1. 人员组织及设备配备

根据电子平板作业的特点，一个作业小组通常需要仪器观测员 1 名、计算机绘图员 1 名、立棱镜跑尺员 1~2 名。根据实际情况，为了加快采集速度，跑尺员可以适当增加；人员不足时，测站上可 1 个人同时进行操作仪器和计算机。

2. 仪器及工具配备

（1）安装有南方 CASS9.0 绘图软件的便携计算机一台；

（2）全站仪一套（主机、三脚架、棱镜和对中杆若干）或 GNSS-RTK 接收机一套；

（3）数据传输线一条；

（4）对讲机若干。

3. 录入测区的控制测量成果

完成测区的各种等级控制测量并得到测区的控制点成果后，向系统录入测区的控制点坐标数据，以便野外测图时调用。以 CASS9.0 为例，录入测区的控制点坐标数据步骤如下。

（1）在 CASS 9.0 系统中选择下拉菜单"编辑"下的"编辑文本文件"菜单项。

（2）在弹出"选择文件"对话框中输入控制点坐标数据文件名，若不存在该文件名，系统会弹出提示对话框，否则系统便自动启动记事本文本编辑器，如图 3-7 所示，按以下格式输入控制点的坐标。

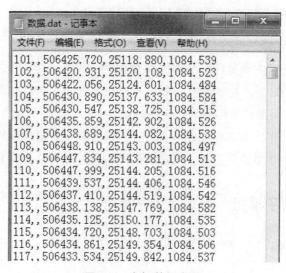

图 3-7　坐标数据文件

"总点数 N（注：此行可省略）

1 点点名，1 点编码，1 点 Y（东）坐标，1 点 X（北）坐标，1 点高程；

…

N 点点名，N 点编码，N 点 Y（东）坐标，N 点 X（北）坐标，N 点高程。"

文件内除第一行总点数（CASS5.0 不能省略）外，每个点占一行；编码可不输，但其后的逗号必须保留；X、Y、H 应以米（m）为单位；文件中间不能有空行。

输完控制点的坐标数据后，移动鼠标到"记事本"的【文件】菜单处按左键，系统便弹出一个下拉菜单，选择其菜单中的【退出】项，在系统弹出的对话框中，移动鼠标到【是】按钮上按左键，保存文件即可。

（二）CASS9.0 电子平板（测图）野外数据采集

完成电子平板测图的准备工作后就可以进行野外的电子平板测图工作。

1. 测站设置

（1）安置仪器。在测站点上安置全站仪，对中、整平全站仪，量取仪器高，连接好全站仪与便携机间的数据传输线。

（2）设置全站仪的通信参数。打开便携机，进入南方 CASS9.0 系统，选择下拉菜单【文件】下的【CASS 参数配置】项，弹出如图 3-8 所示对话框，选定所使用的全站仪类型，并检查全站仪的通信参数与该软件对话框中的设置是否一致，不一致进行修改，最后【确定】按钮确认。需要注意的是，上述操作中的仪器通信参数设置好后，在没有改变的情况下迁站后不用重新设置。

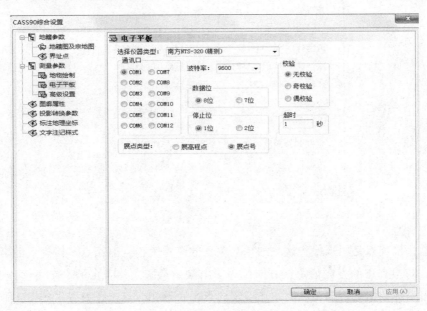

图 3-8　电子平板参数设置

（3）定显示区。定显示区的作用是根据输入的控制点坐标数据文件的数据大小定义屏幕显示区的大小。选择下拉菜单【绘图处理】下的【定强示区】菜单项，单击左键，会弹出"输入坐标数据文件名"对话框，找到准备工作中录入的控制点坐标文件，计算机自动将坐标数据文件内的所有点都显示在屏幕内。

（4）输入测站信息。

执行如图 3-9 所示右侧屏幕菜单区的【坐标定位】→【电子平板】选项，弹出"电子平板测站设置"对话框，提示输入测区的控制点坐标数据文件名，输入后系统命令区有以下提示。

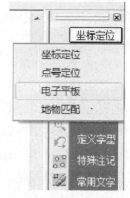

图 3-9　坐标定位菜单

若之前已经在屏幕上展绘出了控制点，则直接点【拾取】按钮，在屏幕上捕捉作为测站、定向点的控制点；若屏幕上没有展绘出控制点，则手工输入测站点点号及坐标、定向点点号及坐标、定向起始值、检查点点号及坐标、仪器高等数据信息，如图 3-10 所示。

电子平板测站设置

坐标数据文件名
C:\Program Files (x86)\Cass91 for AutoCAD

定向方式　　　　　　**定向方位角**
● 定向点定向　　　　　0 度 0 分 0 秒
○ 方位角定向

测站点　　　　　　　　**定向点**
[拾取] [点号]　　　　　　[拾取] [点号]
东坐标: 53133.631　　　　东坐标: 53150.419
北坐标: 31135.089　　　　北坐标: 31141.778
高程: 491.781

仪器高　　　　　　　　**检查点**
1.462　　　米　　　　　　[拾取] [点号]
　　　　　　　　　　　　东坐标: 53154.15
定向起始角度　　　　　北坐标: 31129.07
0　　　度.分秒　　　　　　[检查]

[确定]　　　　　[取消]

图 3-10　测站设置对话框

注意：检查点是用来检查该测站相互关系的，系统根据测站点和检查点的坐标反算出测站点与检查点的方向值（该方向位等于由测站点瞄向检查点的水平角读数），便可以检查出坐标数据是否输错、测站点或定向点是否给错，点击【检查】按钮，弹出检查结果信息框。

2. 测图操作

在完成测站的准备工作后，便可进行碎部点的采集、测图工作。在测图的过程中，主要是利用系统的右侧屏幕菜单功能进行测图，也可以利用系统的编辑功能（如文字注记、移动、拷贝、删除等）或系统的辅助绘图工具（如画复合线、画图、操作回退、查询等）进行编辑修改工作。

CASS 9.1 系统中所有地形符号是根据现行国标的地形图图式、规范编制的，并按照一定的规律分成各种图层，如所有控制点的符号都放在控制点层，所有表示房屋的符号都放在居民地层等。下面以三点房屋的测绘为例介绍地物的测绘方法。

当房屋的形状呈矩形时，可以通过测房屋的 3 个点或测两个点并量一条边来完成房屋的测量工作。测矩形房屋时，首先将全站仪对准房角的所立棱镜，在计算机的屏幕右侧菜单中选取"居民地"项，系统便弹出如图 3-11 所示对话框。在对话框中选择"四点房屋"，被选中的图标和汉字都呈高亮度显示。

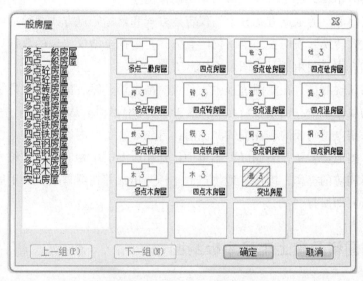

图 3-11 "居民地"屏幕菜单

然后点击确认，系统在命令区显示为"1.已知三点/2.已知两点及宽度/3.已知两点及对面一点/4.已知四点<3>:"，此时根据测量情况选择绘制方法，如直接回车则默认"已知三点"的方法。

"输入标高（1.50 m）:"，根据实际棱镜高度输入相应的棱镜高，如输入 2.1 m（默认为上一次的值）。

按回车后，系统便驱动全站仪进行测量，系统继续提示："等待全站仪信号……"。稍后，全站仪自动将观测数据传输到计算机，并且将该点的（X, Y, H）坐标写到控制点坐标数据文件中。同时将所测点在 CASS9.0 系统的绘图区显示出来。当系统再次出现"输入标高"的提示时，便测完一个碎部点，此时将仪器瞄向第二个房角点。

当全站仪将三个房角点的观测数据全部传到计算机时，瞄准后根据系统提示继续进行操作，系统便自动在图形编辑区内把简单房屋的符号展绘出来。

3. 作业注意事项

（1）在测图过程中，为防止意外应该在 CASS9.0 系统中设置每 10 ~ 20 min 自动存盘，这样即使在中途因误操作或其他原因死机，也不至于前功尽弃。

（2）棱镜高默认为上一次的值。当测某些不需要参与等高线计算的地物（如房角点）时，在观测控制平板上选择"不建模"选项。

（3）跑尺员在野外立镜时，应尽可能将同一"地物编码"的地物连续立尺，以减少在计算机处来回切换操作。

（4）当测三点房屋时，要注意立尺的顺序，必须按顺时针或逆时针立尺。

（5）当测有辅助符号（如陡坎的毛刺）时，辅助符号生成在立尺前进方向的左侧，如果方向与实际相反，可用【线型换向】功能换向。

（6）测定碎部点的定点方式分全站仪定点方式和鼠标定点方式两种，可通过右侧屏幕菜单的"方式转换"项切换。全站仪定点方式是根据全站仪传来的数据算出坐标后成图；鼠标定点方式是利用鼠标在图形编辑区直接绘图。

（7）全站仪观测员，在测图过程中，负责照准棱镜，然后提示绘图员是否已照准及照准点的地物属性类型，由绘图员在 CASS 9.0 系统中驱动全站仪进行测量。

总之，采用电子平板的作业模式测图时，首先要准备好测站的工作，然后再进行碎部点的采集；测地物就要在右侧屏幕菜单中选择相应图层中相应的图式符号，根据命令区的提示进行相应的操作，即可将地物点的坐标测出，并在屏幕编辑区里展绘出地物的符号，实现所测即所得。

二、测图精灵掌上电子平板测图

掌上电子平板是电子平板模式中的一种方法，这种方法对于小范围的数字测图还是比较方便的，体现了所测即所得的优越性。在国内主要以南方测绘仪器公司开发的"测图精灵"为代表，测图精灵充分发挥了电子平板与传统电子手簿的优点，加入了实用的图形绘制与编辑功能，吸取了野外测量的大量实地经验，充分发挥了技术特色，集导线测量、野外采集、平差、图形属性编辑、成图及其他实用工具于一身。

（一）测图前的准备

用测图精灵进行碎部测量之前，通常先用【坐标输入】功能将已知点坐标输入到当前文件中（可手工输入或自动录入）。在测站点安置全站仪，连接 PDA，打开全站仪和 PDA，进入测图主界面。首先进行测站安置，单击【测站定向】，弹出"测站定向"对话框，如图 3-12 所示，输入测站设置信息。其中测站点及定向点的输入既可通过数字键盘输入，也可用辅助笔直接捕捉屏幕上的点来输入。

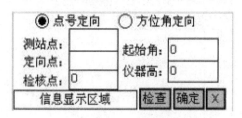

图 3-12　测站定向

测站定向完成之后，可以在屏幕上看到"▓"（测站点）与"▲"（定向点）符号标识。接下来选择相应的全站仪进行连接。单击【仪器类型】，弹出全站仪设置对话框，选择好所使用的全站仪后，按【OK】键返回，即可开始测图。

（二）测图操作

点击工具栏的"▓"图标进入掌上平板。

1. 测绘一个简单房屋

先在第一个下拉框内选择"居民地层"，然后在第二个下拉框内选择"一般房屋"，如图 3-13 所示。

图 3-13　属性下拉框

单击【新地物】，然后单击【连接】，进入同步通信界面，水平角、竖直角、斜距栏内将同步显示全站仪所测得的数值，如图 3-14 所示。"棱镜高"由绘图员输入。如果选择"不建模"，则所测得的点导入 CASS 后不能参与构建 DTM。单击【确定】按钮，保存此点，同时返回掌上平板。此时可看到测得的第 7 点，如图 3-15 所示。

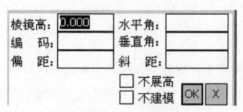

图 3-14　同步通信界面

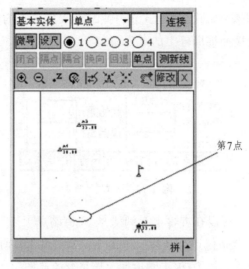

图 3-15　房屋第 1 点

　　然后，依次测量第 8、9 点。如图 3-16 所示测得的 3 个房角点图形。再单击【隔合】按钮，则房屋自动隔一点闭合，连接成四点房屋。

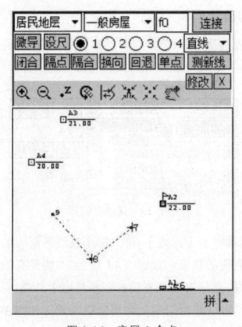

图 3-16　房屋 3 个点

2. 测绘一段陡坎

　　先将第一、第二个属性下拉框分别设置为【地貌土质层】和【未加固陡坎】，选择设尺"1"，然后单击【新地物】，再单击【连接】开始测量，测得第 10、11、12、13、14 点，显示界面如图 3-17 所示。

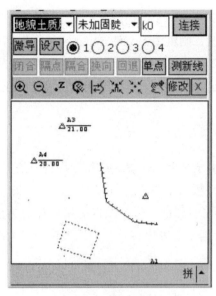

图 3-17　未加固陡坎

如果此时陡坎还未测完，但又需要测旁边一个路灯，可以先选择设尺"2"，再单击【单点】，切换到点状地物测量状态。接着仍先设置两个下拉框，将它们分别设为【独立地物层】和【路灯】，再单击【连接】开始测量。测完路灯后，只需选择尺"1"，就可以接着测得第 16、17 点，这样保证了线性地物的完整性。

所有地物测完后退出掌上测量平板，点击一下"'"刷新屏幕，所测地物如图 3-18所示。这幅图中包含了最简单的点状、线状、面状地物，其他地物测量方法均与此类似。

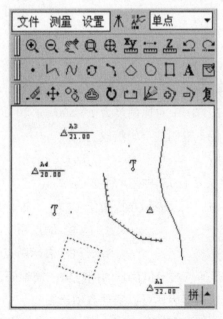

图 3-18　简单地物

测图完成后，执行【文件】→【保存图形】命令，在弹出对话框中输入文件名（如dixiao），点击【确定】按钮，则将图形文件 dixiao.SPD，保存在 my document 目录下。

在测图精灵中，有很多碎部点坐标童算功能，包括前方交会、边长交会、方向交会、支距最算、极坐标、求垂足、距离直线、直线相交、内外分点、求对称点等勘丈方法。

【项目小结】

碎部点点位信息主要由全站仪、GNSS-RTK 等设备采集，连接信息与属性信息可采用草图法、编码法或电子平板法采集（目前大多还是草图法）。本项目主要介绍了数字测图前的准备工作，图根控制测量，野外数据采集原理与方法，测记法、电子平板法（含掌上电子平板）野外数据采集等内容，并介绍了南方 CASS 系统的简码应用和测图精灵野外数据采集方法。

【课后习题】

一、单项选择题

1. 测绘技术设计分为项目设计和专业技术设计。项目设计一般由（　　）具体负责编写。

　　A. 承担项目的法人单位　　　　　　　　B. 承担相应测绘专业任务的法人单位

　　C. 分包项目的法人单位　　　　　　　　D. 分包测绘专业任务的法人单位

2. 测绘技术设计分为项目设计和专业技术设计。专业技术设计一般由（　　）具体负责编写。

　　A. 承担项目的法人单位负责编写　　　　B. 承担相应测绘专业任务的法人单位

　　C. 分包项目的法人单位　　　　　　　　D. 分包测绘专业任务的法人单位

3.《基础地理信息要素分类与代码》（GB/T 13923—2022）和《城市基础地理信息系统技术标准》（CJJ 100—2017）中对比例尺为 1∶500、1∶1 000、1∶2 000 地形图的代码位数的规定是（　　）位十进制数字码组成。

　　A. 3　　　　　　　　B. 4　　　　　　　　C. 5　　　　　　　　D. 6

4. 关系码（亦称连接关系码），共有 4 种符号："＋""－""A$"和"P"配合来描述测点间的连接关系。其中"＋"表示连接线依（　　）进行连接。

　　A. 相反方向顺序　　　　　　　　　　　B. 测点顺序

　　C. 表示绘平行体　　　　　　　　　　　D. 表示断点识别符

5.（　　）是在测定碎部点的定位信息的同时输入简编码，带简编码的数据经内业识别，自动转换为绘图程序内部码，可以实现自动绘图。

　　A. 无码作业　　　　B. 有码作业　　　　C. 点号定位法　　　　D. 坐标定位法

二、多项选择题

1. 技术设计的目的是（ 　　）。

　　A. 制定切实可行的技术方案

　　B. 保证测绘成果符合技术标准和用户要求

　　C. 获得最佳的经济效益

　　D. 获得最佳的社会效益

2. 利用全站仪进行图根平面控制测量，可采用（ 　　）和交会法等方法布设。

　　A. 图根导线（网）　　　　　　　　B. 极坐标法（引点法）

　　C. 辐射法　　　　　　　　　　　　D. 一步测量法

3. CASS 系统的野外操作码（也称为简码或简编码）可区分为（ 　　）3 种。

　　A. 类别码　　　　　　　　　　　　B. 关系码

　　C. 独立符号码　　　　　　　　　　D. 条形码

4. 数据编码的基本内容包括（ 　　）。

　　A. 地物要素编码　　　　　　　　　B. 连接关系码

　　C. 面状地物填充码　　　　　　　　D. 颜色编码

5. 全站仪外业数据采集的步骤包括（ 　　）。

　　A. 测站设置　　　　　　　　　　　B. 后视定向

　　C. 定向检查　　　　　　　　　　　D. 碎部点采集

三、判断题

1. 编写技术设计书只要依据有关的法规和技术标准即可，无需依据上级下达的文件或合同书。（ 　　）

2. 当测图高级控制点的密度不能够满足大比例尺数字测图的需求时，需加密适当数量的图根控制点，直接供测图使用，这项工作称为图根控制测量。（ 　　）

3. 由一定规则的组成的，用来表示碎部点属性信息的符号串，称为数据编码。（ 　　）

4. 简编码就是在野外作业时仅输入简单的提示性编码。经内业简码识别后，自动转换为程序内部码。（ 　　）

5. 无码作业就是用全站仪（或 GNSS-RTK）测定碎部点的定位信息（X，Y，Z），并自动记录在电子手簿或内存储器中，手工记录碎部点的属性信息与连接信息。（ 　　）

四、简答题

1. 什么是野外数据采集？野外数据采集主要包括哪些内容？

2. 数据采集前需要做好哪些准备工作？

3. 什么是数据编码？数据采集时为什么要简码？

4. 数字测图中常用的图根控制有哪些方法？各有何优缺点？

5. 野外数据采集主要有哪些模式？各有何优缺点？

6. 测记法模式中为什么必须测绘草图？测绘草图的主要内容是什么？

7. 简要阐述用南方灵锐 S86 型 RTK 进行数据采集的操作步骤和要求。

8. 南方 CASS 中的简码是如何规定的？

请同学们扫描以下二维码，获取课后习题答案。

课后习题答案 3

📖 【课堂测验】

请同学们扫描以下二维码，完成本项目课堂测验。

课堂测验 3

项目四 数字测图内业数据处理

项目概述

本项目主要讲述数字测图内业数据传输与预处理的方法，并以地形地籍成图软件 CASS 9.0 为蓝本，介绍内业成图的基本过程和方法。通过本项目的理论教学和职业能力训练，使学生掌握平面图的绘制、等高线自动生成、图形分幅与整饰等内业成图的方法和操作步骤。

学习目标

通过本项目的学习，应掌握全站仪数据传输的方法，数字地面模型的概念、CASS 9.0 内业成图的方法和具体操作步骤。在此基础上，能熟练运用南方 CASS 地形地籍成图软件完成数字地形图的内业成图任务。

内容分解

项目	重难点	任务	学习目标	主要内容
数字测图内业数据处理	数据通信参数设置的内容、方法；数据格式的转换；地物符号的绘制；地貌符号及等高线的绘制；	任务一 数据传输及预处理	掌握全站仪和计算机之间的数据传输方法；掌握 GNSS-RTK 和计算机之间的数据传输方法	练习将全站仪和的数据传输到计算机中，按照不同的方法（RS-232C 传输线、USB 线、读卡器等）；练习将 GNSS-RTK 手簿中的数据传输到计算机中，按照不同的方法（同步软件法、U 盘识别法、读卡器读取法等）
		任务二 平面图的绘制	掌握 CASS 成图软件绘制地物、等高线的方法及综合取舍规范；能熟练操作 CASS 软件大部分功能菜单；正确使用 CASS 软件展点、绘制地物、绘制地貌、整饰图幅的能力	学生在现场全站仪、RTK 碎部点采集的基础上，在教师讲解、演示和引导下，独立上机进行全站仪、RTK 与计算机数据传输。给各组分发一份 CASS 软件操作说明书。在教师讲解、演示和引导下，学生独立上机利用 CASS 软件进行地物、地貌的绘制，在有编码的区域进行编码法成图。对某些已有白纸图区域可进行白纸图的数字化操作。具体要求掌握如下技能：草图法内业绘图、编码引导法内业绘图。地物符号的绘制、地貌符号的绘制、特殊符号及注记的处理

项目	重难点	任务	学习目标	主要内容
数字测图内业数据处理	数字地形图注记与编辑；数字地形图分幅与整饰	任务三 等高线的绘制与编辑	掌握CASS成图软件绘制构建三角网、修改三角网、绘制等高线、等高线注记、等高线修饰与编辑的基本方法	选择几个具有代表性的地区（平原微丘区、重丘区、山区等），练习等高线绘制的方法，重点考虑地形线、坡坎等，将等高线和其他地物地貌有冲突的地方按主次要求处理好
		任务四 数字地形图的注记与编辑	掌握地形图常见的注记与编辑的内容与方法	在初步绘制的地形图上完成各类注记；然后再对整幅图进行编辑和修饰，使其符合地形图的质量要求
		任务五 数字地形图的整饰与输出	掌握地形图的分幅及整饰方法；掌握CASS软件图层管理知识及打印机和绘图仪的设置方法	给学生分发一份1∶2 000校园白纸地形图成图；学生分组讨论成图与原图的区别；教师讲解、演示数字地图的分幅和整饰；学生上机完成各个环节任务；在教师的引导下，学生独立设置打印机或绘图仪按要求输出地形图

一、内业成图的基本过程

内业成图就是指在数据采集以后到图形输出之前对采集的数据进行各种处理，得出图形数据（即数字地图）的过程。

内业成图过程主要包括数据传输、数据预处理、数据转换、数据计算、图形生成、图形编辑与整饰、图形信息的管理与应用等几个方面。

（一）数据传输

数据传输是指将全站仪（GNSS-RTK 或其他设备）采集的数据传输给计算机，或将计算机上的控制测量成果数据传输给全站仪等。

（二）数据预处理

数据预处理包括坐标变换、各种数据资料的匹配、图形比例尺的统一、不同结构数据的转换等。

（三）数据转换

数据转换内容很多，如将野外采集到的带简码的数据文件或无码数据文件转换为带绘图编码的数据文件，供自动绘图使用；或将 AutoCAD 的图形数据文件转换为 GIS 的交换文件等。

（四）数据计算

数据计算主要是针对有关地貌关系的数据。当数据输入计算机后，为建立数字地面模型而绘制等高线时，需要进行插值模型建立、插值计算、等高线光滑处理 3 个阶段的工作；在计算过程中，需要给计算机输入必要的数据，如插值等高距、光滑的拟合步距等，必要时还需对差值模型进行修改，其余的工作都有计算机自动完成。此外，数据计算还包括对房屋类呈直角拐弯的地物进行误差调整，消除非直角化误差等。

（五）图形生成

图形生成是指经过数据处理，产生平面图形数据文件和数字地面模型文件，这就是数字地图的雏形。

（六）图形编辑与整饰

想得到一幅规范的数字地形图，要对数据处理后生成的"原始"图形进行修改、编辑、整饰；还需加上文字注记、高程注记，并填充各种面状地物符号；还需要对整个测区图形进行拼接、分幅和图廓整饰等。数据处理还包括对图形信息的全息保存、管理和使用。

二、数据传输

数据传输的作用是完成电子手簿或全站仪等数据采集设备与计算机之间的数据相互传输。而实现电子手簿或全站仪等数据采集设备与计算机之间的正常通信，作业前一般要对全站仪、电子手簿、计算机等进行必要的参数设置。

在进行数据传输前，首先应熟悉全站仪的通信参数，以便在传输数据过程中实现人机对话，选择正确的参数。然后选择正确的通信数据线将全站仪与计算机连接，即可进行计算机与全站仪间的数据传输。

（一）由全站仪到计算机的数据传输

每次外业数据采集完成之后应该及时地将数据传输到计算机，这样既可以保证下次作业时仪器有足够的存储空间，也降低了数据丢失的可能性。全站仪与计算机之间的数据传输方式主要有

（1）采用全站仪品牌专用的传输软件传输数据，如南方公司的南方全站仪数据传输软件 NTS、拓普康的 T-COM 等；

（2）采用南方 CASS 9.0 成图软件下载全站仪数据；

（3）直接使用 USB 接口连接计算机读取内存数据；

（4）使用全站仪机身附带 USB 接口，直接插 U 盘下载数据（尤其是带 WINCE 操作系统全站仪）；

（5）使用全站仪机身附带 SD 卡接口，直接插 SD 卡，将全站仪数据导出到 SD 卡，然后拷贝至计算机；

（6）使用蓝牙等无线下载数据。

以上 6 种方法中，对于老式的全站仪主要使用前面两种方法传输数据，近几年新出的全站仪可以使用后 4 种方法。因此，本任务只介绍两种数据传输方法。

微课视频：4-1　全站仪数据传输（内存卡方式）　微课视频：4-2　全站仪数据传输（USB 式）

微课视频：4-3 全站仪数据传输（RS232C 方式）

1. 采用南方 CASS 9.0 软件下载全站仪数据

（1）硬件连接。

打开计算机进入 CASS 9.0 系统，查看仪器的相关通信参数，选择正确的数据线将全站仪与计算机正确连接。

（2）设置通信参数。

执行【数据】菜单→【读取全站仪数据】命令，在弹出的对话框中（见图 4-1）选择相应型号的仪器（如南方 NTS600 系列），设置通信参数（通信口、波特率、校验、数据位、停止位），且应与全站仪内部通信参数设置相同，选择文件保存位置、输入文件名，并选中"联机"选项。

图 4-1 全站仪内存数据转换

（3）传输数据。

单击【转换】按钮，弹出"计算机等待全站仪信号提示"对话框，按对话框提示顺序操作，命令区便逐行显示点位坐标信息，直至通信结束。

如果想将以前传过来的数据进行数据转换，可先选好仪器类型，再将仪器型号后面的"联机"选项取消。这时通信参数全部变灰。接下来，在【通信临时文件】选项下填上已有的临时数据文件，再在【CASS 坐标文件】选项下填上转换后的 CASS 9.0 坐标数据文件的路径和文件名，单击"转换"即可。

如果是用测图精灵采集数据，要将坐标数据和图形数据传输到计算机中，供CASS 9.0进一步处理。用测图精灵测完图后，进行保存时，形成扩展名为*.SPD的图形文件；在测图精灵的【测量】菜单→【坐标输出】命令，可得到CASS的标准坐标数据文件（扩展名为*.DAT）。

测图精灵外业结束后，可将*.SPD文件复制到计算机上，在CASS 9.0测图系统中进行图形重构。具体操作为

执行【数据】→【测图精灵数据格式转换\读入】命令，出现"输入测图精灵图形数据文件名"对话框，从测图精灵中找到要传的图形数据文件，点击【打开】按钮，系统读入*.SPD格式图形数据，并自动进行图形重构，生成*.DWG格式图形文件，与此同时还生成原始测址数据文件*.HVS和坐标数据文件*.DAT。

如果要将一幅 AutoCAD 格式的图（扩展名为*.DWG）转到测图精灵中进行修测或补测可执行【数据】→【测图精灵格式转换\转出】命令，将 CASS 系统下的图形转成测图精灵的*.SPD 图形文件。

2. 采用全站仪品牌专用的传输软件下载数据（以南方数据传输软件、南方 362R 全站仪为例）

（1）硬件连接。

选择正确的数据线（RS-232C 接口或者 USB 接口的数据线）将全站仪与计算机正确连接。如果采用 USB 接口的数据线，一定要主要安装好启动，保证全站仪能被计算机识别。

（2）设置通信参数。

打开南方方全站仪数据传输软件，执行【COM 通信】菜单→【COM 口通信参数】命令，在弹出的"COM 口通信参数设置"对话框，如图 4-2 所示，设置通信参数（协议、通信口、波特率、校验、数据位、停止位），且应与全站仪内部通信参数设置相同，设置完成后，单击【确定】按钮。

图 4-2　通信参数设置

（3）传输数据。

执行【COM 通信】菜单→【300 格式下载（原始数据）】命令，弹出提示信息"请先微机回车，然后在全站仪上回车"，按提示顺序操作，屏幕窗口区便逐行显示点位坐标信息，直至通信结束。

（4）数据格式转换。

如果要使用南方 CASS 成图，在南方全站仪传输软件里可以直接转换为 CASS 可以使用的数据格式，执行【转换】→【NTS300 坐标→CASS300 坐标】即可。

（二）由计算机到全站仪的数据传输

在实际作业过程中，有时也需要将计算机上的数据导入全站仪或电子手簿，如控制点坐标文件。CASS 9.0 系统的【坐标数据发送】命令可实现由计算机到全站仪或计算机到 E500 的数据传输。首先将需要上传的坐标数据文件按照 CASS 数据文件格式编辑好，然后在 CASS 9.0 中执行【数据】→【坐标数据发送】→【微机→南方 NTS320】命令，然后按提示操作即可实现。

值得一提的是，在数据通信过程中，一般接收方应先于发送方处于接收状态，发送方才开始向接收方发送数据，以避免数据传输的丢失。

（三）由计算机到 GNSS-RTK 手簿的数据传输

1. 数据格式

在野外数据采集时，工程之星软件存储原始文件数据格式是 RTK 格式文件，文件名格式为*.RTK，工程之星转换后数据格式为*.dat.存储数据格式如下。

（1）RTK 文件数据格式。

"Rem Version Ver1.00.050603

Rem DataTime 2005-10-11 16：01：32.00

Rem Datums 0 6378245.0 298.300000000

Rem Projection 114.0000 0 500000 1.0000 0.0000

Rem Seven 0 0.00000000 0.00000000 0.00000000 0.00000000 0.00000000 0.00000000 0.00000000

Rem Difang 0 0.0000 0.0000 0.00000000 1.00000000

Rem Nihe 0 0.00000000 0.00000000 0.00000000 0.00000000 0.00000000 0.00000000 0.00000000 0.00000000

Rem BaseStation 2558738.755 435131.149 23.559 23.0735580003 113.2200119993 23.559

Rem BaseStation 2558738.755 435131.149 23.559 23.0735580003 113.2200119993 23.559

Rem BaseStation 2558738.755 435131.149 23.559 23.0735580003 113.2200119993 23.559"

Rem Version—版本号；

Rem DataTime—文件建立日期；

Rem Datums—椭球参数；

Rem Projection—投影参数；

Rem Seven—七参数；

Rem Difang—地方转换参数（四参数）；

Rem Nihe—高程拟合参数；

Rem BaseStation—基准站信息

"p1，23.0734734806，113.2159158371，23.145，00000000，0.000，10，0.006，0.025，6，2.900，16：01：32.000，1

p2，23.0734682987，113.2159298562，23.442，00000000，2.000，10，0.011，0.056，6，2.900，16：01：59.000，1

p3，23.0735030211，113.2159419975，23.812，00000000，2.000，10，0.009，0.024，6，2.900，16：02：21.000，1

……"

格式说明：点名，纬度，经度，高程，属性，天线高，点存储状态（固定解），平面精度，高程精度，卫星颗数，PDOP，时间，（一般）存储方式。

（2）dat 文件数据格式。

"p1，99974.117，19972.526，51.586，00000000，10，0.006，0.025，6，2.90，16：01：32.00，0.0000，0.0000，0.000

p2，99972.505，19976.508，49.882，00000000，10，0.011，0.056，6，2.90，16：01：59.00，0.0000，0.0000，2.000

p3，99983.172，19980.009，50.252，00000000，10，0.009，0.024，6，2.90，16：02：21.00，0.0000，0.0000，2.000

……"

格式说明：点名，x 坐标，y 坐标，高程，属性，点存储状态（固定解），平面精度，高程精度，卫星颗数，PDOP，时间，缺省，缺省，天线高。

2. **数据传输**

不同厂家生产的 GNSS-RTK 的数据传输过程不同，下面我们介绍科力达风云 K9V 的数据传输过程。

（1）MicrosoftActiveSync 数据传输。

① 在数据导出前，先在计算机中安装微软同步软件 MicrosoftActiveSync。

② 对采集的数据进行转换。工程之星软件提供了用户所需要的各种数据格式转换形式，在流动站手簿的工程之星初始界面单击工程、文件输出，在文件格式转换输出对话框的数据格式里面选择需要输出的格式，南方 CASS 的数据格式为点名，编码，y，x，H。

③ 选择数据格式后，单击"源文件"，选择需要转换的原始数据文件，然后单击确定。

④ 输入目标文件（转换后）的名称，单击"确定"，然后点击"转换"→"ok"。转换后的数据文件保存在"\Flash Disk\Jobs\0901\data\"里面，格式如下：

"p1，00000000，505289.844，4577370.459，174.789

p2，00000000，505297.188，4577375.755，175.927

p3，00000000，505302.308，4577379.381，176.024

……"

⑤ 用传输线连接 PISION 手簿和计算机，MicrosoftActiveSync 自动启动。

⑥ 与计算机连接后，手簿就是计算机的一个盘符，可以像操作硬盘一样来操作手簿中的文件。选择好路径后，将外业采集的并经过转换的数据文件拷贝到计算机中即可。

（2）USB 数据传输。

在数据导出前在计算机中安装 USB 驱动，打开工程之星软件，"工程"→"文件导出/导入"→"选择导出文件类型、原始测量文件、文件存放的路径"→"导出"，再将手簿和计算机连接通信，打开我的计算机的移动设备，进入保存文件的 EGjobs 文件夹，找到相应工程文件名，将文件拷出来即可。

微课视频：4-4 GNSS-RTK 数据传输　　　　微课视频：4-5 GNSS-RTK 数据传输
（内存卡方式）　　　　　　　　　　　　（USB 式）

微课视频：4-6 GNSS-RTK 数据传输（同步方式）

三、数据处理

数字测图系统的优劣取决于数据处理的能力，数据处理能力的强弱取决于测图软件的功能大小。测图软件是一种大型综合应用软件，是当代软件工程学的最新技术手段与数字化成图系统相结合的产物。它具有数据量大、算法复杂、涉及外部设备较多等特点。

在绘制地形图之前，要先对外业数据进行处理，提取对绘图有用的各种信息，进行计算和整理，再按照规定的数据结构存储，建立起适合绘图、编辑处理并与 GIS（地理信息系统）接轨的地形数据库。据此，可生成数字地图、进行地形图的绘制、向 GIS 提供地形（图）空间数据和属性数据等。外业数据处理的一般流程，如图 4-3 所示。

图 4-3　外业数据处理的一般流程

原始数据处理是指在数据传输完成后，根据不同内业处理软件的格式要求及内业作图方法的需要，对传输后数据进行处理的工作内容，通常情况下包括以下几方面内容。

（一）数据格式转换

传输后的数据文件是数字测图软件内业成图时进行展点和绘图的基础，不同的内业软件对数据文件的格式有不同的要求。通常情况下，如果外业数据采集仪器能被数字成图软件支持，数据传输时采用数字成图软件自身所提供的功能进行数据通信，所获得的数据文件可以直接进行成图；但由于各种原因，数据传输时常借用第三方软件来实现，这样获得的数据通常需要进行数据格式处理，使得数据在格式、分隔方式、坐标顺序等方面适应数字成图软件的需要。在实际应用中，常使用 OFFICE 办公软件进行文本格式坐标数据的相互转换。

（二）编码转换

数字测图中，通常采用内、外码结合方式进行，外业采集一般采用简单易记的编码（外码），而在数字化成图时，为了适应计算机处理及数字地图应用的需要，通常采用按一定规则组成的、便于数据分类与处理的编（内码）进行图形的绘制与符号表达。因此，在利用野外采集的数据成图之前，须根据制图软件的需要，采用一定的方式实现编码的转换。编码转换一般还伴随着数据文件格式的转换。

（三）数据合并与数据分幅

数字化测图野外作业时，不同测量组之间主要以明显的线状地物为作业边界，不同的作业组在各自的区域内进行测量，不同作业组不同时间（天）中所采集的数据，经数据传输后形成不同的数据文件，在测图图形生成时需要进行数据合并，以便形成完整的测区数字地形图。通常情况下，对于地物要素，通过对测区不同文件形成的图形进行接边处理，实现图形合并的目的，而对于地形要素（主要是等高线），则需要先进行数据文件的合并，再整体进行等高线数据的生成与编辑，实现图数合并的功能。

同时，在后期的数字图形日常应用中，用户通常只会使用部分区域内的地图数据，内业工作中需要根据用户需求、按指定的边界进行图形分幅。日常工作中，数字成图软件提供标准分幅方式和非标准分幅方式，标准分幅方式是根据国家地形图分幅的图框坐标要求，进行图形区域的设定和图形分割；非标准分幅是根据用户需要，指定图幅分割边界，再利用软件的剪切功能进行图形的分割。

（四）图形纠正

地表上的许多人工地物是具有一定的规则形状的，如房屋的角点一般为直角等。然而，测量误差或差错的影响，使得规则地物的形状不能满足有关要求，这里的图形纠正就是在数据文件级批量地对规则地物的形状变化进行改正。图形纠正也可以放在图形编辑阶段，在图形界面下交互进行。在图形纠正过程中一般要求设置允许误差等纠正参数。

（五）坐标换带

为实现大地坐标与高斯平面坐标的坐标转换或图形转换，成图软件常提供该功能。如 CASS 9.0 中此项功能是执行【数据】→【坐标换带】命令，弹出"坐标换带"对话框。进行单点转换时，需输入原坐标；进行批量转换时，需选择原坐标文件，并创建或选择目标坐标输出文件。

（六）坐标转换

为了将图形或数据从一个坐标系转到另外一个坐标系（只限于平面直角坐系），成图软件一般有坐标转换功能，如 CASS 9.0 是执行【地物编辑】→【坐标转换】命令，系统弹出"坐标转换"对话框。拾取两个或两个以上公共点就可以进行转换。

（七）测站改正

如果用户在外业时不慎搞错了测站点或定向点，或者在测控制前先测碎部，可以应用此功能进行测站改正，以实现坐标的平移与旋转。

在 CASS 9.0 中执行【地物编辑】→【测站改正】命令，然后按提示操作：

"请指定纠正前第一点："（输入或拾取改正前测站点，也可以是某已知正确位置的特征点，如房角点）；

"请指定纠正前第二点方向："（输入或拾取改正前定向点，也可以是另一已知正确位置的特征点）；

"请指定纠正后第一点："（输入或拾取测站点或特征点的正确位置）；

"请指定纠正后第二点方向:"（输入或拾取定向点或特征点的正确位置）；

"请选择要纠正的图形实体:"（用鼠标选择图形实体）。

系统自动对选中的图形实体做旋转平移，使其调整到正确位置，之后系统提示输入需要调整和调整后的数据文件名，自动改正坐标数据，如不想改正，按【Esc】键即可。

（八）批量修改坐标数据

批量修改坐标数据是指将原有坐标及高程加、乘一个固定常数或对 X、Y 坐标值进行交换。在 CASS 9.0 中的操作：

执行【数据】→【批量修改坐标数据】命令，打开"批量修改坐标数据"对话框，如图 4-4 所示，输入原始数据文件名、更改后数据文件名，执行"处理所有数据"或"处理高程为 0 的数据"选项。根据实际需要，输入 X、Y、H 的改正值，并选择修改类型（加固定常数、乘固定常数、XY 交换），单击【确定】按钮即可。

图 4-4　批量修改坐标数据

任务二　平面图的绘制

CASS 系列软件是南方测绘公司基于 AutoCAD 平台技术开发的 GIS 前端数据处理系统，广泛应用于地形成图、地籍成图、工程测量应用、空间数据建库、市政监管等领域，全面面向 GIS，彻底打通数字化成图系统与 GIS 接口，使用了骨架线实时编辑、简码用户化、GIS 无缝接口等先进技术。

CASS 9.0 是南方测绘公司推出的地形、地籍成图软件，相对于以前各版本，除在平台、基本绘图功能上做了进一步升级外，还根据现行的图式、地籍等标准，更新完善了图式符号库和相应的功能，增加了属性面板等大量的实用工具。

一、CASS 9.0 基本知识

（一）CASS 的主界面

先安装 AutoCAD，并运行一次，然后安装南方数字化地形地籍成图软件 CASS 9.0（关于 AutoCAD 和 CASS 9.0 安装详细操作，请参阅有关说明书，在此不再赘述），安装成功，启动 CASS 9.0（运行 CASS 9.0 之前必须先将"软件狗"插入 USB 接口，并按照软件狗驱动），弹出 CASS 9.0 操作主界面，如图 4-5 所示。CASS 9.0 的操作主界面主要由下拉菜单栏、CAD 标准工具栏、CASS 实用工具栏、属性面板、屏幕菜单栏、图形编辑区、命令行、状态栏等组成。标有"▶"符号的下拉菜单表示还有下一级菜单，每个菜单项均以对话框或命令行提示的方式与用户交互应答。

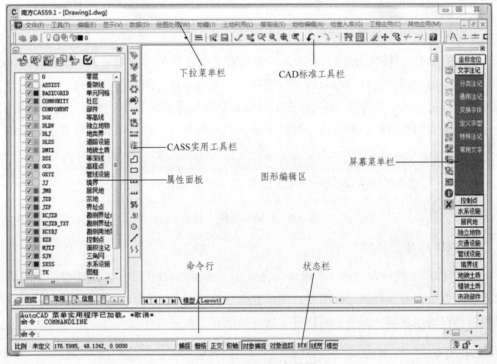

图 4-5　CASS 9.0 主界面

图形编辑区是图形显示窗口，用户在该区域内进行图形编辑操作。图形窗口有自己的标准 Windows 特征，如滚动条、最大化、最小化及控制按钮等，使用户可以在图形界面的框架内移动或改变它的大小。CASS 命令行缺省界面中一般显示 3 行命令行，其中最下面一行等待键入命令，上面两行一般显示命令提示符或与命令进程有关的其他信息。操作时要随时注意命令行提示。有些命令有多种执行途径，用户可根据自己的喜好灵活选用快捷工具按钮、下拉菜单或在命令行输入命令。

（二）菜单与工具栏

1. 顶部下拉菜单栏

操作界面标题栏下面即为下拉菜单栏，包括"文件、工具、编辑、显示、数据、绘图处理、地籍、土地利用、等高线、地物编辑、检查入库、工程应用、其他应用"等13个下拉菜单。利用这些菜单功能，可满足数字图绘制、编辑、应用、管理等操作需要。

2. 屏幕菜单栏

屏幕菜单栏一般设置在操作界面右侧，是用于绘制各类地物的交互式菜单。屏幕菜单第一页提供了"坐标定位、测点点号、电子平板和地物匹配"等4种定点方式。进入屏幕菜单的交互编辑功能时，必须先选定某一定点方式。如果想从第二页菜单返回到第一页菜单，单击屏幕菜单顶部的"定点方式"条目，即可返回上级屏幕菜单。

3. CASS 实用工具栏

CASS 实用工具栏，如图 4-6 所示。它具有 CASS 的一些常用功能，如查看实体编码、加入实体编码、批量选取目标、线型换向、查询坐标、距离与方位角、文字注记、常见地物绘制、交互展点等。当光标在工具栏某个图标停留时就显示该图标的功能提示。使用 CASS 实用工具栏，配合命令行提示操作，可简化对下拉菜单和屏幕菜单的操作。

图 4-6　CASS 实用工具栏

4. CAD 标准工具栏

CAD 标准工具栏，如图 4-7 所示。它包含了 AutoCAD 的许多常用功能，如图层的设置、线型管理器、打开已有图形、图形存盘、重画屏幕、图形平移、缩放、对象特征编辑器、移动、复制、修剪、延伸等（这些功能在下拉菜单中也都有）。

图 4-7　CAD 标准工具栏

（三）属性面板

CASS 9.0 的属性面板是传统版本"对象特性管理器"的升级，它不仅具有显示、编辑属性的功能，而且集图层管理、常用工具、检查信息、实体属性为一体，分别有图层、常用、信息、快捷地物、属性 5 个选项。属性面板可关闭，也可缩小成一列，排在 CASS 界面的左侧。如果关闭后再打开它，快捷命令为"casstoolbox"。

微课视频：4-7 CASS 软件主界面介绍

二、CASS 9.0 绘图参数设置

（一）CASS 9.0 参数设置

在内业绘图前，一般应首先根据要求，对 CASS 9.0 有关参数进行设置，采用统一的参数设置来设置绘图的常用参数。执行【文件】→【CASS 9.0 参数配置】项，弹出"CASS 9.0 综合设置"对话框，如图 4-8 所示。

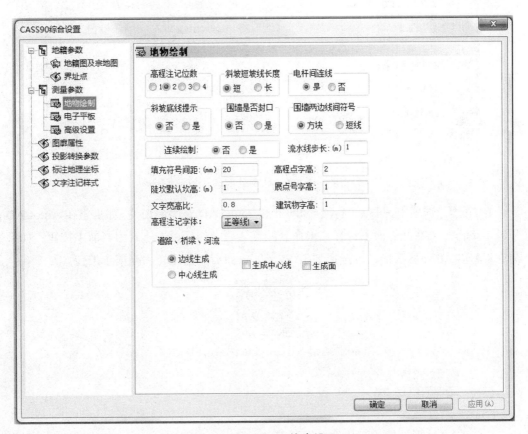

图 4-8 CASS 9.0 综合设置

在图中对话框点击左侧各选项打开相应参数设置页面，该对话框可对地籍参数（地籍图及宗地图、界址点）、测量参数（地物绘制、电子平板、高级设置）、图廓属性、投影转换参数、标注地理坐标、文字注记样式等进行设置。

（二）AutoCAD 系统配置

执行【文件】→【AutoCAD 系统配置】命令，弹出"AutoCAD 系统配置"对话框，如图 4-9 所示，在该对话框中，可以对 CASS 9.0 的工作环境进行设置。

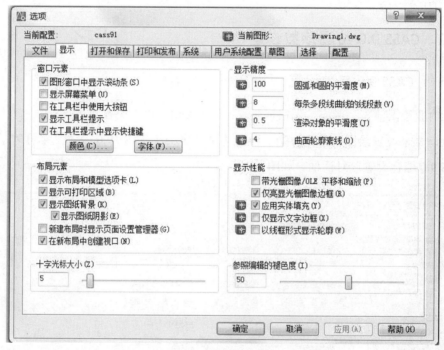

图 4-9 "AutoCAD 系统配置"对话框

在"配置"选项中，可以进行 CASS 9.0 和 AutoCAD 之间的切换。如果想在 AutoCAD 环境下工作，可在此界面下选择"未命名配置"项，然后单击【置为当前】按钮；如果想在 CASS 9.0 环境工作，可选择"CASS 9.0"，然后单击【置为当前】按钮。

微课视频：4-8　CASS 软件菜单内容介绍

三、平面图绘制

CASS 9.0 地形地籍成图软件提供了测点点号定位成图法、坐标定位成图法、编码引导自动成图法、原始测量数据录入法、简编码自动成图法、测图精灵测图法、电子平板测图法、数字化仪成图法8种成图方法。

前4种适用于测记式成图法（草图法），即把野外采集的数据存储在电子手簿或全站仪的内存中，同时绘制草图，回到室内后再将数据传输到计算机内，对照草图完成各种绘图编辑工作，最后形成地形图或地籍图。测图精灵测图法、电子平板测图法在野外直接给出平面图。其中编码引导自动成图法、测点点号定位成图法、屏幕坐标定位成图法适用于无码作业。

（一）测记法工作方式

测记法工作方式要求野外作业时安排草图绘制人员，在跑尺（镜）员跑尺时，绘图员标注出所测的是什么地物（属性信息）并记下所测点的点号（位置信息），在测量过程中要和测量员及时联系，使草图上标注的点号和全站仪里记录的点号一致，而在测量每一个碎部点时不用在电子手薄或全站仪里输入地物编码，故又称为无码方式。

测记法在内业工作时，根据作业方式的不同，分为点号定位、坐标定位、编码引导、原始测量数据录入等几种方法。

微课视频：4-9　测点点号定位法

微课视频：4-10　屏幕坐标定位法

1. 点号定位成图法

点号定位成图法作业中，内业成图时，在 CASS 9.0 屏幕菜单上执行【点号定位】命令，如图4-10所示。

图4-10　点号定位

系统将提示"选择坐标点数据文件"并将数据文件读至系统。内业成图时，利用该法绘制平面图，只需把"坐标数据文件"中的碎部点点号展绘在屏幕上，利用屏幕测点点号，对照草图上标明的点号、地物属性和连接关系，将每个地物绘出即可。其操作步骤如下。

（1）定显示区。定显示区的作用是根据输入坐标数据文件的数据大小定义屏幕显示区域的大小，以保证所有点可见。执行【绘图处理】→【定显示区】命令，弹出"输入坐标数据文件名"对话框，如图 4-11 所示。

图 4-11　"输入坐标数据文件名"对话框

选择坐标数据文件，单击【打开】按钮即可。

（2）选择测点点号定位成图法。用鼠标点击屏幕右侧菜单区【坐标定位】→【点号定位】项，弹出"选择点号对应的坐标点数据文件名"对话框，如图 4-12 所示。

图 4-12　"选择点号对应的坐标点数据文件名"对话框

选择或输入坐标点数据文件名，如 C：\CASS90\DEMO\YMSJ.DAT，则命令区提示："读点完成！共读入 60 点。"

（3）展点。测点是外业测量草图的基本依据，内业绘图时参照测点进行测量点的捕捉与图形连接，因此展测点是内业工作的基础。在 CASS9.0 系统中提供了"展高程点、展野外测点点号、展野外测点代码和展野外测点点位"4 种展点方式，且展绘在图面上的点，其注记方式可以进行转换。

执行【绘图处理】→【展野外测点点号】命令项，命令行提示：

"绘图比例尺：<500>"（输入比例尺分母）↙

执行后，系统弹出"输入坐标数据文件名"对话框。在对话框中输入对应的坐标数据文件名并确定后，便可在屏幕上展绘出野外测点的点号。

（4）绘平面图。根据野外作业时绘制的草图，移动鼠标至右侧屏幕菜单区选择相应的地形图图式符号，然后在屏幕中将所有的地物绘制出来。系统中所有地形图图式符号都按照图层来划分，例如所有表示测量控制点的符号都放在"控制点"层，所有表示独立地物的符号都放在"独立地物"这一层，所有表示植被的符号都放在"植被园林"这一层。可根据外业草图，选择相应的地图图式符号在屏幕上将平面图绘出。

如图 4-13 所示，由 33、34、35 号点连成一间普通房屋。

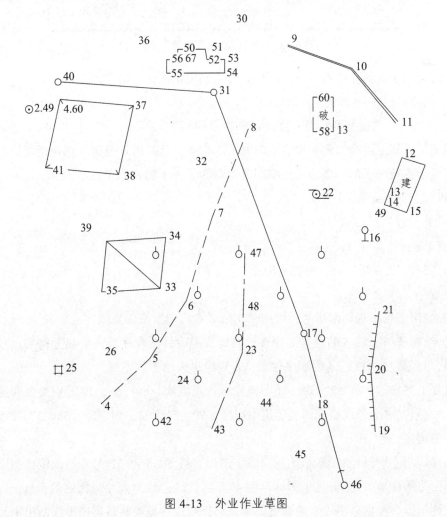

图 4-13　外业作业草图

执行右侧菜单的【居民地】→【一般房屋】处单击，系统便弹出"一般房屋"对话框，如图 4-14 所示。

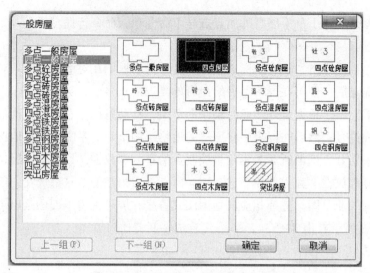

图 4-14 "居民地/一般房屋"图例

在对话框中选择【四点房屋】图标，按【确定】按钮，命令区提示：

"绘图比例尺 1：<500>" 1 000✓

"1.已知三点/2.已知两点及宽度/3.已知四点<1>:" 1✓

说明：已知三点是指测矩形房子时测了 3 个点；已知两点及宽度则是指测矩形房子时测了两个点及房子的一条边；已知四点则是测了房子的 4 个角点。

"鼠标点 P/<点号 > " 33✓

"点 P/<点号 > " 34✓

"点 P/<点号 > " 35✓

33、34、35 点则连成一间普通房屋。

注意：

① 当房子是不规则图形时，可用"实线多点房屋"或"虚线多点房屋"来绘；

② 绘房子时，输入的点号必须按顺时针或逆时针的顺序输入，如上例的点号应按 34、33、35 或 35、33、34 的顺序输入，否则绘出来房子就不对。

重复上述操作，将 37、38、41 号点绘成四点棚房，60、58、59 号点绘成四点破坏房子，12、14、15 号点绘成四点建筑中房屋，50、51、53、54、55、56、57 号点绘成多点一般房屋。

同样，用【居民地/垣栅/依比例围墙】图标，将 9、10、11 号点绘成依比例围墙的符号；用【居民地/垣栅/篱笆】图标，将 47、48、23、43 号点绘成篱笆的符号。

依此类推，根据草图表示的地物类别，选择相应的地类将各类图形绘制出来，重复上述操作便可以将所有测点用地形图图式符号绘制出来，形成完整的平面图。在操作过程中，可以套用别的命令，如放大显示、移动图纸、删除、文字注记等。

2. 坐标定位成图法

坐标定位成图法的原理类似于测点点号定位成图法。所不同的仅仅是绘图时点位的获取不是通过点号而是利用坐标或屏幕"捕捉"功能直接在屏幕上捕捉获取的。

坐标定位成图法具体的操作步骤和点号定位成图法一样，具体如下：

定显示区→选择坐标定位成图方式→展点→利用右侧的屏幕菜单绘平面图。

（1）定显示区。此步操作与"点号定位"法作业流程的"定显示区"操作相同。

（2）选择测点坐标定位成图法。执行【坐标定位】→【坐标定位】项。

（3）展点。此步操作与"点号定位"法作业流程的"展点"操作相同。

（4）绘平面图。与"点号定位"法成图流程类似。仍以绘居民地为例，移动鼠标至右侧屏幕菜单的【居民地】→【一般房屋】处单击，系统便弹出选择"一般房屋"对话框，在对话框中选择"四点房屋"图标，按【确定】按钮。

命令区显示：

"1.已知三点/2.已知两点及宽度/3.已知四点<1>："（输入1，或直接回车默认选1）。

移动鼠标至屏幕下方状态栏"对象捕捉"按钮处单击右键，选择【设置】项，弹出"草图设置"对话框，在对话框中选择"对象捕捉"标签卡，勾选"节点"选择框，并按【确定】按钮，如图4-15所示。

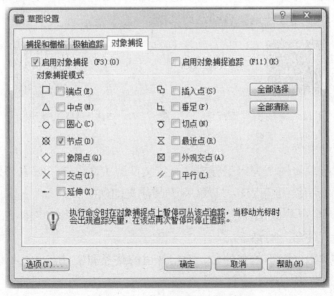

图4-15 "草图设置"对话框

"输入点："（鼠标靠近33号点，出现黄色标记，点击左键完成捕捉工作）。

"输入点："（捕捉34号点）。

"输入点："（捕捉35号点）。

这样，即将33、34、35号点连成一间普通房屋。

在输入点时，嵌套使用了捕捉功能，选择不同的捕捉方式会出现不同形式的黄颜色光标，适用于不同的情况。

命令区要求"输入点"时，可以用鼠标左键在屏幕上直接点击，为了精确定位也可输入实地坐标。下面以"路灯"为例。执行右侧屏幕菜单的【独立地物】→【其他设施】项，弹出"其他设施"对话框，移动鼠标选中"路灯"图标，然后单击【确定】按钮。

命令区显示：

"输入点：" 143.35，159.28↙

这时就在（143.35，159.28）处绘制好了一个路灯。

随着鼠标在屏幕上移动，左下角提示的坐标会实时变化。

依此类推，根据草图表示的地物类别，选择相应的地类符号将各类图形绘制出来，重复上述操作便可以将所有测点用地形图图式符号绘制出来，形成了完整的平面图。

3. 编码引导成图法

此方式也称为"编码引导文件＋无码坐标数据文件自动绘图方式"。该成图法作业时，需要在内业人工编辑一个"编码引导文件"。编码引导文件是一个包含了地物编码、地物的连接点号和连接顺序的文本文件，根据草图在室内由人工编辑而成。将编码引导文件和坐标数据文件合并，生成一个包含地物全部信息的"简编码数据文件"。利用"简编码数据文件"即可把各种地物自动绘制成图。

微课视频：4-11　编码引导法成图　　　　动画：4-1　编码引导法成图

（1）编辑引导文件。

在绘图之前应编辑一个编码引导文件，该文件的主文件名一般取与坐标数据文件相同的文件名，后缀一般用".YD"，以区别于其他文件项。

① 移动鼠标至屏幕的顶部菜单处，执行【编辑】→【编辑文本】命令，弹出"输入要编辑的文本文件名"对话框。

在对话框中输入要编辑的文件名，确定合适的路径和文件名，此处以 C：\CASS90\DEMO\MMSJ.YD 为例，单击【打开】按钮。

屏幕上将弹出记事本程序，这时根据野外作业草图，参考有关地物代码及文件格式，编辑好此文件。

② 编辑完成后退出对话框，出现是否保存文件对话框。选择【是（Y）】按钮，返回到 CASS 屏幕。同时，编码引导文件已经存盘。

（2）定显示区。

此步操作与"点号定位"法作业流程的"定显示区"操作相同。

（3）编码引导。

编码引导的作用是将"引导文件"与"无码的坐标数据文件"合并生成一个新的带简编码格式的坐标数据文件。这个新的带简编码格式的坐标数据文件在下一步"简码识别"操作时将要用到。

① 移动鼠标至屏幕上方，执行【绘图处理】→【编码引导】命令。

② 命令行提示："绘图比例尺 1：<500>"（输入比例尺并回车确认）。出现"输入编码引导文件名的"对话框。输入编码引导文件名 C：\CASS90\DEMO\WMSJ.YD，或通过 Windows 窗口操作找到此文件，然后单击【打开】按钮。

③ 弹出"输入坐标数据文件名"对话框，要求输入坐标数据文件名，此时输入 C：\CASS90\DEMO\WMSJ.DAT。

④ 屏幕出现"坐标文件名"对话框。输入生成的简编码坐标文件名 C：\CASS90\DEMO\WMYD.DAT

⑤ 命令区提示：编码引导完毕！

这时，屏幕按照这两个文件自动生成平面图形，如图 4-16 所示，若屏幕未出现图形，请点击"🔍"图标。

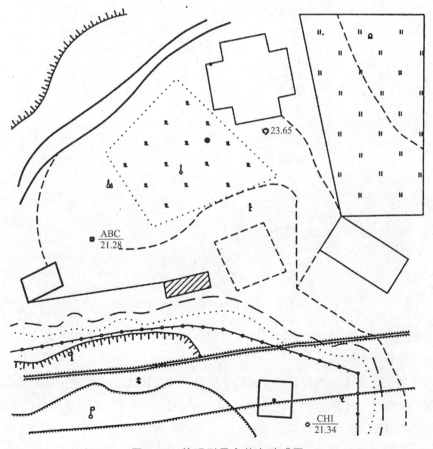

图 4-16   编码引导文件自动成图

4. 原始测量数据录入法

原始测量数据录入法是指野外测图时采用普通光学经纬仪或全站仪（有无内存均可）进行碎部测量，获取水平角、竖直角、斜距等基本测量数据，再利用 CASS 的相关功能，把基本测量数据转换为符合 CASS 坐标数据文件格式的点位坐标。进而利用"点号定位成图法"或"坐标定位成图法"进行成图。

成图的具体操作步骤与测点点号定位成图法一样。

（1）原始测量数据录入。

执行【数据】→【原始测从数据录入】→【需要控制点坐标文件】或【不需要控制点坐标文件】命令，打开"输入 CASS 9.0 原始数据文件名"对话框，输入文件名及保存路径。点击【保存】按钮（所录入的原始测址数据将会被保存于此文件中），弹出"原始测量数据录入"对话框，如图 4-17 所示，在对话框中分别录入测站点和定向点坐标（定向点无需高程）、定向起始值（一般为 0°）、仪器高、点号、代码（可不输）、水平角、竖直角、斜距、镜高等，每输完一个碎部点的测量信息，按一次【记录】按钮写入文件。

图 4-17　"原始测量数据录入"对话框

如果搬站，则更新测站信息。所有数据输入完毕后按【退出】按钮确认退出。

（2）原始数据格式转换。

执行【数据】→【原始数据格式转换】命令，选择【需要控制点坐标文件】或【不需要控制点坐标文件】项，命令行显示："请选择斜距测量方法：（1）测距仪（2）经纬仪视距法<1>"（输入"1"或"2"，回车）。打开"输入数据文件名"对话框，在文件名栏中输入待转换的原始测量数据文件名后，按【打开】按钮，再次弹出"输入生成的坐标文件名"对话框，要求输入转换后的文件名及保存路径，在文件名栏中输入相应的文件名后，按【保存】按钮即可。

（3）绘平面图。

绘平面图的方法同"点号定位成图法"。

（二）"简码识别法"工作方式

"简码识别法"工作方式也称为"带简编码格式的坐标数据文件自动绘图方式"，与"草图法"在野外测量不同的是，每测一个地物点都要在电子手簿或全站仪上输入地物点的简编码。

简编码一般由一位字母和一或两位数字组成，简编码的含义请查阅项目三任务三里的相关内容，也可根据自己的需要通过 JCODE.DEF 文件定制野外操作简码。

微课视频：4-12　简码识别法成图　　　　　　动画：4-2　简码识别法成图

1. 定显示区

此步操作与"草图法"中"点号定位"绘图方式作业流程的"定显示区"相同。

2. 简码识别

简码识别的作用是将带简编码格式的坐标数据文件转换成计算机能识别的程序内部码（又称绘图码）。

执行【绘图处理】→【简码识别】命令，命令行显示：

"绘图比例尺 1：<500>"（输入比例尺，回车）。

系统弹出"输入简编码坐标数据文件名"对话框，输入带简编码格式的坐标数据文件名（此处以 C：\CASS\DEMO\YMSJ.DAT 为例）。

当提示区显示"简码识别完毕！"时，则在绘图区自动生成平面图形。

（三）MG 野外采集 CASS 9.0 内业成图方式

采用"测图精灵（MG）"在野外采集数据时，"测图精灵"已将大部分地物的属性写进了图形文件，同时采集了坐标数据和原始测量数据（角度和距离）。

在测完图形进行保存时，"测图精灵"会提示输入文件名，点【OK】按钮后，在"测图精灵"的"My Documents"目录下会有扩展名为*. SPD 的文件。

在"测图精灵"的【测量】菜单项下选择【坐标输出】，就可得到 CASS9.0 的标准坐标数据文件（扩展名为*.DAT），这个文件可直接在 CASS 9.0 中展点，也可以用来生成等高线、计算土方量等。该文件和图形文件在同一个目录下，扩展名为*.DAT。

回到室内，将坐标数据和图形数据传输到计算机中，就可以用 CASS 9.0 进行处理了。

需要指出的是，上述绘图方法一般并不单独使用，而是相互配合使用。

如果野外没有绘制草图，也没有输入简码，而是用记录本记录绘图信息，可采用下述作业程序，以提高绘图效率和绘图正确性。

数据通信→编辑坐标数据文件→按野外侧点点号展点→用"坐标定位"法绘平面图→打印→实地校对。

数据采集当天晚上将采集的坐标数据文件传输到计算机，随后在文本编辑状态下将坐标数据文件中的点号项后面加上野外记录标识。然后用"展野外测点点号"功能将点号和野外记录代码一并展绘到屏幕上。再选择"坐标定位"的绘图方式，凭借测图时的印象，再参考外业记录，准确地绘出平面图。如果有条件，可用打印机打印出当天所测的图，次日到实地核对，并用勘丈法将无法实测的地物记录在打印图纸上，供内业补绘用。

微课视频：4-13　平面图的绘制 1

微课视频：4-14　平面图的绘制 2

任务三　等高线的绘制与编辑

野外测定的地貌特征点通常都是不规则分布的数据点，根据不规则分布的数据点在数字测图软件中绘制等高线需要先建立数字高程模型（一般采用三角网法），然后由数字高程模型自动生成等高线。三角网法是直接利用原始离散点建立不规则三角网（Triangulation Irregular Network，TIN），再根据三角网中每个三角形边进行等高点的追踪连线，从而实现等高线的绘制。这种方法直接利用原始观测数据构成三角网，能有效地保持原始数据的精度，可方便地引入地性线，对于大比例尺数字测图较为合适。

一、数字地面模型的建立

1956 年，美国麻省理工学院 Miller 教授在研究高速公路自动设计时首次提出数字地面模型。20 世纪 60 年代，很多学者为求解 DTM 上任一点的高程，进行了大量研究，并提出了多种实用的内插算法。20 世纪 80 年代以来，对 DTM 的研究与应用已涉及 DTM 系统的各个环节。

（一）数字地面模型概述

数字地面模型（Digital Terrain Model，DTM）简称数模，是在空间数据库中存储并管理的空间数据集的通称，它以数字形式按一定的结构组织在一起，表示实际地形特征的空间分布，是地形属性特征的数字描述。只有在 DTM 的基础上才能绘制等高线。

DTM 的核心是地球表面特征点的三维坐标数据和一套对地面提供连续描述的算法。最基本的 DTM 至少包含了相关区域内一系列地面点的平面坐标（X, Y）和高程（Z）之间的映射关系，即 $Z = f(X, Y)$、$X, Y \in$ DTM 所在区域。此外在数字地面模型中还包括有高程、平均高程、极值高程、相对高程、最大高差、相对高差、高程变异、坡度、坡向、坡度变化率、地面形态、地形剖面、地性线、沟谷密度以及太阳辐射强度、观察可视面、三维立体观察等因素。

DTM 的数字表示形式包括离散点的三维坐标（测量数据），由离散点组成的规则或不规则的网络结构，依据模型及一定的内插和拟合算法自动生成等高线、断面、坡度等图形。

由于 DTM 是带有空间位置特征和地形属性特征的数字描述，包含地面起伏和属性两个含义。当 DTM 中地形属性为高程时就是数字高程模型（Digital Elevation Model，DEM），一般情况下指以网络组织的某一区域地面高程数据。数字高程模型是在高斯投影平面上规则格网点的平面坐标（X, Y）及其高程（H）的数据集。例如在航片数据采集中，数据往往是规则网格分布，其平面位置可由起算点坐标和点间网格的边长确定，只提供点的列号即可，这时其地形特征是指地面点的高程。在地理信息系统中，DEM 是建立 DTM 的基础数据。

与传统纸质地形图相比，DTM 作为地面起伏形态和地形属性的一种数字描述形式有以下特点。

1. 以多种形式显示地形信息

地形数据经过计算机软件处理后，可根据应用需求生成各种比例尺的地形图、纵横断面图和立体图等。传统纸质地形图一旦制作完成，其比例尺很难改变，若要改变或绘制成其他形式的地形图，则需要进行大量的人工处理。

2. 保持精度不变

DTM 采用了数字媒介，图形采用 DTM 直接输出，因而精度不会损失。用人工的方法制作的传统用纸质地形图或其他种类的地图，精度会受到损失；另外，随着时间的推移，图纸将产生变形，也会失去原有的精度。

3. 容易实现自动化和实时化

由于 DTM 是数字形式的，所以增加或改变地形信息只需将修改信息直接输入到计算机，经软件处理后立即可产生实时化的各种地形图。传统纸质地形图要增加或修改都必须重复相同的工序，劳动强度大而且周期长，不利于地形图的实时更新。

总之，数字地面模型的主要特点：便于存储、更新、传播和计算机处理；根据需要选择比例尺；适合各种定量分析与三维建模。

（二）数字地面模型的数据结构

DTM 的表示形式主要包括两种：不规则的三角网（TIN）和规则的矩形格网（GRID）。不规则的三角网，按一定规则连接每个地形特征采集点，形成一个覆盖整个测区的互不重叠的不规则三角形格网。其优点是地貌特征点表达准确，缺点是数据量太大。规则的矩形格网，是用一系列在 X、Y 方向上等间隔排列的地形点高程 Z 表示。其优点是存储量小、易管理、应用广泛，缺点是不能很准确地表达地形结构的细部。

（三）数字地面模型的建立

DTM 系统由计算机程序来实现，主要功能应是从多个离散数据构造出相互连接的网络结构，以此作为 DTM 的基础。例如等高线、断面和三维立体地形图都可以根据这个模型生成。建立 DTM 有多种方法，由于地球表面本身的非解析性，若采用某种代数式和曲面拟合的算法来建立地形的整体描述比较困难，因此，一般建立区域的数字地面模型是在该区域内采集相当数量可表达地形信息的地形数据（三维空间离散的采样值）来完成的。

但是，实际地形由于受到表面既有连续、也有如断裂、挖损等不连续因素的影响，加之在构造 DTM 时采集的地形数据量也有限，采样点的位置、密度，以及选择构造 DTM 的算法及应用时的插值算法，均有可能影响 DTM 的精度和使用效率。以下介绍建立 DTM 的主要步骤。

1. 数据的获取

DTM 的数据获取就是提取已测定的地貌特征点，即将一个连续的地形表面转化成一个以一定数量的离散点来表示离散的地表。因此，这些离散点数据的获取是建立数模工作中花费时间最长、用工最多的，而且又是最重要的一个环节，它直接影响建模的精度、效率和成本。

DTM 数据的获取主要有以下几种方式。

（1）人工量取。

用方格网在地形图上逐点量取和内插求出网格点的三维坐标。

（2）数字测图。

利用全站仪数字测图生成的三维坐标信息并存储在磁卡上；利用航空像片、像对的立体特征，在解析测图仪、立体坐标量测仪或数字摄影测量系统中量测的三维地形数据；遥感图像处理后也可以得到地形数据，最后形成数据磁带文件。

（3）扫描输入。

重新转绘地形图，去掉注记并对新转换的地形图进行扫描，插值计算网格高程及量取网格坐标。

2. 数据的转换

不同来源的原始数据类型是各种各样的，例如三维坐标、距离、高程、方位角等。这些数据除了具有离散点的坐标信息外，还包含了离散点之间的地形关系及地物特征等信息。因此，DTM 系统除了应具有各种类型数据输入的接口，能接受不同设备不同方式传输的数据外，还要有数据格式转换的功能。

在对不同来源的原始数据进行数据转换处理时，应利用转换模块对原始数据进行分类，将坐标数据、连接信息、地物特征等按 DTM 系统的标准格式分别存放。为了保证 DTM 系统应有的精度以准确表达实际的地形变化，在对不同来源的数据进行标准格式转换时不得影响或改变原始数据的精度。

3. 数据的预处理

（1）DTM 原始数据的预处理。

通过数据采集和数据转换后，即可得到一个区域内的 DTM 原始数据。这些输入计算机的数据中，还含有一些不符合建模要求的数据。因此在建模前必须对这些不符合建模要求的数据进行过滤和剔除，以顺利完成构网建模，这种在建模前对原始数据的处理称为数据的预处理。数据的预处理主要以下一些内容：数据过滤、粗差剔除、重合或近重合数据的剔除、给定高程限值和必要的数据加密等。

（2）地形地物特征信息的提取。

为了便于计算机程序识别，提高工作效率以及保证等高线的绘制精度和正确走向，除了地面坐标数据外，地形和地物的特征信息（例如地性线、断裂线、路沿、房屋边线等）是 DTM 不可缺少的信息，这些信息由地形地物的特征代码及连接点关系代码表示。从原始数据中提取地形地物特征的依据是数据记录中的特定编码，不同类型的原始数据在不同的测量软件中有各自的编码方式。DTM 系统的特征提取部分功能有以下几个内容：

① 识别原始数据记录中的特征编码；

② 地性线特征编码及相关空间定位数据转换成 DTM 标准数据格式；

③ 提取地性线、断裂线以及特殊地形（如陡坎等）；

④ 数据编辑。

4. 构网建立数字模型

（1）不规则三角形格网（TIN）的建立。

TIN 是不规则格网中最简单的一种结构，它是利用测区内野外测量采集的所有地形特征点构造出的邻接三角形组成的格网形结构，大比例尺数字测图的建模一般都采用这种方式。由于它保持了细部点的原始精度，从而使整个建模精度得到保证。

TIN 的每一个数据元素的核心是组成不规则三角形顶点的三维坐标，这些坐标数据完全来自外业原始测量成果。在外业作业过程中，地形点的选择往往是那些能代表地形坡度的变换点或平面位置的特征点，因此这些点在相关区域内呈离散型（非规则和非均匀）分布。将这些离散点按照一定的规则（一般采用"就近连接原则"）构造出相互连接的三角形格网结构。如果测定了地性线，构网时位于地性线上的相邻点被强制连接成三角网的各条边。网中每个三角形所决定的空中平面就是该处实际地形的近似描述。根据计算几何原理，可以计算格网中的三角形数目，若区域中有 n 个离散数据点，它们可以构成互不交叉的三角形个数最多不超过 $2n-5$ 个。

建立 TIN 的基本过程是根据外业实测的地形特征点按照"就近连接原则"将邻近的 3 个离散点相连接构成初始三角形，再以这个三角形的三边为基础连接与其邻近的点组成新的三角形，如此依次连接直接到所有三角形都无法扩展成新的三角形，所有点均包含在这些三角形构成的三角网中为止。为了保证 DTM 网格具有较高的精度，应注意构网时把地性线作为 TIN 中三角形的边，扩展 TIN 时先从地性线特征开始。

（2）矩形格网的建立。

矩形格网是将区域平面划分为相同大小的矩形单元，以每个单元的顶点作为 DTM 的数据结构基础，它是规则形状格网中较为常见的一种。建立矩形格网的原始数据来源于外业数字测图获得的地物、地貌特征点坐标（这些采集点的分布是离散的、不规则的），以及在航测的立体模型上按等间隔直接采集的矩形格网的顶点坐标两个方面。

数字测图中，外业采集的离散点的区域分布是不规则的。在构造矩形格网时，要求在构建过程中既保持原始数据中地形特征的信息，又尽可能在保持原始数据精度的前提下通过数学方法将这些离散点格网化，算出新的规则格网交点的坐标。

常用的数学方法是高程插值算法，其过程就是根据矩形格网给定的平面坐标，利用邻近的已知高程的离散采集点作为参考点，计算格网点 P 的高程。下面简单介绍两种高程插值的计算方法。

① 线性插值。

在插值点（网格点）P 附近找出 3 个最邻近的采样点，其相应的三维坐标测量值为 $P_1(X_1, Y_1, Z_1)$、$P_2(X_2, Y_2, Z_2)$、$P_3(X_3, Y_3, Z_3)$，用此 3 个点构成一个平面，作为插值的基础，计算 $P(X, Y)$ 的相应高程：

$$Z = a_0 + a_1 X + a_2 Y \tag{4-1}$$

式中　　a_0、a_1、a_2——平面方程的系数，可利用 3 个邻近的已知点求出。

采用线性插值可以很快得到计算结果，计算也比较简单，特别是在地势平坦区域的大比例尺测图中，由于采样点密度较大，也较均匀，采用线性插值还是很有实用价值的。

② 多项式插值。

多项式插值用多项式 $Z = f(X, Y)$ 拟合的曲面来表示被插值点 P 附近的地形表面。一般采用二次多项式模型来拟合，常采用如下几种形式的表达式。

a. 四参数多项式插值：

$$Z = f(X, Y) = a_0 + a_1 X + a_2 Y + a_3 XY \tag{4-2}$$

b. 五参数多项式插值：

$$Z = f(X,Y) = a_0 + a_1 X + a_2 Y + a_3 X^2 + a_4 Y^2 \qquad (4-3)$$

c. 六参数多项式插值：

$$Z = f(X,Y) = a_0 + a_1 X + a_2 Y + a_3 XY + a_4 X^2 + a_5 Y^2 \qquad (4-4)$$

上述各式的各项待定系数 a_0、a_1、a_2、a_3、a_4、a_5 可以利用被插值点附近的已知高程的离散点三维坐标来确定。因此，采用四参数多项式插值至少需要 5 个离散点坐标数据求解。同理，采用五（或六）参数多项式插值至少分别需要 6（或 7）个离散点坐标数据求解。

当地形表面较为复杂时，采用这种拟合方法得到的效果不是很理想，此时可采用移动多项式插值算法，即将被插值点 P 作为原点，在其周围的限定范围内搜寻离散点数据，并按搜索的离散点数目分别采用相应的多项式形式，这样可拟合出这些点控制的局部地形曲面并求出被插值点的高程。使用这种方法是很难对拟合效果进行评价的。

二、应用 CASS 9.0 进行等高线的绘制与编辑

CASS 9.0 在绘制等高线时，充分考虑了等高线通过地性线和断裂线时的处理，如陡坎、陡崖等。CASS 9.0 能自动切除通过地物、注记、陡坎的等高线。由于采用轻量线来生成等高线，CASS 9.0 在生成等高线后，文件大小比其他软件小很多。

微课视频：4-15 等高线的绘制 1　　　微课视频：4-16 等高线的绘制 2

在绘等高线之前，必须先将野外所测的高程点建立数字地面模型（DTM），然后在数字地面模型上生成等高线。

（一）建立数字地面模型（构建三角网）

数字地面模型（DTM）通常是一定区域范围内由规则点或不规则点集构成的对地面形态进行描述的数字模型，在数字测图中，通常用高程来描述地表的起伏情况，因此又称为数字高程模型（DEM）。这个数据集合从微分角度三维地描述了该区域地形地貌的空间分布。

在使用 CASS 9.0 自动生成等高线时，也要先建立数字地面模型。在这之前，可以先定显示区及展点，展点时可选择【展高程点】选项。

执行菜单【数据处理】→【展高程点】命令，命令行显示：

"绘图比例尺 1：<500>"（输入比例尺，回车）。

打开"输入坐标数据文件名"对话框，输入文件名（如 C：\CASS90\dem\dgx.dat），单击【打开】按钮。命令区显示：

"注记高程点的距离（米）："（根据规范要求输入高程点注记距离，回车默认为注记全部高程点的高程）。这时，所有高程点和控制点的高程均自动展绘到图上。

执行【等高线】→【由数据文件建立 DTM】命令，出现"建立 DTM"对话框，如图 4-18 所示。

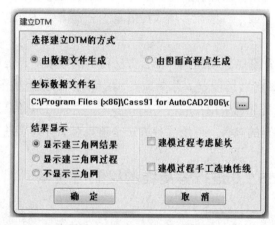

图 4-18　"建立 DTM"对话框

输入文件名，如 C：\CAsS90\demo\dgx.dat，在对话框中分别选择"建立 DTM 的方式""显示结果"等相关选项，完成后，单击【确定】按钮，绘图区出现建网结果，如图 4-19 所示，命令行提示生成的三角形个数（如"连三角网完成！共 224 个三角形"）。

图 4-19　三角网

如图 4-18 所示对话框中部分选项的含义如下。

（1）建模过程考虑陡坎。

如果要考虑坎高因素，则在建立 DTM 前系统自动沿着坎毛的方向插入坎底点（坎底点的高程等于坎顶线上已知点的高程减去坎高），这样新建坎底的点便参与三角网组网的计算。因此，在建立 DTM 之前必须先将野外的点位展绘出来，再用捕捉最近点方式将陡坎绘出来，然后赋予陡坎各点坎高。

（2）建模过程考虑地性线。

地性线是过已知点的复合线，如山脊线、山谷线。如有地性线，可用鼠标逐个点取地性线，如地性线很多，可专门新建一个图层放置，提示选择地性线时选定测区所有实体，再输入图层名将地性线挑出来。如果建三角网时考虑坎高或地性线，系统在建立三角网时速度会减慢。

（3）显示建三角网结果/显示建三角网过程/不显示三角网。

显示建立三角网的不同情况。

（二）修改数字地面模型（修改三角网）

一般情况下，由于地形条件的限制，在野外采集的碎部点很难一次性生成理想的等高线，如楼顶上有控制点等情况。另外，因现实地貌的多样性和复杂性，自动构成的数字地面模型与实际地貌不太一致，这时可以通过修改三角网来修改这些局部不合理的地方。三角网修改菜单项，如图 4-20 所示。

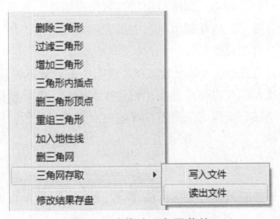

图 4-20　修改三角网菜单

1. 删除三角形

如果在某局部区域内没有等高线通过，则可将其局部内相关的三角形删除。先将要删除三角形的地方局部放大，再执行【等高线】→【删除三角形】命令，命令区提示"选择对象："时，便可选择要删除的三角形；如果误删，可用"U"命令将误删的三角形恢复。

2. 过滤三角形

可根据需要输入符合三角形中最小角的度数或三角形中最大边长大于最小边长的最大倍数等条件的三角形；如果出现 CASS 9.0 在建立三角网后无法绘制等高线，可过滤掉部分形状特殊的三角形。另外，如果生成的等高线不光滑，也可以用此功能将不符合要求的三角形过滤掉再生成等高线。

3. 增加三角形

如果要增加三角形，可执行【等高线】→【增加三角形】命令，依照屏幕的提示在要增加三角形的地方用鼠标点取，如果点取的地方没有高程点，系统会提示输入高程。

4. 三角形内插点

选择此命令后，可根据提示输入要插入的点，在三角形中指定点（可输入坐标或用鼠标直接点取），提示"高程（米）="时，输入此点高程。通过此功能可将此点与相邻的三角形顶点相连构成三角形，同时原三角形会自动被删除。

5. 删三角形顶点

用此功能可将所有由该点生成的三角形删除。因为一个点会与周围很多点构成三角形，如果手工删除三角形，不仅工作量较大，而且容易出错。这个功能常用在发现某一点坐标错误时，要将它从三角网中剔除的情况。

6. 重组三角形

指定两相邻三角形的公共边，系统自动将两三角形删除，并将两三角形的另两点连接起来构成两个新的三角形，这样做可以改变不合理的三角形连接。如果因两三角形的形状特殊无法重组，会有出错提示。

特别是在局部高差变化很大（如土建基坑）进行土方量计算时建立 DTM，如果坎上点跨过坑底边线点直接和坑底内部点连接，则意味着改变了基坑壁的放坡系数，此时需要重组三角形，使得坑壁三点构成三角形，坑底三点组成三角形，而不能从坑口直接连到坑内部点。

7. 加入地性线

按命令行提示，捕捉相关点，连线成地性线，各相关三角形将重组。

8. 删三角网

生成等高线后就不再需要三角网，这时如果对等高线进行处理，三角网比较碍事，可以用此功能将整个三角网全部删除。

9. 三角网存取

（1）写入文件。将三角网以文件名"*.SJW"形式存盘。

（2）读出文件。将存盘的三角网文件"*.SJW"显示于绘图区。

10. 修改结果存盘

通过以上命令修改了三角网后，执行【等高线】→【修改结果存盘】命令，把修改后的数字地面模型存盘。这样，绘制的等高线不会内插到修改前的三角形内。修改了三角网后一定要进行此步操作，否则修改无效！当命令区显示"存盘结束！"时，表明操作成功。

（三）绘制等高线

完成上述操作后，便可绘制等高线了。等高线的绘制可以在绘平面图的基础上叠加，也可以在"新建图形"状态下绘制。如在"新建图形"状态下绘制等高线，系统会提示输入绘图比例尺。

执行【等高线】→【绘制等高线】项，弹出"绘制等值线"对话框，如图 4-21 所示。

图 4-21 "绘制等值线"对话框

对话框中会显示参加生成 DTM 的高程点的最小高程和最大高程。如果只生成单条等高线，那么就在单条等高线高程中输入此条等高线的高程；如果生成多条等高线，则在等高距框中输入相邻两条等高线之间的等高距。最后选择等高线的拟合方式。等高线的拟合方式有"不拟合（折线）、张力样条拟合、三次 B 样条拟合和 SPLINE 拟合"4 种。观察等高线效果时，可输入较大等高距并选择"不拟合（折线）"，以加快速度。如选"张力样条拟合"，则拟合步距以 2 m 为宜，但这时生成的等高线数据量比较大，速度会稍慢。当测点较密或等高线较密时，最好选择"三次 B 样条拟合"，也可选择不光滑，最后再用"批量拟合"功能对等高线进行拟合。选择"SPLINE 拟合"，则用标准 SPLINE样条曲线来绘制等高线，输入样条曲线容差（容差是曲线偏离理论点的允许差值），SPLINE 线的优点在于即使被断开也仍然是样条曲线，可以进行后续编辑修改，缺点是较"三次 B 样条拟合"容易发生线条交叉现象。各选项选择完成后，单击"确定"或直接回车。

当命令区显示"绘制完成！"时，便完成绘制等高线的工作，如图 4-22 所示。

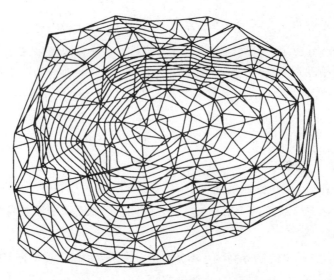

图 4-22　用 DGX.DAT 文件绘制的等高线

（四）等高线的修饰

微课视频：4-17　等高线的注记与修剪 1　　　　微课视频：4-18　等高线的注记与修剪 2

1. 注记等高线

执行【等高线】→【等高线注记】→【单个高程注记】命令。命令区提示：

"选择需注记的等高（深）线："（移动鼠标至要注记高程的等高线位置，如图 4-23 所示位置 A，按左键）。

依法线方向指定相邻一条等高（深）线：（移动鼠标至如图 4-23 所示等高线位置 B，按左键）。等高线高程值即自动注记在 A 处，且字头朝 B 处。

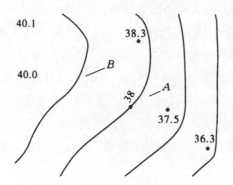

图 4-23　在等高线上注记高程

2. 等高线修剪

执行【等高线】→【等高线修剪】命令，弹出如图 4-24 所示对话框。

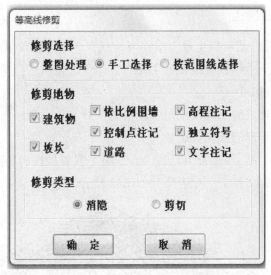

图 4-24 "等高线修剪" 对话框

首先选择是消隐还是修剪等高线，然后选择是整图处理还是手工选择需要修剪的等高线，最后选择 "修剪穿地物等高线" 和 "修剪穿注记符号等高线" 等选项，单击【确定】后，会根据输入的条件修剪等高线。

3. 切除指定二线间等高线

执行【等高线】→【等高线修剪】→【切除指定二线间等高线】命令，命令区提示：
"选择第一条线："（用鼠标指定一条线，例如选择公路的一边）。
"选择第二条线："（用鼠标指定第二条线，例如选择公路的另一边）。
程序将自动切除等高线穿过此二线间的部分。

4. 切除指定区域内等高线

执行【等高线】→【等高线修剪】→【切除指定区域内等高线】命令，命令区提示：
"选择要切除等高线的封闭复合线："（选择一封闭复合线，系统将该复合线内所有等高线切除）。注意：封闭区域的边界一定要是复合线，如果不是，系统将无法处理。

5. 复合线滤波

复合线滤波功能可在很大程度上给绘制好等高线的图形文件 "减肥"。一般的等高线是用样条拟合的，虽然从图上看起来结点数很少，但事实却并非如此。实际等高线在拟合过程中有大量的中间结点，大大增加了图形文件的大小，通过复合线滤波功能可以减少大量的结点数据，起到简化图形的效果。在进行复合线滤波时，系统提示 "输入滤波阈值：<0.5 米>"，这个值越大，精简的程度就越大，但是会导致等高线失真（即变形），因此可根据实际需要选择合适的值。一般选系统默认的值。

（五）绘制三维模型

建立了 DTM 之后，就可以生成三维模型，观察一下立体效果。

执行【等高线】→【绘制三维模型】命令，命令区显示：

"输入高程乘系数<1.0>:"（输入 5）。

如果用默认值，建成的三维模型与实际情况一致。如果测区内的地势较为平坦，可以输入较大的值，将地形的起伏状态放大。

"是否拟合？（1）是（2）否<1>:"（输入"1"或直接按回车默认，进行拟合）。

这时将显示此数据文件的三维模型，如图 4-25 所示。

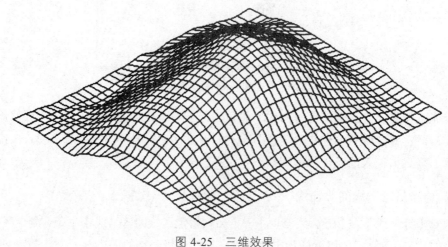

图 4-25　三维效果

任务四　数字地形图的注记与编辑

在大比例尺数字测图的过程中，由于实际地形、地物的复杂性，漏测、错测是难以避免的，这时必须有一套功能强大的图形编辑系统，对所测地形图进行屏幕显示和人机交互图形编辑，在保证精度的情况下消除相互矛盾的地形、地物，对于漏测或错测的部分，及时进行外业补测或市测。另外，对于地图上的许多文字注记说明，如道路、河流、街道等也是很重要的。

图形编辑的另一重要用途是对大比例尺数字化地图的更新，可以借助人机交互图形编辑，根据实测坐标和实地变化情况，随时对地形图的地形、地物进行增加或删除、修改等，以保证地图具有良好的现势性。

对于图形的编辑，CASS 9.0 提供【编辑】和【地物编辑】两个下拉菜单。其中，【编辑】是由 AutoCAD 提供的编辑功能（图元编辑、删除、断开、延伸、修剪、移动、旋转、比例缩放、复制、偏移拷贝等），【地物编辑】是由 CASS 9.0 系统提供的专门对地物编辑的功能（线型换向、植被填充、土质填充、批量删剪、批量缩放等）。

这是只简单介绍一些常用编辑功能，详细使用请参阅 CASS 9.0 操作手册。

一、地物编辑

【地物编辑】菜单主要提供对地物的编辑功能，如图 4-26 所示，下面对该菜单下的一些主要功能进行简单介绍。

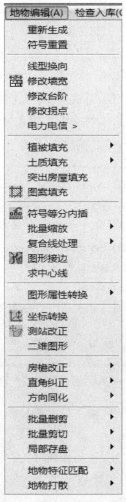

图 4-26 "地物编辑"菜单

【重新生成】能根据图上骨架线重新生成一遍图形。通过该功能，复杂地物（如围墙、陡坎等）只需编辑其骨架线。

【线型换向】用来改变各种线性地物（如陡坎）的方向。

【修改墙宽】是依照围墙的骨架线修改围墙的宽度。

【修改坎高】能查看或改变陡坎各点的坎高。

【线型规范化】可控制虚线的虚部位置，使线型规范。

【批量缩放】可对屏幕上的注记文字和地物符号进行批量放大或缩小，还可使各文字位置相对它被缩放前的定位点移动一个常量。

【测站改正】指如果用户在外业不慎搞错了测站点或定向点，或者在做控制前先测碎部，可以应用此功能进行测站改正。

【局部存盘】分为【窗口内的图形存盘】和【多边形内图形存盘】，前者能将指定窗口内的图形存盘，主要用于图形分幅；后者能将指定多边形内的图形存盘，水利、公路和铁路测量中的"带状地形图"可用此法截取。

以上这些常用的图形编辑功能都是按命令行提示操作的，操作较简单。

【图形接边】的功能，是当两幅用旧图数字化得到的图形进行拼接时，存在同一地物错开的现象，可用此功能将地物的不同部分拼接起来形成一个整体。执行本菜单命令后，弹出"图形接边"对话框，如图 4-27 所示。输入接边最大距离和无结点最大角度后，可选用手工、全自动、半自动 3 种方式接边。

图 4-27 "图形接边"对话框

"手工"是每次接一对边，"全自动"是批量接多对边，"半自动"是每接一对边提示是否连接。

【图形属性转换】子菜单提供有 16 种转换方式，前 15 种方式有单个和批量两种处理方法。以"图层→图层"为例，单个处理时，命令行提示：

"转换前图层:"（输入转换前图层）。

"转换后图层:"（输入转换后图层）。

系统会自动将要转换图层的所有实体变换到要转换到的层中。如果要转换的图层很多，可采用"批量处理"，但是要在记事本中编辑一个索引文件，格式：

转换前图层 1，转换后图层 1

转换前图层 2，转换后图层 2

转换前图层 3，转换后图层 3

【植被填充】、【土质填充】、【突出房屋填充】、【图案填充】都是在指定区域内填充上适当的符号，但指定区域必须是闭合的复合线。按提示操作，系统将自动按"CASS 9.0 参数配置"的符号间距，给指定区域填充相应的符号。

微课视频：4-19　数字地形图的编辑

二、注　记

地形图上除各种图形符号外，还有各种注记要素（包括文字注记和数字注记）。CASS 9.0 提供了多种的注记方法，注记时可将汉字、字符、数字混合输入。

（一）使用屏幕菜单中的"文字注记"

无论是使用屏幕菜单中的哪种定位方法，均提供了【文字注记】功能。用鼠标选择屏幕菜单中的【文字注记】功能项，打开如图 4-28 所示下拉菜单。

选择该菜单中每一项，都将打开相应对话框。如选择【常用文字】项，则打开"常用文字"对话框，如图 4-29 所示。该对话框中已预先将一些常用的注记用字做成字块，当我们用到这些字时，可以直接在该对话框中选取，可方便地将常用字注记到鼠标指定的位置。

图 4-28　文字注记菜单

图 4-29　"常用文字"对话框

143

执行【变换字体】命令，则打开如图 4-30 所示"选取字体"对话框，有 15 种字体选用，可改变当前默认字体，按图式要求进行注记，如水系用斜体字注记。

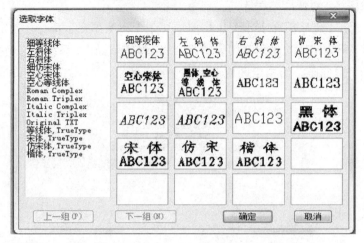

图 4-30 "选取字体"对话框

执行【特殊注记】命令，在打开的对话框中可以注记屏幕上任意点的测量坐标和房屋的地坪标高。如在对话框中选择【注记坐标】图标，确定后系统在命令行提示：

"指定注记点：[设置注记小数位（S）]"（利用各种捕捉方式来指定待注记点）。

"注记位置："（用鼠标在注记点周围合适位置指定注记位置）。

系统将由注记点向注记位置引线，并在注记位置注记出点的测量坐标。

（二）使用【工具】菜单下的【文字】

在【工具】→【文字】中有二级菜单，使用该菜单可满足注记文字、编辑文字等要求。其中【编辑文字】用于对已注记的文字进行修改。选择"编辑文字"功能项，系统在命令行窗口提示：

"选择注释对象："（用鼠标选择需要编辑的文字）。

选择文字后系统显示"编辑文字"对话框。在文字编辑框内修改即可。

在【工具】→【文字】→【炸碎文字】命令的功能是将文字炸碎成一个个独立的线实体；【文字消隐】的功能可以遮盖图形上穿过文字的实体，如穿高程注记的等高线；【批量写文字】的功能是在一个边框中放入文本段落。

微课视频：4-20 数字地形图的注记

三、实体属性编辑修改

任何一个实体（对象）都具有一些属性，如实体的位置、颜色、线型、图层、厚度以及是否拟合等。当赋予的实体属性错误时，就需要对实体属性进行编辑修改工作。可用 AutoCAD 的"对象特性管理器"及 CASS 9.0 的"属性面板"进行该项工作。

（一）对象特性管理

1. 对象特性管理器

该项功能可以管理图形实体在 AutoCAD 中的所有属性。执行【编辑】→【对象特性管理】命令，系统弹出"对象特性管理器"对话框，如图 4-31 所示。

图 4-31 "对象特性管理器"对话框

在以表格方式出现的窗口中，提供了更多可供编辑的对象特性。选择单个对象时，对象特性管理器将列出该对象的全部特性；选择多个对象时，对象特性管理器将显示所选择的多个对象的共有特性；未选择对象时，对象特性管理将显示整个图形的特性。双击对象特性管理器中的特性栏，将依次出现该特性所有可能的取值。修改所选对象特性时可用如下方式：

（1）输入一个新值；

（2）从下拉列表中选择一个值；

（3）用【拾取】按钮改变点的坐标值。

在对象特性管理器中，特性可以按类别排列，也可按字母顺序排列。对象特性管理器还提供了【快速选择】按钮，可以方便地建立供编辑用的选择集。

2. 属性面板

属性面板是 CASS 9.0 的新特色，如图 4-32 所示，分别有图层、常用、信息、快捷地物、属性 5 个选项。

图 4-32　属性面板

（1）图层选项——图层管理。

以 CASS 9.0 的图层管理采用了树状形式，按照实体编码来对实体进行树状分类，层次清晰，用户批量操作更简单。

它可以将图形进行 CASS 图层和 GIS 图层之间的相互转换，以及随心所欲地隐藏、显示实体。

（2）常用选项——常用命令。

该面板又分为常用命令、常用地物、常用文字 3 个子块。常用命令根据使用命令、地物的次数来从多到少的顺序自动排列在此功能处，如果再次使用就可直接在此处直接点击此命令或此地物即可，使绘图更加方便、快捷。

与传统的常用文字相比，操作者可以更加自主地设置自己想要的文字，并且可以直接设置文字属性。常用文字分为 4 组，一共可设置 60 多个常用文字，把经常使用的文字输入空白处，在下面可设定文字属性（如颜色、字高、图层、字体、宽高、插入点），然后点击更新，则下面方框处即设成此文字，每次使用时，直接点击此文字即可。

（3）信息选项——检查信息。

双击错误列表就能轻松定位到图形有错误的地方，并且直接选中了错误实体，解决了实体较多时用户难以辨认的麻烦，大大提高了图形检查的效率。在该面板中还可以自定义实体关联时的显示模式。此外，CASS 9.0 的检查信息还可以导出来。如果不能把所有错误修改完，不妨将错误列表导出来（可以是 Excel 和 Xml 格式的）。下次打开图形时再导入错误信息列表直接可以修改，无需再一次检查。

（4）属性选项——地物属性。

可显示图形中地物属性，也可修改、补充属性，给被赋予了属性表的地物实体添加属性内容。左键点击"属性"选项，弹出"属性"面板，选中需要赋予附加属性内容的实体，最后在窗口中填写相应的属性内容即可。

（二）图元编辑

该项功能可对直线、复合线、弧、圆、文字、点等实体进行编辑，修改它们的颜色、线塑、图层、厚度及拟合等。

执行【编辑】→【图元编辑】命令，命令行提示：

"Seleot one objeot to modify:"（用鼠标选取对象，如房屋）后，弹出"图元编辑"对话框，如图 4-33 所示。需要注意的是，不同的实体相应有不同的对话框，留意其中的内容，按需要选择合适的项目进行修改。

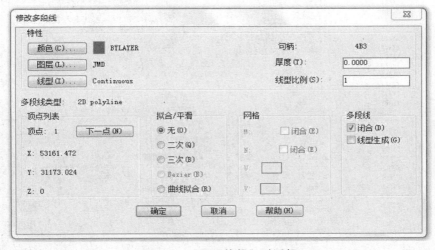

图 4-33 "图元编辑"对话框

（三）修 改

该选项可以分别完成对实体的颜色和实体属性（如图层、线型、厚度等）的修改，其功能和图块的制作与使用【图元编辑】功能完全相同，所不同的是，【图元编辑】采用对话框操作，而【修改】根据命令行提示一步一步键入修改值进行修改。

147

执行【编辑】→【修改】→【性质\颜色】命令，按命令行提示进行修改。

在图形数据最终进入 GIS 系统的形势下，对于实体本身的一些属性还必须做更多更具体的描述和说明。可以通过【实体附加属性】功能项，根据实际需要进行设置和添加实体附加属性。

（四）实体附加属性

为适应当前 GIS 系统对基础空间数据的需要，CASS 9.0 全面提供面向 GIS 建库的数据解决方案。CASS 9.0 系统的【检查入库】下拉菜单里提供了图形的各种检查及图形格式转换功能。这里简单介绍实体属性的编辑设置，其他请查阅软件参考手册和用户手册。

1. 地物属性结构设置

执行【检查入库】→【地物属性结构设置】命令，打开"属性结构设置"对话框，如图 4-34 所示。

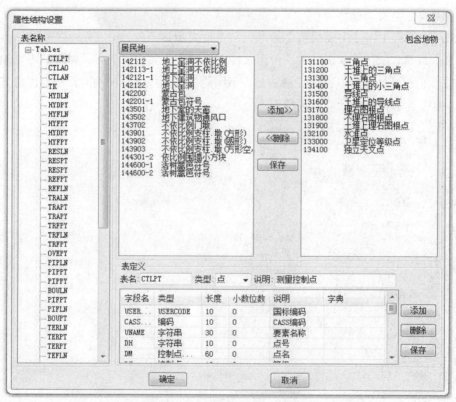

图 4-34 "属性结构设置"对话框

对话框左边的树状图中，Tables 根目录下的名称是符号（地物、地籍）所属图层名，对应列数据库中，就是该数据库的表名。要添加或删除数据表，可以在树状图的任意位置单击右键，在弹出的【添加】或【删除】选项中选择，执行相应操作。在对话框中部的下拉框中选择地物类型，选取具体的地物添加到当前层中，表明当 DWG 文件转出成 SHP 文件时，该地物就放在当前层上了。

对话框右下角为"表结构设置"，可以对当前的表进行相应的修改，例如更改表类型、更改表说明、增加字段、更新字段等。

2. 复制实体附加属性

此选项的功能是把实体的属性信息复制给同类实体，如已经把一个一般房屋添加了附加属性内容，就可以通过此命令将附加属性内容复制给图面上的其他一般房屋。执行【检查入库】→【复制实体附加属性】命令，命令行提示"选择被复制的实体"，选择后，提示"选择对象"，再选择要被赋予该属性的实体即可。

（五）图层管理

图层是 AutoCAD 中用户组织图形的最有效工具之一。用户可以利用图层来组织自己的图形或利用图层的特性（如不同的颜色、线型和线宽）来区分不同的对象。执行【编辑】→【图层控制】→【图层设定】命令，打开"图层特性管理器"对话框。可以对图层进行创建、删除、锁定或解锁、冻结或解冻，还可设置打印样式。利用此菜单用户可以方便、快捷地设置图层的特性及控制图层的状态。

任务五　数字地形图的整饰与输出

一、图形的拼接

在 CASS 系统中绘制地图时，常常要把一幅图或一幅图的某一部分以图块的形式保存起来，以便以后需要时可以把它插到需要的地方。另外，为了实现相邻图幅之间的拼接，常常把一幅图作为主图，把其他图做成"块"，然后利用插入"块"的方法实现成图。因此，图块的制作及其使用是 CASS 9.0 系统中极其重要的一部分。

1. 制作图块

【制作图块】的功能是把一幅图或一幅图的某部分以图块的形式保存起来，操作时，执行【工具】→【制作图块】命令，弹出"写块"对话框，如图 4-35 所示。在对话框的"文件名"栏中输入制作图块的文件名（也可以选取），拾取"对象"，指定"基点"，单击【确定】即可。若事先没有选定对象，确定后系统显示"必须选择对象……"。用鼠标选择要加入图块的图形实体，选择完毕后按回车键确认，即可完成该图块的制作。

图 4-35 "写块"对话框

需要注意的是，图块的插入基点也就是在图形中插入图块时图块的定位点：当制作一般的图块时，可根据需要合理选择图块基点；但利用图块实现图幅拼接时，一定要用相同坐标的原点［如（0，0）］作为图块的插入基点，才能保证图幅的正确拼接。

2. 插入图块

【插入图块】命令可以把先前绘制好的图块或图形文件插到当前图形中来。操作时，执行【工具】→【插入图块】命令，弹出"插入块"对话框，如图 4-36 所示。输入准备插入的图块名，根据需要确定插入的基点坐标和 x，y，z 3 个方向上的比例系数，选择图块插入后是否炸开图块（分解），最后单击【确定】即可。

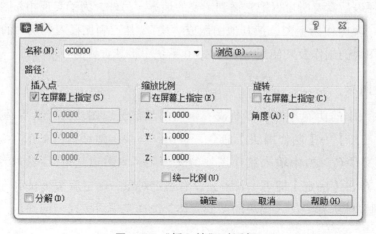

图 4-36 "插入块"对话框

150

3. 批量图形拼接

野外测图时，常常是多个小组多个作业区分开采集数据，分开绘制地形图，这样就会得到同一测区多幅地形图，此时可以执行【工具】→【批量插入图块】命令进行批量拼接。

二、图形分幅与图幅整饰

（一）图形分幅

图形分幅前，首先应了解图形数据文件中的最小坐标和最大坐标。同时应注意CASS 9.0 信息栏显示的坐标，前面的为 y 坐标（东方向），后面的为 x 坐标（北方向）。

1. 绘制图幅网格

执行【绘图处理】→【图幅网格】命令，命令行提示：

"方格长度（mm）:"（输入分幅图图上东西长度，回车）。

"方格宽度（mm）:"（输入分幅图南北图上长度，回车）。

"用鼠标器指定需加图幅网格区域的左下角点:"（指定需要分幅区域的左下角点）。

"用鼠标器指定需加图幅网格区域的右上角点:"（指定需要分幅区域的右下角点）。

执行完成后，系统自动在分幅区域绘制出表示每幅图范围的方格网。

2. 注记图幅名称

使用"文字注记"功能注记每一幅分幅图的图幅名称。

3. 批量分幅

执行【绘图处理】→【批量分幅】命令，命令行提示：

"请选择图幅尺寸:（1）50×50（2）50×40<1>"（按要求选择或直接回车默认选 1）。

"请输入分幅图目录名:"（输入分幅图存放的目录名，回车）。

"输入测区一角:"（在图形左下角点击左键）。

"输入测区另一角:"（在图形右上角点击左键）。

这样在所设目录下就产生了各个分幅图，自动以各个分幅图的左下角的东坐标和北坐标结合起来命名，如"31.00—53.00""31.00—53.50"等。

如果要求输入分幅图目录名时直接回车，则各个分幅图自动保存在安装了 CASS 9.0 的驱动器的根目录下。

（二）图幅整饰

先把图形分幅时所保存的图形打开，并执行【文件】→【加入 CASS 环境】命令。

然后执行【绘图处理】→【标准图幅】命令，弹出"图幅整饰"对话框，如图 4-37 所示。输入图幅的名字、邻近图名、测量员、绘图员、检查员，在左下角坐标的"东""北"栏内输入相应坐标，如此处输入"53 000""31 000"（最好拾取）。在"删除图框外实体"前打钩则可删除图框外实体，按实际要求选择。最后用鼠标单击【确定】按钮，即可得到加上标准图框的分幅地形图。

图 4-37 "图幅整饰"对话框

图廓外的单位名称、日期、图式和坐标系、高程系等可以在加框前定制，即在"CASS 参数配置\CASS9.0 综合设置\图廓属性"对话框中依实际情况填写，定制符合实际的统一的图框，也可以直接打开图框文件，利用【工具】菜单【文字】项的【写文字】、【编辑文字】等功能，依实际情况编辑修改图框图形中的文字，不改名存盘，即可得到满足需要的图框。

微课视频：4-21 数字地形图的分幅　　　　　微课视频：4-22 数字地形图的整饰

三、绘图输出

地形图绘制完成后，可用绘图仪、打印机等设备输出。执行【文件】→【绘图输出】→【打印】命令，弹出"打印"对话框，如图 4-38 所示。

1. 打印机设置

首先，在"打印机配置"框中的"名称（M）:"一栏中选相应的打印机，然后单击"特性"按钮，进入"打印机配置编辑器".

（1）在"端口"选项卡中选取"打印到下列端口（P）"单选按钮，并选择相应的端口。

（2）在"设备和文档设置"选项卡中，选择"用户定义图纸尺寸与标准"分支选项下的"自定义图纸尺寸"。在"自定义图纸尺寸"页面，可以根据用户的特殊尺寸，单击"添加"按钮，添加一个自定义图纸尺寸。

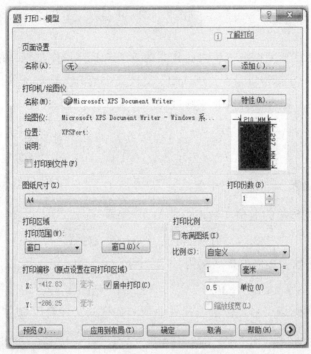

图 4-38 "打印"对话框

（3）对于非彩色打印机或者绘图仪，需要将图形输出设置成黑白两色。"设备和文档设置"子页面中，点击"图形"前的"＋"号，点击"图形"列表中的"矢量图形"，在"分辨率和颜色深度"框中，把"颜色深度"框里的单选按钮框置为"单色（M）"，然后，把下拉列表的值设置为"2 级灰度"，单击最下面的"确定"按钮。这时，出现"修改打印机配置文件"窗，在窗中选择"将修改保存到下列文件"单选钮。最后单击"确定"完成。

2. 设置图纸尺寸

在"打印"对话框中，把"图纸尺寸"框中的"图纸尺寸"下拉列表的值设置为先前创建的图纸尺寸设置。

3. 设置打印范围

在"打印"对话框中，把"打印区域"框中的下拉列表值置为"窗口"，下拉框旁边会出现按钮 "窗口"，单击"窗口（O）" 按钮，鼠标指定打印窗口。

4. 根据地形图比例尺确定打印比例

在"打印"对话框中，把"打印比例"框中的"比例（S）:"下拉列表选项设置为"自定义"，在"自定义:"文本框中输入"1"毫米 = "0.5"图形单位（1∶500 的图为"0.5"图形单位；1∶1 000 的图为"1"图形单位，依此类推）。

【项目小结】

本项目详细介绍了 CASS 9.0 内业成图的方法与具体操作步骤，是本课程的重点内容，建议用 CASS 9.0 安装目录下"DEMO"文件夹中的有关数据文件，结合软件上机操作，反复进行练习，熟练掌握内业成图过程和有关操作技巧。

【课后习题】

一、单项选择题

1. 全站仪数据传输的通信参数不包括（　　）。

　　A. 波特率　　　　　　B. 奇偶性检验　　　　　C. 数据位　　　　　　D. 网速

2. CASS 坐标数据文件的扩展名为 （　　）。

　　A. *.doc　　　　　　B. *.pdf　　　　　　　　C. *.dat　　　　　　D. *.xls

3. cass 中根据测点点号定位法选择外业观测数据的文件名后缀为（　　）。

　　A. *.dwg　　　　　　B. *.dxf　　　　　　　　C. *.doc　　　　　　D. *.dat

4. 在绘等高线之前，必须先将野外测的高程点建立（　　）。

　　A. 数字线划图（DLG）　　　　　　　　　　B. 数字地面模型（DTM）

　　C. 数字正射影像图（DOM）　　　　　　　　D. 数字栅格图（DRG）

5. CASS 软件绘制等高线时，若选择"由数据文件生成"方式建立 DTM 时，应选择（　　）数据文件名。

　　A. *.dwg　　　　　　B. *.RTK　　　　　　　C. *.dat　　　　　　D. *.xls

二、多项选择题

1. 以下属于全站仪上传数据必须要做的工作有（　　）。

　　A. 设置仪器端通信参数　　　　　　　　　B. 设置计算机端通信参数

　　C. 连接传输线　　　　　　　　　　　　　D. 格式化全站仪内存

2. 编码引导法数据文件里面包含了成图的三类信息包括（　　　）。

    A. 点位信息　　　　B. 空间信息　　　　C. 属性信息　　　　D. 连接信息

    E. 表征信息

3. 以下属于等高线绘制过程工作内容的有（　　　）。

    A. 构建数字地面模型 DTM　　　　　　B. 数字地面模型 DTM 的修改

    C. 绘制等高线　　　　　　　　　　　　D. 等高线的修饰

4. 等高线的拟合方式包括（　　　）。

    A. 不拟合（折线）　　　　　　　　　　B. 张力样条拟合

    C. 三次 B 样条拟合　　　　　　　　　　D. SPLINE 拟合

5. 等高线按其作用不同，可分为（　　　）。

    A. 首曲线　　　　B. 计曲线　　　　C. 间曲线　　　　D. 助曲线

三、判断题

1. GNSS-RTK 手簿采集到的数据在传输之前需要进行格式转换。（　　　）

2. CASS 软件常用的 dat 格式数据文件中，X 坐标在 Y 坐标之前。（　　　）

3. 如果就想单独绘制某一条等高线（如以水库水面高程绘制水库淹没范围线），则可以选择绘制单条等高线。（　　　）

4. 建立 DTM 的方式分为两种方式，即由数据文件生成和由图面高程点生成。（　　　）

5. 绘制等高线之前需要先建立三角网。（　　　）

四、简答题

1. 用 CASS 9.0 测图软件绘制平面图，主要有哪几种成图方法？

2. 简述利用 CASS 9.0 从全站仪下载数据的操作步骤。

3. 简述 CASS 9.0 绘制等高线的主要操作步骤。

请同学们扫描以下二维码，获取课后习题答案。

课后习题答案 4

📖【课堂测验】

请同学们扫描以下二维码，完成本项目课堂测验。

课堂测验 4

155

项目五　　**地形图数字化**

项目概述

　　数字地形图除了可以用全野外数字测图方法获得外，也可以用纸质图数字化的方法获得。在生产实际中，常将纸质图通过数字化仪和扫描仪等设备输入计算机中，用专业软件进行处理和编辑，将其转换成计算机能识别的数字地形图，这个过程称为地形图数字化。本项目主要介绍扫描矢量化和手扶跟踪数字化两种地图数字化的作业方法。

学习目标

　　通过本项目的学习，要求掌握扫描矢量化和手扶跟踪数字化两种地形图数字化方法，能完成大比例尺地形图的数字化工作。

内容分解

项目	重难点	任务	学习目标	主要内容
地形图数字化	扫描矢量化和手扶跟踪数字化的方法	任务一　地形图扫描矢量化	了解图像扫描及处理相关知识，熟悉常见几种软件扫描矢量化的方法	图像扫描及处理（图像扫描、图像处理）；地形图矢量化；南方 CASS 9.0 扫描屏幕数字化；R2V 扫描屏幕数字化；扫描屏幕数字化精度分析与精度估算
		任务二　地形图手扶跟踪数字化	了解手扶跟踪数字化仪工作原理，掌握数字化仪数据采集方法与步骤	手扶跟踪数字化仪工作原理；数字化仪数据采集方法与步骤（数字化仪与计算机的连接、图纸定位、数字化仪菜单定位、矢量化、图幅接边）

地形图扫描矢量化就是借助扫描仪将地图扫描成栅格图像，通过扫描矢量化软件将栅格数据转化为矢量数据，以实现地图数据的计算机管理。其作业过程实质上是一个解释光栅图像并用矢量元素替代的过程。扫描矢量化的基本过程主要包括以下操作步骤。

（1）地图扫描：通过扫描仪将纸质地图信息转化为栅格图像。

（2）扫描图像预处理：对扫描后的栅格图像进行二值化、平滑及细化等一系列处理。

（3）屏幕数字化：将栅格图像矢量化以获取数字地图。

（4）数字图像编辑、整饰：对矢量化后的线划图进行编辑、整饰、拼接等，这是矢量化工作的最后一道工序。

一、图像扫描及处理

地形图扫描屏幕数字化，是利用扫描仪将原地形图工作底图进行扫描后，生成一定的分辨率并按行和列规则划分的栅格数据，其文件格式为 PCX、GIF、TIF、BMP、TGA等；应用扫描矢量化软件进行栅格数据后，采用人机交互与自动化跟踪相结合的方法来完成地形图矢量化。因其工作都是在屏幕上完成的，故称为地形图扫描屏幕数字化，也称扫描矢量化。

（一）图像扫描

图像扫描是利用扫描仪对原纸质图进行扫描，生成一定分辨率按行和列规则排列的栅格数据，其文件格式为 PCX、GIF、TIF、BMP、TGA 等。

常见的扫描仪有平板扫描仪和滚筒扫描仪两种。

地形图扫描则速度很快，在保证图纸质量的情况下，扫描精度也较高。如普通扫描仪的分辨率可达到 300 ~ 800 dpi，高精度扫描仪分辨率可更高。但利用扫描仪扫描，得到的是地形图的点阵图像数据。一幅数字图像可视为一个矩阵，矩阵中一个元素对应图像中的一个像点，而每个矩阵元素的值则对应于该点的灰度级，称这个数字阵列元素为像素（Pixel）。图像数据存储的格式为栅格（Raster）或网格（Grid）数据格式。如果图像的所有像素仅有黑和白两个灰度级，则称为二值图像，否则称为灰度图像或彩色图像。

（二）图像处理

1. 原始光栅文件的预处理

地形图扫描后，由于原图纸的各种误差和扫描本身的原因，扫描结果提供的是有误差甚至错误的光栅结构。因此，扫描地形图工作底图得到的原始光栅文件必须进行多项处理后才能完成矢量化。对原始光栅文件的预处理实际上是对原始光栅文件进行修正，经修正最后得到正式光栅文件，以格式 TIFF、PCX、BMP 存储。预处理的内容包括

（1）采用消声和边缘平滑技术除去原始光栅文件中因工作底图图面不洁、线条不光滑及扫描系统分辨率等的影响带来的图像，划线带有的黑斑、孔洞、毛刺、凹陷等噪声，减小这些因素对后续细化工作的影响和防止图像失真。

（2）对原始光栅图像进行图幅定位坐标纠正，修正图纸坐标的偏差；由于数字化图最终采用的坐标系是原地形图工作底图采用的坐标系统，因此还要进行图幅定向，将扫描后形成的栅格图图像坐标必须转换到原地形图坐标系中。

（3）进行设置图层、图层颜色及地物编码处理以方便矢量化地形图的后续应用。

2. 正式光栅文件的细化处理

细化处理过程是在正式光栅数据中，寻找扫描图像线条的中心线的过程，衡量细化质量的指标有细化处理所需内存容量、处理精度、细化畸变、处理速度等；细化处理时要保证图像中的线段连通性，但由于原图和扫描的因素，在图像上总会存在一些毛刺和断点，因此要进行必要的毛刺剔除和人工补断，细化的结果应为原线条的中心线。

二、地形图矢量化

矢量化是在细化处理的基础上，将栅格图像转换为矢量图像。在栅格图像矢量化的过程中，大部分线段的矢量化过程可实现自动跟踪，而对一些如重叠、交叉、文字符号、注记等较复杂的线段，全自动跟踪矢量化较为困难，此时采用人机交互与自动化跟踪相结合的方法进行矢量化。

1. 线段自动跟踪矢量化

在线段追踪过程中，当遇到线段的断点或交叉点时，自动追踪停止；此时若要追踪进行下去，就必须采用人工干预与自动化跟踪相结合的方法，在人工干预跨过断点或指定追踪方向后继续完成后面的追踪。

2. 人机交互方式矢量化

大比例尺地形图的地物、地貌要素符号以单一线条表示的符号较少，多数符号是以各种线型或规则图像表示的。在地形图数字化时，不仅要进行图形数字化，而且同时要赋予如地物属性、等高线的高程等内容。对于大比例尺地形图，由于其自身的特点及满足建立大比例尺地形图数据库的要求，大部分地形要素栅格数据的矢量化是采用人机交互方式矢量化来完成的。人机交互方式矢量化方法是在计算机屏幕上显示扫描图，将其适当放大后，根据所用软件的功能，用鼠标标志效仿地形图手扶跟踪数字化的方法进行

数字化。对于独立地物数字化定位点、线状地物数字化定位线的特征点、面状地物数字化轮廓线的特征点，在数字化前或后输入地形要素代码，对于等高线还应输入高程。由程序将数字化的图像特征点的像元坐标转化成测量坐标，生成相应的矢量图形文件，并在计算机屏幕上显示矢量化的符号图形。

地形图图形矢量化结束后，要对照原图进行注记符号的输入及适当的检查与编辑工作，完成图形的数字化，输出或转入其他系统如 CAD、GIS 等应用。

由于扫描矢量化在同等条件下（如纸张的变形程度、清晰程度）的精度比数字化仪数字化高 [300 dpi 或 500 dpi 的扫描仪分辨率可达到 0.08 ~ 0.05 mm（800 ~ 500 线/mm）]，自动化程度高，劳动强度小，因此，扫描屏幕数字化已取代手扶跟踪数字化，成为地形图数字化的主流。

三、南方 CASS 9.0 扫描屏幕数字化

CASS 9.0 具有较强的图像处理功能，利用光栅图像工具（见图 5-1）可以直接对光栅图进行图形的纠正，并利用屏幕菜单进行图形数字化。

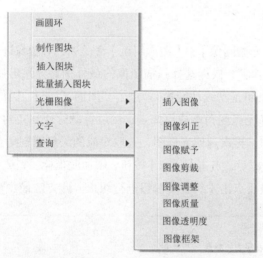

图 5-1　CASS 9.0 光栅图像菜单

（一）绘制图框

首先根据图形大小利用【绘图输出】菜单相关命令插入一个图框。

（二）插入光栅图像

执行【工具】→【光栅图像】→【插入图像】命令项，弹出"图像管理器"对话框，点击【附着】按钮，弹出"选择图像文件"对话框，选择要矢量化的光栅图，点击【打开】按钮，进入"插入图像"对话框，如图 5-2 所示。

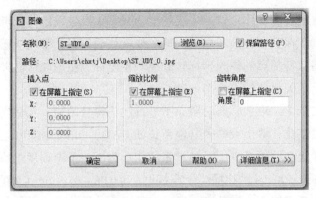

图 5-2 "插入图像"对话框

单击【确定】后，命令行提示：

"指定插入点<0，0>："，输入图像插入点坐标或捕捉图框右下角点，或直接在屏幕上点取。

"指定缩放比例因子或[单位（U）]<1>："，移动鼠标到适当大小点击或输入比例因子，即可插入一幅扫描好的栅格图。

（三）图像纠正

执行【工具】→【光栅图像】→【图形纠正】命令项，对图像进行纠正，命令区提示：

"选择要纠正的图像："，鼠标选择扫描图像的最外框，会弹出如图 5-3 所示"图像纠正"对话框。选择 5 点纠正"线性变换"，点击"图面："一栏中【拾取】按钮，回到光栅图，局部放大后选择光栅图角点或已知点，然后自动返回纠正对话框，在"实际："一栏中点击【拾取】按钮，再次返回光栅图，选取对应的矢量图框角点或已知点实际位置，返回"图像纠正"对话框后，点击【添加】按钮，添加此坐标。完成一个控制点的输入后，依次拾取输入各点，最后点击【纠正】按钮进行纠正。此方法最少输入 5 个控制点。

图 5-3 "图像纠正"对话框

5个点纠正完毕后，进行4点纠正"仿射变换"，同样依次局部放大后选择各角点或已知点，添加各点实际坐标值，最后进行纠正。此方法最少输入4个控制点。纠正之前需先查看误差大小，是否满足精度要求，如图5-4所示。

图 5-4 "仿射变换"对话框

经过两次纠正后，栅格图像应该能达到数字化所需的精度。值得注意的是，纠正过程中将会对栅格图像进行重写，覆盖地形图，自动保存为纠正后的图形，所以在纠正之前需备份地形图。

（四）图像质量校正

如图5-1所示，利用【工具】→【光栅图像】菜单项有关功能，还可以对图像进行图像赋予、图形剪切、图像调整、图像质量、图像透明度、图像框架的操作等。可以根据具体要求，对图像进行调整。

（五）矢量化

图像纠正完毕后，利用右侧屏幕菜单，可以进行图形的矢量化工作。右侧屏幕菜单是测绘专用交互绘图菜单，其中包括大量的图式符号，用户可以根据需要，选择不同的图式符号进行矢量化。CASS 9.0虽然没有自动跟踪功能，矢量化时必须逐点采集，但是CASS 9.0的矢量化工作利用右侧屏幕菜单的图式符号交互进行，因此所有图形对象都有了"属性"的特征和对应的"图层"。

四、R2V 扫描屏幕数字化

（一）启动程序

程序安装完成后，双击桌面"RZVforWindows"快捷图标启动程序，打开如图 5-5所示界面。

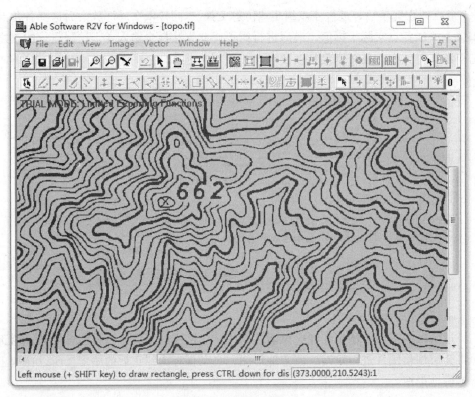

图 5-5　R2V 工作界面

（二）调入光栅图像文件

执行【File】→【Open Image or Project】（打开图像或工程文件）命令项，在打开的对话框中输入图像文件名（*.TIF 或*.BMP），打开一光栅图像文件，原始光栅图像文件显示在图像窗口中。

（三）缩　放

通过拖动鼠标调整图像窗口尺寸，图像会按正确的纵横比缩放，并可做一些显示方面的操作，选定一个矩形区域后，按【F2】键可放大窗口，按【F3】键则缩小显示。光标键、【PgUp】键及【PgDn】键可用于图像的不同部位移动放大窗口。

如果光栅图像为 1 位黑白图像，可以通过【View】→【Set Image Color】选项调整图像显示颜色。如果是灰度图像，则使用【Adjust Contrast】选项来改变图像显示质量。

对于黑白或灰度图像，可以直接进入下一步，开始进行图像矢量处理。

如果是彩色图像，在进行矢量化处理之前应该首先对它进行颜色分类【Classification】操作，以使图像更清晰。

对于有"噪点"的彩色图像，可以利用【Image】→【Pixel Tool】下的选取项来去除"噪点"，【Map Pixel Values】选项可以修正色彩，而重画光栅点可以清除不需要的点。

（四）全自动矢量化

如果图像上仅有单一类型的线条，如地形等高线图或仅有分区线的区划图，就可以选择【Vector】→【AutoVectorize】菜单项命令直接矢量化。

如果需要生成几个层来组织矢量化数据，可应用命令【Edit】→【Layer Define】定义层供使用。所需层定义好后，选择一层作为当前层来保存自动或手动矢量化的数据。该层数据矢量化完成后，选择其他层作为当前层在其上做其他的矢量化工作。建议仅仅打开当前层而关掉所有的其他层，这样在编辑或处理时，仅有当前层的数据才被处理，而不致影响其他层的数据。

如果扫描图像质量够好，可以选择【Vector】→【AutoVectorize】直接进行全自动矢量化。系统会显示如图 5-6 所示对话框供设置矢量化参数，单击【Start】按钮，即可开始自动矢量化处理。此时光标变成一个沙钟，表示系统正在忙于处理，处理结束后，光标会变回箭头状。识别出的矢量线段将以绿色显示在图像窗口中。使用【View】→【Overlay】中的选项可以打开或关闭某些显示要素，如线的结点、线的端点及线段的 ID 号（如果指定了的话）。

图 5-6 "自动矢量化参数设置" 对话框

线段颜色可以使用【Use Layer Color】命令按照其所处的层的定义来改变，如果该线段标注有 ID 号，也可使用【View】→【Set Line Color By ID】命令按其 ID 号来改变颜色。

（五）交互式矢量化

如果图像比较复杂，有各种图素混在一起，就须使用 R2V 的交互跟踪功能进行有选择的矢量化。为进行交互跟踪，先选择【Edit】→【Lines】菜单项进入线编辑器，然后通过选择主菜单、工具条或弹出菜单条中选项使光标处于【New Line】编辑状态，并确认【Auto Trace】项被选中。用鼠标左键在要跟踪矢量化的线上点一点，再用同样的方法在该线上另点一点以便系统跟踪，在有图像交叉或断裂的地方，跟踪会暂停，等候点下一点继续跟踪。可以用【BackSpace】键删掉最后的跟踪点，当一条线跟踪完后，按【SPace】键或其他键结束。重复上面的步骤，跟踪其他的线段。如果要在其他层上进行跟踪矢量化，仅需将其设为当前层，然后进行跟踪处理即可。

如果需要同时矢量化一组线，如地形等高线，可以使用线编辑器中的【Multi-Line Trace】（多线跟踪）功能。在主菜单、工具条或弹出菜单条中选择【Multi-LineTrace】模式，按下鼠标左键横跨需要跟踪的一组线段画一直线，R2V 会自动矢量化所选择的这些线。对其他的线重复这样操作即可。

（六）编辑矢量线段

使用【Edit】→【Lines】命令编辑矢量化过的线段，用鼠标右键可调出编辑选项弹出式菜单。编辑功能可从主菜单【Edit】→【Line Editor】调用或直接按主菜单下的工具条。使用编辑器，可以添加线，添加、移动、删除结点，断开线，删除线，删除选择区或所有的线。在设置 ID 值参数后，线可被指定的 ID 值标注。各种矢量数据后处理及显示命令在【Vector】菜单项下可选用。

（七）投影转换

为了将生成的矢量数据转换到特定的投影坐标系统中，如 UTM，使用【Vector】→【Select Control Points】选项去设定控制点。打开如图 5-7 所示对话框，分别输入对应的实际坐标值。可以选择 4 点或更多的点并指定其目的坐标。需要注意的是，在矢量数据被输出到矢量文件之前，控制点并未作用于矢量数据。只有在数据输出到文件时，坐标校正才起作用。

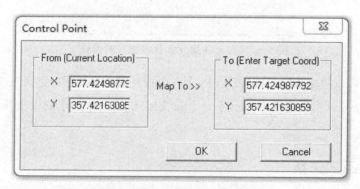

图 5-7 "设置控制点"对话框

使用控制点可将光栅图像进行地理参照（Geo-reference）生成图像世界文件（Image World File）。光栅图像也可使用【Image】→【Warp】命令与选择的控制点进行坐标对齐或几何校正。

（八）保存工程文件

执行【Save Projeot】命令，打开"另存为"对话框，在对话框中指定保存路径，并选择保存类型为 DXF 文件（*.DXF），将所有的数据存储为 RZV 工程（Project）文件，如果完成了所有的处理及编辑操作，可执行【File】→【ExPort Vector】输出矢量数据。生成的矢量数据可被存储为 Arc/Info（ARC）、ArcView（SHP）、MapInfo（MIF）、XYZ（三维点文件）、DXF 及 MapGuide SDL 文件格式。在输出特定的矢址格式文件时，系统会提示设置一些选项，如是否使用控制点校正矢量数据，需要使用何种变换方法等。

在"另存为"对话框中点击【保存】按钮，打开"DXF 输出选项"对话框，在对话框中选择使控制点有效并设置转换方法（控制点、双线性法 Bi-Linear）后，点击【确定】按钮，即可输出 DXF 数据。

（九）调入 CAD 编辑处理

由于生成的是 DXF 文件，可用 CASS 直接调用。启动 CASS 9.0 系统，选择【打开】命令即可，在 CASS 9.0 中进行进一步编辑与处理，即可得到所需的数字地形图。

五、扫描屏幕数字化精度分析与精度估算

（一）地形图扫描屏幕数字化精度分析

地形图扫描数字化方法的主要误差来源包括原图固有误差和扫描屏幕数字化方法产生的误差。地形图扫描屏幕数字化方法本身的误差主要包含图纸扫描误差、图幅定向误差、图像细化误差、矢量化误差等。

1. 图纸扫描误差

图纸扫描误差也称扫描仪响应误差，主要由扫描仪的性能参数、扫描对象的均匀度、原图中线的粗细、线划的密度、曲线复杂程度、图面洁净程度和处理扫描图的软件所决定。在图纸扫描误差中，扫描仪的几何分辨率误差是主要误差来源，要减小该误差，只有提高扫描仪的几何分辨率。但是当提高扫描仪分辨率时，栅格数据量将以平方级速度增加，数据处理时间也平方级延长，这对计算机的配置提出了更高的要求，因此对扫描仪分辨率的提高必须加以限制。

当以分辨率为 300 dpi 的仪器扫描时，点间距离的相对精度为 1.4/1 000 左右。对全自动矢量化细化过程，由扫描仪扫描产生的点位误差为 1~2 个像素点；对交互式跟踪矢量化而言，点位误差可以控制到一个像素点距。若按 300 dpi 计，每个像素点相当于图上 0.09 mm，由此可确定图纸扫描误差取 ±0.1 mm 是合适的。

2. 图幅定向误差

地形图经扫描后得到的是一帧栅格图像，矢量化时要从栅格图像中对地形图要素进行采集，首先得到的是采样点在图像坐标系中的量测坐标，需要将其转换成地形图坐标系坐标，这项工作是通过图幅定向来完成的。这些用于计算转换系数需要用到的若干已知点（如内图廓点、图幅内的控制点等）叫作定向点，它们在地形图坐标系中的坐标是已知的，在图像坐标系中点的坐标通过量测获得。工作底图定向误差由定向点误差和采样点测量误差构成，定向点误差与扫描分辨率的大小成反比，提高扫描分辨率可减少该项误差的影响；采样点测量误差与点的量测精度有关，点的量测精度可以通过量测过程中一种称为自动对中算法的方法提高，达到量测精度极限，此项误差可以忽略不计。

当用分辨率为 300 dpi 的扫描仪扫描大比例尺地形图时，其误差约为 0.1 mm，根据大量的实验结果分析，图幅定向误差一般取 ±0.12 mm。

3. 图像细化误差

许多扫描数字化软件都能正确地获得线段的中心线，即使线段交叉处变形也是很小的，细化误差产生的点位误差为 1 个像素点。按 300 dpi 计算所产生的图上误差约为 0.09 mm，因此图像细化误差可取为 ±0.1 mm。

4. 矢量化误差

在跟踪矢量化过程中，一般采用变步长保精度跟踪矢量化法，有折线代替曲线所产生的最大点位误差是 1 个像素点距。用分辨率为 300 dpi 计算所产生的图上误差约为 0.09 mm，取矢量化误差为 ±0.1 mm。

（二）地形图扫描屏幕数字化精度估算

根据误差传播定律，地形图扫描屏幕数字化方法的综合精度可由下式计算：

$$M_{扫} = \pm\sqrt{m_y^2 + m_d^2 + m_x^2 + m_s^2} \tag{5-1}$$

式中　$M_{扫}$——地形图扫描屏幕数字化方法的中误差；

　　　m_y——图纸扫描误差；

　　　m_d——图幅定位误差；

　　　m_x——图像细化误差；

　　　m_s——矢量化误差。

根据上述分析，将各项误差的取值带入公式（5-1）得

$$M_{扫} = \pm0.211\,\text{mm} \tag{5-2}$$

上述计算是在扫描光学分辨率为 300 dpi 的情况下，对地形图扫描屏幕数字化方法作出的精度估算。

一、手扶跟踪数字化仪工作原理

利用手扶跟踪数字化仪进行矢量化是一种传统而成熟的方法。其作业方法：先将数字化仪板与计算机正确连接，把待数字化的纸质图固定在数字化仪板上，用手持定标设备（鼠标）对地形图进行定位，确定图幅范围和数字化仪菜单范围，然后通过数字化仪菜单跟踪每一个要素的特征点。由手持定标器在纸质图上采集数据，经数据线传输到计算机中，以获取各要素的空间位置，最后编辑整饰即可获得数字地形图，如图 5-8 所示。

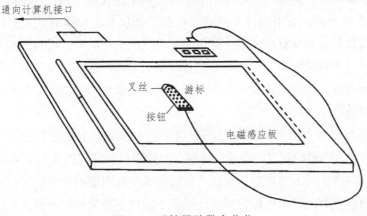

图 5-8 手扶跟踪数字化仪

二、数字化仪数据采集方法与步骤

（一）数字化仪与计算机的连接

数字化仪和计算机的连接通过 RS-232C 标准串行接口，将数字化仪的串行接口和计算机的串行接口连接起来，以实现数字化仪和计算机的数据通信。

数字化仪和计算机连接好后，用数字化仪提供的检测程序测试数字化仪的各种工作状态是否正常，并根据驱动数字化仪的软件的要求设置串口号、波特率、校验方式、数据格式、数据位、工作方式、分辨率、原点位置及鼠标按键等数字化仪参数，完成参数的设置后，运行数字化软件便可以开始进行数字化工作。

目前，许多数字化软件如 EPSW、CASS 等都可与多种数字化仪通信，很方便地进行数字化作业。实现数据通信的一般过程：首先，开启设定的接口，进行数据缓冲区容量大小设置；其次，设置波特率、校验方式、发送数据格式、输出速度、数据位、工作方式、分辨率、原点位置及鼠标按键类型等通信参数；再次，设定相应事件标志，在通信出现中断、错误、数据正常接收时，转入相应的处理程序；最后，进行串口事件处理程序定义，如图 5-9 所示。根据事件标志，判断串口事件发生的类型，或在接收到数据后按一定格式从中提取各种信息，分别做相应处理。

图 5-9　串口通信工作作业程序

（二）图纸定位

利用手扶跟踪数字化仪进行地形图数字化，数字化仪输送到计算机的坐标数据是数字化仪坐标系的坐标，必须用计算机程序将数字化仪的坐标换算成地形图坐标系的坐标。将数字化仪输送到计算机的数字化仪坐标系下的坐标数据，转换成地形图坐标系下的坐标数据的过程称为图纸定位。图纸定位的实质是求出数字化仪坐标系与地形图坐标系之间的转换参数，通过定位有效克服工作底图的图纸变形误差，是提高数字化图精度的重要技术措施。

图纸定位按已知点的类型可分为图廓点定位和控制点定位两种方式。在实际作业时，若图幅内没有已知控制点，或虽有控制点但控制点不满足图纸定位要求（点数不够、点数分布不均匀或点位不清晰等）时，一般采用 4 个内图廓点作为已知点进行地形图定位。4 个内图廓点的地形图坐标，可在地形图上读取。若采用控制点进行图纸定位，应首先确定好控制点的图上点位，然后输入对应的控制点坐标。上述两种方式的具体操作方法如下。

（1）按图廓点的图纸定位：先输入图幅左下角和右上角的地形图坐标（Xz，Yz）、（Xy，Yy），以 m 为单位；然后由数字化仪定标器的十字丝分别对准左上角、左下角、右下角和右上角图廓点，依次输入这 4 个点的坐标；将上述操作步骤重复进行一次，若两次定向的结果满足规范限差的要求，则图纸定位结束，否则应重新进行图纸定位。

（2）按控制点的图纸定位：在图幅内选择 3～5 个分布均匀的控制点，然后对控制点分别进行数字化；将数字化仪定标器的十字丝分别对准控制点，输入控制点数字化坐标，同时由计算键盘输入该控制点的地形图测量坐标；控制点数字化结束后，同样重复进行一次，两次定向的结果应满足规范限差的要求。

（三）数字化仪菜单定位

地形图数字化除需要给出地形图要素的地形图坐标外，还必须输入相应的地形图要素类别。这些地形图要素类别用规定的代码来表示，通常代码输入工作通过点击数字化仪菜单来实现。在数字化仪板面上开辟一个菜单区，通常把菜单放在数字化仪板面的右面，菜单区可以是一个矩形或正方形。在菜单区内按行和列分成相同大小的小方块（矩形或正方形），每个小方块内是以图形表示或文字说明的常用地形图图式符号和图形处理功能，它由数字化软件定义，不同软件对菜单项的各方格功能定义也有所区别，如图5-10所示为南方 CASS 成图软件数字化菜单区的各菜单项功能的定义情况。

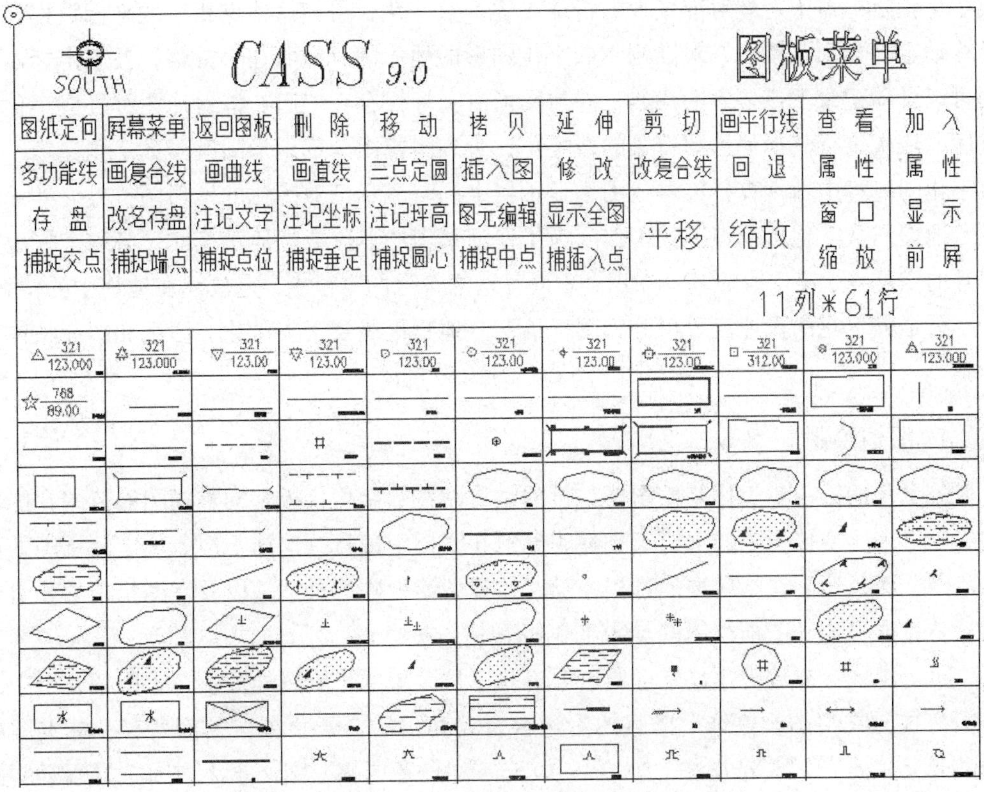

图 5-10　CASS 9.0 图板菜单

菜单在使用前，需要先进行菜单定位。其定位方法与地形图定位相同。菜单定位的定向点一般取菜单的左上、左下和右下三点，定向点在菜单坐标系中的坐标为

左上角：$X = L$，$Y = 0$；左下角：$X = 0$，$Y = 0$；右下角：$X = 0$，$Y = W$。

这里，L 表示菜单的竖向长度，W 表示菜单的横向宽度，以 mm 为单位。

菜单定位完成后，菜单区内某一位置的行号和列号都可以用数字化仪坐标换算出来。在地图数字化系统程序中，每一对行号和列号都和方格所对应的代码或程序功能联系起来。因此，只要在数字化地形图要素之前或之后，将数字化仪定标器移到菜单区相应的地形图图式符号的小方格内，这样就把该地形图要素的代码和图形的坐标（几何位置）连在一起，形成一个规定格式的数据串存储在计算机内。数字化菜单除用于输入图形要素代码外，还可以输入程序执行命令以进行数字化数据的处理和屏幕图形的编辑，是人机交互系统中的一个输入设备。

（四）矢量化

完成上述工作以后就可以开始矢量化。矢量化时要将地形图和数字化仪菜单固定好，预防在矢量化过程中图纸被移动。如果在矢量化过程中发现图纸有移动，必须对图纸重新进行定位。对于一幅地形图的矢量化通常按照地形图要素分层进行数字化。先将数字化仪定标器十字丝对准图形的特征点逐一数字化，得到这些点相应的坐标数据；然后移动定标器到菜单区，对准刚刚数字化图形的地形图符号所在小方格，按下定标器，便可以自动记录下该要素的代码，并与图形的坐标保存在一起；该地形图符号数字化完成后，依次进行其他地形图符号的数字化，直到本幅图全部地形图符号数字化完毕。在数字化的过程中，计算机屏幕或图形显示器上同时显示已数字化的地形图符号。

地形图数字化选用点方式工作。为了保证采集的点位数据的正确性，必须掌握地物符号的定位点、定位线的基本知识，知道各地物符号的定位点、定位线在地物中的位置。

整个矢量化的作业流程可分为图框绘制、地物地貌要素矢量化、注记和图面整饰等步骤。

1. 图框绘制

矢量化的第一步工作是绘图框。目的是将贴在数字化仪板上的整幅图的范围在屏幕上确定下来，使接下来的清绘工作都明确地在图框中进行，这样不但能确定整幅图的显示范围，而且还能在绘地物的过程中随时监视所绘地物的尺寸，以及在图幅中的相对位置，防止误操作。图框绘制的具体步骤如下。

（1）用鼠标或数字化仪定标器点取屏幕下拉菜单的【绘图处理】→【图幅整饰】菜单项，这时在"图幅整饰"条目的右边会自动弹出一个子菜单，上面列有"标准图幅（50 cm × 50 cm）""标准图幅（50 cm × 40 cm）""任意图幅""小比例尺图幅""倾斜图幅"和"工程图幅"等类别。如果是标准的图幅，可以直接点取"标准图幅"项，如果是非标准的图幅，则要选择"任意图幅"项，然后根据提示键入图纸的宽度和高度。图框绘制完成后，可用鼠标点击屏幕菜单右下角的"缩放全图"或者用定标器点击数字化仪图板上的"显示全图"功能，查看图框，并用定标器游走一下图纸的图框线，观察一下屏幕上的图框与十字丝的位置关系是否与定标器的移动相吻合。

2. 地物地貌要素矢量化

插入图框以后就可以正式开始描绘地物地貌了。CASS 9.0 会自动地将各种地物地貌归到各个不同的层，在描图时只要用定标器点取各种绘图功能（如房屋、道路、电力线、等高线、陡坎等），系统会自动地切换至相应的层，然后根据图纸上的地物或地貌逐个输入。对于直线形的地物地貌如房屋、电线等只需用定标器点取它的端点即可；而对于曲线形的地物地貌，如陡坎、等高线等则要用定标器密集地沿着地貌曲线取点采样，采样的密度视曲线的曲缓而定，曲折的采点密一些，舒缓的则可以疏一些，但要注意对于那些较为明显的特征点不要漏掉。通过图板菜单上的【屏幕菜单】和【返回图板】功能可以进行屏幕工作方式和图板工作方式的切换，在屏幕工作方式时可以应用 CASS 9.0 界面上的各种下拉菜单、工具条、屏幕菜单等功能，在图板工作方式时光标只能在工作区中滑动，要使用贴在数字化仪上的图板菜单来进行操作。

用数字化仪描图主要把握好两个原则，一个是描绘采点时要精确，另一个是不要遗漏地物地貌。矢量化时首先是要仔细认真，熟练准确地运用各种绘图和编辑功能，如复制、镜像、旋转、移动等，这样不仅保证了所绘地物地貌的精确性还能起到事半功倍的效果。其次，应先订好作业计划。最常用的是以地物地貌类别为顺序，即先画完图纸上的某一种地物地貌，再画第二种地物地貌，如此一种一种地将所有的地物地貌描完；其特点是可以用一种绘图功能连续作业，但身体移动的范围比较大。另一种方法是按自然区域划分作业，如根据不同的街区或河流的两边、坎类的两边，先画完一个区域内的所有地物地貌，再转移到另一个区域。采用这种方法作业时身体移动的范围较小，但是需要经常切换绘图功能。这两种方案在实际作业时可以交替使用，具体视图纸的实际情况而定。另外，由于地物符号太多，每个符号都到图板菜单去找的话会增加很多工作量，这时候就可以充分利用【图形复制（F）】功能，将图上已绘出的实体当菜单用，可省去不少麻烦。当然，以上所述的方法可供参考，通过在工作中不断摸索、总结经验，找出自己习惯的方法来。

3. 注记和图面整饰

绘完地物地貌以后的工作就是注记和图面整饰。注记分为注记坐标和注记文字。注记与绘制地物地貌的性质不同，绘制地物地貌时对精度有严格的要求，而注记则没有精度方面的要求，只需位置大致准确。具体的做法为用定标器在数字化菜单上点取【注记文字】菜单项进行注记。

绘制地物地貌时必须在图板状态下操作，而注记则既可在图板状态下操作，也可以在屏幕状态下进行。如果地物比较简单，直接在屏幕状态下注记较为方便；如果地物较为复杂密集，则应该在图板状态下操作，这样能在图板图纸上直接找到要注记的地物，不易注错对象。

在注记过程中由输入数字（或字母）转到输入汉字需同时按下【Ctrl】和【Space】键，经常这样做非常麻烦，所以一般应先注记数字、字母再注记汉字，这样就避免了要经常切换的麻烦。

最后有一点需要提醒的是，在矢量化纸质图的过程中，为了防止意外，应该每隔 20 或 30 min 存一下盘，这样即使在中途因误操作或其他原因死机，不至于前功尽弃。

（五）图幅接边

数字化作业时，通常会遇到一个地物分别绘制在两幅图中的情况，在进行数字化时，每幅图中该地物只能被采集和数字化一部分，由于这两部分分别位于两幅图中，因此都是孤立存在的无联系的点或线，不能形成一个完整的地物，这会导致该地物应有的信息丢失。进行图幅接边就是将这种情况的地物复原成一个完整地物并拾取其各种应有的信息。图幅接边的方法有半自动法和自动法两种。

1. 半自动法

半自动法图幅接边采用人工判断与计算机处理结合的地图接边处理方式。作业步骤如下。

（1）将分属两幅图的同一地物需接边的图边部分同时显示到计算机屏幕上，并使接边图廓线位于屏幕中间。

（2）人工判断两幅图的接边情况，可将接边部分的某个局部放大，同时通过鼠标操作查询两幅图接边线上相关的坐标，当对应的两接边点坐标之差小于接边误差限差允许值时，取两点坐标平均值；若接边误差超限，应检查产生错误的原因，并对接边点及其相关点坐标进行修正，直到满足接边要求为止。

（3）软件会将修改后的接边点坐标自动传输到接边图幅的绘图文件（XYZ 文件），并自动完成接边处理。

2. 自动法

自动法图幅接边是一种在采集数字化点的过程中由数字化软件自动完成图幅接边工作的方法。实质是在采集数字化点时软件将本图幅的点直接与相邻图幅对应的端点连接，由软件拟合出相应的线条。

对于一些几何条件要求严格的图形，接边时还要对其进行如矩形地物的直角化、直线线路的直线化等各种附加的数据处理。另外，为了使接边的同一地物属性保持一致，要进行图形的属性接边。

手扶跟踪数字化仪进行纸质图的数字化，需弯腰在数字化仪板上采点，其作业强度相对较大。另外，一台数字化仪需配一台计算机才能组成一套录入设备，供一个人作业使用，投入成本较高。所以，这种方法已经逐步被扫描矢量化取代。

📖【项目小结】

地形图数字化有多种方法，其中手扶跟踪数字化方法已较少使用，而扫描屏幕数字化方法应用广泛。通过本项目的学习，应该熟练掌握地图扫描矢量化方法，能独立使用CASS9.0、R2V 等软件完成纸质图的矢量化工作；了解数字化仪的工作原理，能正确操作数字化仪，完成纸质图的数字化工作。

📖 【课后习题】

一、多项选择题

1. 栅格数据图像的格式包括（　　　）。

    A. GIF   B. TIF   C. BMP   D. DWG

2. 纸质地图数字化的方法包括（　　　）两种。

    A. 扫描矢量化   B. 手扶跟踪矢量化

    C. 全站仪法   D. GNSS-RTK 法

3. 图纸定位按已知点的类型可分为（　　　）两种方式。

    A. 图廓点定位   B. 控制点定位

    C. 绝对定位   D. 相对定位

二、判断题

1. 图像扫描是利用扫描仪对原纸质图进行扫描，生成一定分辨率按行和列规则排列的栅格数据。（　　　）

2. 如果图像的所有像素仅有黑和白两个灰度级，则称为二值图像，否则称为灰度图像或彩色图像。（　　　）

3. 将数字化仪输送到计算机的数字化仪坐标系下的坐标数据，转换成地形图坐标系下的坐标数据的过程称为图纸定位。（　　　）

三、简答题

1. 简述手扶跟踪数字化和扫描屏幕数字化的作业过程，并说明它们各有何优、缺点。

2. 在地形图扫描屏幕数字化工作中，为何要进行图幅定位坐标纠正和图幅定向工作？

3. 简述用 CASS 9.0 进行扫描屏幕数字化的方法。

4. 为什么说人机交互方式矢量化方法是地形图扫描屏幕数字化的主要方法？

请同学们扫描以下二维码，获取课后习题答案。

课后习题答案 5

项目六　数字测图质量控制与检查验收

项目概述

　　本项目主要讲述大比例尺数字地形图的质量要求、数字测图质量控制方法、数字地形图的质量检查与验收，以及数字测图项目成果检查与评定、技术总结等。对于数字测图质量控制，重点介绍了大比例尺数字地形图质量要求和数字测图过程的质量控制；对于数字地形图的检查与验收，重点介绍了其基本规定、验收标准、验收工作的实施及质量评定；对于数字测图的技术总结，重点介绍了技术总结的目的、编写程序、方法和主要内容。

学习目标

　　通过本项目的学习，应该掌握大比例尺数字地形图的质量要求，数字地形图的质量检查与验收的内容和方法，以及数字测图项目技术总结的内容和编写。

内容分解

项目	重难点	任务	学习目标	主要内容
数字测图质量控制与检查验收	数字测图产品成果检查的程序、原则、内容；数字地图产品质量评定的标准及方法；"过程检查、最终检查、验收"的实施单位（部门）和实施阶段（时间）	任务一　数字测图的质量控制	掌握数字测图质量要求及质量控制方法	大比例尺地形图质量要求（质量特性、大比例尺数字地形图成果内容）；数字测图的质量控制（准备阶段的质量控制、野外测图质量控制、内业成图质量控制、扫描数字化质量控制）
		任务二　数字地形图的质量检查验收	掌握地形图质量检查验收的主要项目和内容	检查验收基本规定（检查验收依据、二级检查一级验收制度、应提交资料）；检查验收的内容与方法（内业检查验收、外业检查验收）；质量评定（质量评定指标、质量评定办法）；检查验收报告
		任务三　数字测图技术总结	掌握大比例尺数字测图技术总结报告编写方法	大比例尺数字测图技术总结编写依据、编写程序和方法、主要内容

学习本项目需要用到以下规范。

①《1:500、1:1000、1:2000地形图质量检验技术规程》（CH/T 1020—2010）。

②《数字线划图（DLG）质量检验技术规程》（CH/T 1025—2011）。

③《数字测绘成果质量检查与验收》（GB/T 18316—2008）。

④《测绘成果质量检查与验收》（GB/T 24356—2023）。

专业规范 6-1 《1:500、1:1000、
1:2000地形图质量检验技术规程》

专业规范 6-2 《数字线划图（DLG）
质量检验技术规程》

专业规范 6-3 《数字测绘成果质量检查与验收》

专业规范 6-4 《测绘成果质量检查与验收》

数字测图产品质量是测图工程项目成败的关键，它不仅关系测绘企业的生存和社会信誉，甚至会影响整个工程建设项目的质量。为保证数字测图的质量，必须牢固树立"质量第一、注重实效"的思想观念。数字地形图的质量要求是指数字地形图的质量特性及其应达到的要求。数字测图是一项精度要求高、作业环节多、涉及知识面广、技术含量高、组织管理复杂的系统工程，要控制数字测图产品质量，就必须以保证质量为中心、满足需求为目标、防检结合为手段、全员参与为基础，明确各工序、各岗位的职责及相互关系，规定考核办法，以作业过程质量、工作质量确保数字测图产品质量。

一、大比例尺地形图质量要求

（一）大比例尺数地形图质量特性

只有明确成果的要求，才能有序地开展测绘生产。大比例尺地形图属于国家基本比例尺地形图之一，在国民经济建设中起到重要作用，主要是以数字线划图方式来表达，因此本章节主要阐述大比例尺数字线划图的质量特性。从检查验收技术规范《测绘成果质量检查与验收》（GB/T 24356—2023）规定中可知，检查质量元素为数学精度、数据及结构正确性、地理精度、整饰质量、附件质量，在大比例尺地形图质量元素描述中，数据成果的质量特性应具有以下特征。

1. 数学精度

质量特性具有严密的数学基础及符合要求的平面和高程位置精度。

2. 特定的数据分类及数据结构

（1）具有统一的数据文件命名规则、统一的数据格式。

（2）具有正确、完备的数据分层结构及数据分类代码，所有要素均按照其技术设计书和有关规范的规定进行分层，不能遗漏或错误。

（3）图幅与图幅之间无缝接边，即在几何图形方面，相邻图幅接边地物要素在逻辑上保证无缝接边；在属性方面，相邻图幅接边地物要素属性应保持一致；在拓扑关系方面，相邻图幅接边地物要素拓扑关系应保持一致。整个测区具有逻辑上的一致性。

如图 6-1 所示为相邻两幅 1∶500 比例尺数字地形图在 AutoCAD 2004 中的截图。

（1）图中相邻图幅按规则命名；所有图幅均为 DWG 格式；两幅图代码包含"2101016～9300070"共 132 个图层，均为正确分层与代码。

图 6-1　正确分层与代码

（2）如图 6-2 所示，由于高亮显示的为错误图层、代码。在数据整理过程中要对错误的图层进行清理。

图 6-2　包含错误的分层与代码

注：也可以是其他命名分层方式，如 CASS 软件自带的分层标准。如图 6-3 所示，无论哪种分层方式都要自成系统，保持概念一致性。

图 6-3　CASS 软件自带的分层标准

3. 地理精度及图幅整饰合理性

（1）图形具有正确性、完备性，不能有遗漏或重复、错误现象。

（2）具有形状保真度，各要素的图形能正确反映实地地物的形态特征及密度特征，无变形扭曲；各种地理要素具有协调性，主次分明，取舍合理。

（3）图上具有各种名称注记、说明注记，应指示明确，不得有错误或遗漏。

（4）具有高程注记点，密度为每个方里网格内 13 个左右。

（5）地形图模拟显示时，其线划应光滑、自然、清晰，无抖动、重复等现象。符号表示规格、线划、色彩符合相应比例尺地形图图式规定。注记应尽量避免压盖地物，其字体、字大、字数、字向、单位等一般应符合相应比例尺地形图图式的规定。符号间应保持规定的间隔，达到清晰、易读，图面能真实反映地理情况。

4. 附件质量齐全、完备性

（1）元数据文件，即数据的数据。元数据作为一个单独文件，用于记录数据源、数据质量、数据结构、定位参考系、产品归属等方面的信息。必要时提供数据说明，数据说明是数字地形图的一项重要质量特性，数字地形图的质量要求应包含数据说明部分。数据说明可存储于产品数据文件的文件头中或以单独的文本文件存储，内容编排格式可以自行确定。数字地形图的数据说明应包括如表 6-1 所示内容。

表 6-1　数字地形图的数据说明内容

产品名称、范围说明	① 产品名称；② 图名、图号；③ 产品覆盖范围；④ 比例尺
存储说明	① 数据库名或文件名；② 存储格式和（或）简要使用说明
数学基础说明	① 椭球体；② 投影；③ 平面坐标系；④ 高程基准；⑤ 等高距
采用标准说明	① 地形图图式名称及编号；② 测图规范名称及编号；③ 地形图要素分类与代码标准的名称及编号；④ 其他
数据源和数据采集方法说明	① 摄影测量方法采集；② 地形图数字化；③ 野外采集
数据分层说明	① 层名；② 层号；③ 内容
产品生产说明	① 生产单位；② 生产日期
产品检验说明	① 验收单位；② 精度及等级；③ 验收日期
产品归属说明	① 归属单位
备注	

（2）各类报告、附图（接合图）附表、簿册整饰，检查报告、技术总结等齐全、规范性的文档资料。

（二）大比例尺数字地形图成果

（1）成果数据：分幅图、测区结合表、元数据。

（2）控制测量成果文件。

（3）数据采集原始数据文件。

（4）图根点成果文件。

（5）碎部点成果文件。

（6）文档资料（如技术设计、检查报告、技术总结、合同等）。

二、数字测图过程的质量控制

数字测图的质量控制是指测绘单位从承接测图任务、组织准备、技术设计、生产作业直至产品交付使用全过程实施的质量管理。质量控制是指为满足质量要求所采取的作业技术和活动，即运用科学技术与方法来管理和控制生产过程，以便在最佳的综合条件下生产出符合用户要求的成果。

数字测图过程的质量控制实质上就是严格执行技术设计和有关规范的过程。

数字测图是一项精度要求高、作业环节多、工序复杂、参与人员多、组织管理较为困难的系统工程。为了保证数字测图的质量，就必须从数字测图项目的准备阶段开始，直至项目结束，实施全过程质量控制。

（一）准备阶段的质量控制

数字测图准备工作包括组织机构准备和业务技术准备两方面，其中的业务技术准备主要包括收集资料、野外准备、仪器准备及技术设计等工作。有关技术设计的内容详见项目三任务一。

1. 收集资料、野外准备的质量控制

测图任务确定后，根据评审后的测绘合同（或测绘任务书）中确定的测区范围和相关要求，调查了解测区及附近的已有测绘工作情况，并收集必要的测绘成果资料为本次测图服务。

已有测绘成果关系后续测图工作的坐标系统和高程系统的选择，其质量直接影响测图控制测量成果的质量，进而影响整个数字测图的质量。因此，收集的已有控制测量成果不但要有坐标和高程数据，而且还应收集说明这些成果的平面坐标系统和高程系统，选用的投影面、投影带及其带号，依据的规范，施测等级，最终的实测精度，测图比例尺及测量单位，施测年代等质量信息，提供成果资料的单位（或个人）要加盖公章（或签字），以说明资料的真实性和正确性。

数字测图野外准备应对测区进行踏勘，是在充分研究分析已收集资料的基础上，现场调查了解已有控制点、图根点的实际质量（保存及完好情况、通视情况、分布状况等）。

此外，在野外踏勘过程中，还应考察了解测区的地物特点、地貌特征、测绘难易程

度、交通运输情况、水系分布情况、植被情况、居民点分布情况及当地的风土人情等方面的信息，以便针对测区的具体情况考虑适当的测绘手段和对策。

2. 对仪器设备的要求

测量工作所使用的各种仪器设备是测图工程的物质基础，仪器设备的状态是否良好直接影响实测数据的质量，所以必须对其及时检查校正、精心使用和保养，使其保持良好状态。

一项测图任务实施前，必须对所用的仪器、设备、工具进行检验和校正，以判断仪器的状况。测绘仪器经过较长时间的使用和搬运，其状况会产生不同程度的变化，甚至损坏，因此事先检验、校正所用的仪器对成果质量十分重要，未经专业部门鉴定的测绘仪器不能用于测绘生产。

在数字测图生产过程中使用的计算机、信息存储介质、输入输出设备及其他需用的各种物资，应能保证满足产品质量的要求，不合格的不准投入使用；所使用的成图软件应具有软件开发证书、鉴定证书和应用报告等有关证明材料，绘制出的数字地形图，其分类、命名、内容、图形符号、各种线条等必须符合现行有关规范的要求。

（二）野外测图质量控制

在工程实施时，应对作业参与人员进行教育培训，培养他们认真、负责、细致的工作态度和奉献精神，树立规范意识；认真学习技术设计书及有关的技术标准、操作规程，工作要做到有章可循、有据可查，其成果可以追本溯源，并对各项工作质量负责。

要制定完整可行的工序管理流程表，严格遵循测绘工作的"三大基本原则"，严格执行技术设计书中的各项任务，加强工序管理的各项基础工作，有效控制影响产品质量的各种因素。

生产作业中的工序成果必须达到规定的质量要求，经作业人员自查、互检，如实填写质量记录，达到合格标准，方可转入下一工序。下一工序有权退回不符合质量要求的上一工序成果，上一工序应及时进行修正、处理，退回及修正的过程，都必须如实填写质量记录。应当在关键工序、重点工序设置必要的检验点，实施工序成果质量的现场检查。现场检验点的设置，可以根据测绘任务的性质、作业人员水平、降低质量成本等因素确定。

对检查发现的不合格品，应及时进行跟踪处理，做好质量记录，采取纠正措施。不合格品经返工修正后，应重新进行质量检查；不能进行返工修正的，应予报废并履行审批手续。

图根平面控制测量的布设层次不宜超过两次附合，图根点（包括高级控制点）密度应符合技术设计书的要求，地形复杂、隐蔽区及城市建筑区，一定要根据需要适当加大密度；图根点高程宜采用图根水准、图根电磁波测距三角高程或 GNSS 测量方法测定。

图根控制测量（平面和高程）无论是野外观测还是室内计算，均应按照技术设计书及相关规范中的要求进行，成果的精度一定要符合相应的技术要求。

碎部点数据采集是测图工程的基本工作，也是数字测图成图精度的关键工序，所以应尽量采用自动化采集系统直接测量碎部点三维坐标（X，Y，H），这样不仅工效高、精度高，更重要的是可以大大降低出错率。测站设置时，其对中误差、仪器高及觇标高的量记等一定要符合技术设计书中的要求；后视定向后，务必实测另一控制点坐标进行检核，确有困难时至少再实测后视点坐标，并与其已知坐标比较，平面位置误差和高程误差均小于相关限差后，方可进行碎部点坐标测量。一测站碎部测量完成后应重新检查后视点坐标。

采集数据时，碎部点坐标（X，Y，H）的读记位数、测距的最大长度、高程注记点间距及测绘内容的取舍等均应按照技术设计书和有关规范的要求进行。

野外草图的绘制要清晰明了，各种必要的信息表达明确、唯一，避免外业草图粗制滥造、以偏概全、过度省略、意思表达模棱两可等现象发生，给后续工序造成不必要的麻烦。一般地区可以采用绘图法绘制草图，复杂地区可采用记录法代替草图。草图中还应记录测区号、测量日期、测站点号、后视点号、仪器高、后视觇标高、检查实测数据、观测者、记录者、本测站采集的碎部点起、终点号等辅助信息。

外业采集的数据应及时传输至计算机，做好原始数据的备份，并及时成图，要尽量做到当天所测当天成图，避免因时间间隔过长而造成内业混乱、遗忘现象的出现。

（三）内业成图质量控制

数字测图内业成图包括数据处理、图形处理和成果输出等工序。

数据处理是数字测图内业的主要工序之一，它是对传输至计算机中的原始数据文件进行转换、分类、计算、编辑，最终生成标准格式的绘图数据文件和绘图信息文件。

图形处理对最终成果质量具有至关重要的作用，它利用数字化成图系统在计算机中依据绘图数据文件、绘图信息文件以及其他相关资源，最终生成地形图。绘制的地形图符号不仅要与现行地形图图式中规定的符号完全一致，而且位置精度也要符合技术设计书的相关要求。

线状符号要进行余部处理，绘制的曲线不但要光滑美观，而且应满足规范的精度要求；面状符号要进行必要的直角纠正；绘制的等高线应能够正确表达实际地貌的高低起伏形态，更重要的是其精度也应满足规范的要求。标示地物、地貌、数据属性的代码应具有科学性、可扩性、通用性、实用性、唯一性和统一性。

成果输出就是根据编辑好的地形图图形文件在绘图仪上输出纸质地形图。图形绘制时应设置好绘图比例尺、绘图范围、各要素的线粗、绘图原点、旋转角等，绘图时应掌握绘图仪的各项性能，控制绘图质量。

（四）扫描数字化质量控制

原图扫描过程中的质量控制就是要对矢量化各个步骤有针对性地采取一些方法和技术措施，最终使数字产品符合应用的要求。

1. 工作底图检查

工作底图检查的目的是防止数据源可能存在的粗差进入系统，检查的方法有两种，即绝对精度检查和相对精度检查。所谓绝对精度检查，是利用距离量测工具对已知坐标点、坐标格网位置或底图对角线长度（针对矩形分幅）进行检查；相对精度可以用较高精度或大比例尺原图与工作底图进行比较，也可以对工作底图之间的接边精度进行检查获得，若检查结果满足规范有关规定，即可完成检查工作，否则不宜采用该底图扫描进入系统。

2. 扫描分辨率选择

目前，大幅面扫描仪的分辨率可以达到 800 dpi 以上，有的能够达到 1 200 dpi，高分辨率的好处是提高了扫描精度和准确性，但图像数据量将按平方级增长，图像处理和矢量化所需计算机资源也会大大增加，处理速度减慢，目前用 RZV 处理一幅扫描分辨率为 400 dpi 的 A0 幅面的地形图大约需要 4 h，而处理分辨率为 300 dpi 的同样大小的地形图只需要大约 70 min，如果分辨率采用 800 dpi 或更高，对于一般配置的计算机可能出现资源耗尽而死机的现象。因此，在扫描矢量化之前或矢量化过程中确定合适的分辨率显得异常重要。实践证明，对于简单原图（图素稀少、交叉线、复杂曲线较少的情况），200 dpi 的扫描矢量化结果与 800 dpi 的结果没有显著差异。可根据原图的复杂程度选择扫描分辨率（一般常用 300 dpi），以使其图像数据量占用更合理的计算机资源。

3. 其他扫描参数确定

扫描参数中分辨率是影响扫描质量的一个关键因素，而其他参数，如扫描阈值、消蓝方式的选择也十分重要，对于蓝图或清晰度较差的旧图更是如此。

4. 图像去噪和变形纠正

由于扫描原图受脏污、老化或复制质量欠佳等影响，使经二值化处理得到的二值图像上存在着许多"噪声"，影响了图像的目标识别、矢量化等后处理，同时会降低目标矢量化数据的空间定位精度。主要噪声类型及其对原图扫描数字化过程的影响如下。

（1）斑点。

斑点是指二值图像中所存在的不连续的小像元块，这些点状小块在原图上并不存在，一般是原图上的脏污所致，不是真正的制图要素。在二值图像上呈随机分布，斑点对目标的连续性没有影响，但会生成假的线性目标。

（2）小孔。

小孔是指二值图像中存在的目标线画中突然出现的空白，常出现在粗线画的内部，是粗线画着墨不均匀及脏污等因素造成的。它的存在破坏了线画的连续性、完整性，会造成骨架线的畸变。

（3）空隙。

空隙是指二值图像中线条的微小断裂，在质量较好的底图扫描图像中不会出现，而晒蓝图中线画与背景反差小，二值化参数选择不当时，会有少量空隙出现。空隙的存在破坏了线画的连续性和完整性，会在后续线画跟踪矢量化时产生断线。

（4）边缘毛刺。

边缘毛刺是指线画目标左右边缘上的微小突出，这是由像元邻域灰度变化造成的，它的存在造成骨架线的畸变，从而降低线画矢量重建的几何精度。

（5）边缘凹陷。

边缘凹陷是指线画目标左右边缘上的微小缺口，与边缘毛刺正好相反。它的存在与边缘毛刺一样，在细化时会产生畸变骨架线。

显然，为了提高图像的识别及矢量图形重建的精度，应在图像目标细化处理之前，消除这些"噪声"，以获得"干净"的二值图像。去噪处理时，要特别注意以下问题：

① 当去除斑点的大小超过 4 个像素时，注意检查是否有点状要素丢失，如高程注记点，如果出现图素丢失，应立即回撤，然后选择适当区域逐块进行处理。

② 如果图像中存在大量非常接近或较差的图素符号，应尽量避免填孔操作，因为大幅面扫描仪普遍采用滚筒走纸方式，图像歪斜和变形是不可避免的，此外原图本身也可能存在变形。为了纠正这些变形，首先要进行纠斜处理，建议选择图中心附近的坐标格网线作为纠斜基准，个别情况下，如果图像出现扭曲（可以通过比较对角线长度来检查），还要对图像进行仿射变换、橡皮板变换等，这些变换至少需要 3~5 个已知点，并且这些点应当均匀分布在图幅内，无法找到已知点或已知点分布不合理时可以用坐标格网交点代替。

5. 矢量化参数的选择

矢量化是整个数字化工作中对地形图最烦琐也是最重要的一步，目前的所谓全自动矢量化软件，对地形图、地质图矢量化时几乎都不能令人满意，这是因为地形图、地质图中存在大量交叉线、符号、注记和文字，而符号和文字自动识别的成功率又很低，还需要大量的人机交互来修正它们。矢量化参数中比较关键的是线的拉直强度、圆弧识别半径、文字高度和最小缝隙值等。这些参数的确定需要做一些试验来确定，且对不同类型的原图应当选择各自适宜的参数。

（五）做好全流程质量控制记录，向检查验收方提供资料

测绘成果生产单位除了向验收单位提供检验必要的成果外，还要提供文档资料，如技术设计书、检查报告、技术总结以及相应的附图、附表等，特别是要提供质量控制过程中的两级检查的检查记录，考察检查报告内容的真实可靠性。

任务二　数字地形图的质量检查验收

测绘产品的检查验收是生产过程中必不可少的工序，是保证测绘产品质量的重要手段，是对测绘产品最终质量的评价。因此，完成数字地形图后必须做好检查验收和质量评定工作。

一、检查与验收的基本规定

1. 检查验收的依据

（1）测绘任务书、合同书中有关产品质量特性的摘录文件或委托检查、验收文件；

（2）有关法规和技术标准；

（3）技术设计书和有关的技术规定等。

2. 二级检查一级验收制度

对数字测绘成果实行过程检查、最终检查和验收制度。测绘生产单位对产品质量实行过程检查和最终检查。过程检查由工程项目部的技术部门检查人员承担，是在作业组（人员）自查互检的基础上，对作业组生产的产品进行的全面检查，过程检查应逐单位成果详查；最终检查由生产单位的质量管理部门负责实施，是在过程检查的基础上，所进行的再一次全面检查。验收就是通过判断抽检成果样本能否被接受从而确定整个工程质量是否合格而进行的检验。

微课视频：6-1　数字地图质量检查验收程序

生产单位按合同或计划实施测绘产品检验，经最终检查合格后，以书面形式向委托生产任务单位或任务下达部门申请验收，并提交最终检查报告；任务委托单位或其委托的具有检验资格的检验机构组织实施验收工作，并出具验收报告。

各级检查工作必须独立进行，不得省略或代替。

生产单位的最终检查和验收单位的验收工作均应按随机抽样的方法从受检产品中抽取样本。样本内单位成果逐一详查，样本外的单位成果根据需要进行概查。

3. 应提交检查验收的资料

（1）提交的成果资料必须齐全。一般应包括

① 项目设计书、技术设计书、技术总结、生产单位的终极检查报告、检查记录等，验收单位有义务核查文档里料的齐全、规范、合理性。

② 文档簿、质量跟踪卡等。

③ 数据文件，包括图廊内外整饰信息文件、元数据文件等。

④ 作为数据源使用的原图或复制的二底图。

⑤ 图形或影像数据输出的检查图或模拟图。

⑥ 技术规定或技术设计书规定的其他文件资料。

（2）凡资料不全或数据不完整者，承担检查或验收的单位有权拒绝检查验收。

4. 检查、验收的记录及存档

检查、验收记录包括质量问题的记录、问题处理的记录以及质量评定的记录等。记录必须及时、认真、规范、清晰。检查、验收工作完成后，须编写检查、验收报告，并随产品一起归档。

二、检查与验收的内容与方法

（一）内业检查与验收

1. 各等级控制测量（平面和高程）成果的检验

各等级控制测量（平面和高程）成果的检验内容包括控制网点的密度、位置的合理性；标石的类型和质量；手簿的记录和注记的正确、完备性；电子记录格式的正确性和输出格式的标准化程度；各项误差与限差的符合情况；各项验算的正确性、资料的完整性等，以及对控制网平差计算采用的软件的检验。

2. 各种原始数据文件的检验

（1）数据采集原始信息资料的可靠性、正确性检验是检查、验收的重要内容之一，它包括对数据采集原始数据文件、图根点成果文件和碎部点成果文件的检查。

（2）图根点、碎部点成果文件的检验，即对所有图根点和碎部点的三维坐标成果检查核对。

（3）仪器设备检验的项目、方法、结论和计量核定等方面的原始记录和文件的检查。

3. 各项电子成果资料的检查验收

数字测图的大部分成果均以数字的形式（计算机文件）存储在计算机中，除特殊需要须将成果输出外，多数情况下均用计算机进行处理、传输、共享及成果提交。因此，在数字测图成果的检查、验收中，电子成果资料的检查、验收是必不可少的关键环节。目前，对电子成果资料的检查、验收在国内还没有形成一套完整的、操作性强的检查体系和方法。大体上，数字测图电子成果资料的检查、验收包括以下内容。

（1）成果说明文件及图幅数量的检查。对成果说明文件的检查主要包括如表 6-1 所示内容，并检查成果的目录格式及目录文件是否齐全、各目录下图幅数量与图幅结合表记录的数量是否一致等。

（2）图形信息文件和地形图图形文件的检查包括空间数据检查、逻辑一致性检查、图形要素的完备性检查和高程注记点检查。

① 空间数据检查主要包括数学基础的检查，即图廓点、坐标格网顶点、控制点的理论值输入是否正确、有无遗漏；各类地形要素（如测量控制点、房屋、道路、桥梁、水系、独立地物、境界等）的精度及表示是否符合要求；数据分类与代码是否符合《基础地理信息要素分类与代码》（GB 13923—2022）的要求等。

② 数据逻辑一致性检查主要包括地理要素的协调性检查（检查有无适应性矛盾，如出现平行道路明显不平行、河流流向自相矛盾等）、图幅接边检查（检查相邻图幅图边要素的几何位置、属性接边，重点检查不同作业组分界处的图幅接边是否满足要求）、形状保真度检查（主要是各要素图形能否正确反映实地地物的形态特征，有无逻辑变形扭曲）、拓扑关系检查（主要检查地物有无伪接点及多边形闭合情况）。

③ 图形要素的完备性检查主要包括检查数据分层是否正确、有无重复或漏层；图层数量、图层名、颜色、属性等是否正确完整，有无非本层要素；检查实体种类、数据属性、各种名称注记和说明注记表示是否正确、指示是否明确、有无错漏等。

④ 高程注记点检查，应检查高程注记点密度能否达到"图上每 100 平方厘米内 8～20 个"的要求。

（3）其他方面检查、验收包括控制点数据库、数字地形图分类与代码、密级、产品标记、数字地形图的构成等是否符合技术设计书的要求。

4. 数字地形图的模拟显示检验及底图检查验收

数字地形图的模拟显示检验是检查其线画是否光滑、自然、清晰，有无抖动、重复等现象，符号表示规格是否符合地形图图式规定，是否注记压盖地物的比率，等。数字地形图底图检查是检查其数量、图名、编号是否与图形文件一致，图中字体、字大、字数、字向、单位等能否符合相应比例尺地形图图式的规定，符号间是否满足规定的间隔，是否清晰、易读。

5. 接边精度的检测

通过量取两相邻图幅接边处要素端点的距离Δd是否等于0来检查接边精度，未连接的记录其偏差值；检查接边要素几何上自然连接情况，避免生硬；检查面域属性、线划属性的一致情况，记录属性不一致的要素实体个数。

（二）外业检查与验收

外业检查是在内业检查的基础上进行的，重点检测数字地形图的测量精度，包括数学精度的检测和地理精度的检测。

1. 地物点点位（X，Y，H）的检测

（1）选择检测点的一般规定。

数字地形图检测点的选择应均匀分布，随机选取明显地物点，对样本进行全面检查。检测点的数量视地物复杂程度、比例尺等具体情况确定，原则上应能准确反映所检样本的平面点位精度和高程精度，一般每幅图选取 20 ~ 50 个点。

（2）检测方法。

检测方法视数据采集方法而定。野外测量采集数据的数字地形图，当比例尺大于1：5 000 时，检测点的平面坐标和高程采用外业散点法按测站点精度施测。用钢尺或测距仪量测相邻地物点间距离，量测边数量每幅一般不少于 20 处。摄影测量采集数据的数字地形图按成图比例尺选择不同的检测方法：

① 当比例尺大于 1：5 000 时，检测点的平面坐标和高程采用外业散点法按测站点精度施测。若用内业加密能达到控制点平面精度与高程精度，也可用加密点来检测，而不必采用外业检测。

② 当比例尺小于 1：5 000（包括 1：5 000）且有不低于成图精度的控制资料时，采用内业加密点的方法检测。

③ 用高精度资料或高精度仪器进行检测。

2. 检测数据的处理

（1）分析检测数据，检查各项误差是否符合正态分布。

（2）检测点的平面位置和高程中误差计算。地物点的平面中误差按公式（6-1）和公式（6-2）计算。

$$\left. \begin{array}{l} m_x = \pm\sqrt{\dfrac{\sum\limits_{i=1}^{n}(X_i - x_i)^2}{n}} \\[4mm] m_y = \pm\sqrt{\dfrac{\sum\limits_{i=1}^{n}(Y_i - y_i)^2}{n}} \end{array} \right\} \tag{6-1}$$

$$M_{检} = \pm\sqrt{m_x^2 + m_y^2} \qquad (6-2)$$

式中　m_x——坐标 x 的中误差，m；

　　　m_y——坐标 y 的中误差，m；

　　　X_i——第 i 个检测点的 X 坐标检测值（实测），m；

　　　x_i——第 i 个同名地物点的 x 坐标原测值（从数字地形图上提取），m；

　　　Y_i——第 i 个检测点的 Y 坐标检测值（实测），m；

　　　y_i——第 i 个同名地物点的 y 坐标原测值（从数字地形图上提取），m；

　　　n——检测点数；

　　　$M_{检}$——检测地物点的平面位置中误差，m。

相邻地物点之间间距中误差（或点状目标位移中误差、线状目标位移中误差）按公式（6-3）计算。

$$M_s = \pm\sqrt{\frac{\sum_{i=1}^{n} \Delta s_i^2}{n}} \qquad (6-3)$$

式中　Δs_i——相邻地物点实测边长与图上同名边长之差或地图数字化采集的数字地形图与数字化原图套合后透检量测的点状或线状目标的位移差，m；

　　　n——量测边条数（或点状目标、线状目标的个数）。

高程中误差按公式（6-4）计算。

$$M_H = \pm\sqrt{\frac{n\sum_{i=1}^{n}(H_i - h_i)^2}{n}} \qquad (6-4)$$

式中　H_i——检测点的实测高程，m；

　　　h_i——数字地形图上相应内插点高程，m；

　　　n——高程检测点个数。

（3）地理精度的检测。

对于用作详查的图幅，通过野外巡视的方法，全数检查各地理要素表示的正确性、合理性，以及有无丢、错、漏的现象。

三、质量评定

（一）质量评定指标

数字地形图质量评定指标如表 6-2 所示。

表 6-2　数字地形图质量评定指标

一级质量评定指标	二级质量评定指标
基本要求	文件名称、数据格式、数据组织
数学精度	数学精度、平面精度、高程精度、接边精度
属性精度	① 要素分类与代码的正确性；② 要素属性值的正确性；③ 属性项类型的完备性；④ 数据分层的正确及完整性；⑤ 注记的正确性
逻辑一致性	拓扑关系的正确性、多边形闭合、节点匹配
要素的完备性及现势性	要素的完备性、要素采集或更新时间、注记的完备性
整饰质量	线画质量、符号质量、图廓整饰质量
附件质量	文档资料的正确、完整性、元数据文件的正确、完整性

（二）质量评定办法

质量评定方法分为符合性判断和打分制判断两种。

1. 质量评定基本规定

数字测绘产品质量实行优级品、良级品、合格品、不合格品评定制。数字测绘产品质量由生产单位评定，验收单位则通过检验批进行核定。数字测绘产品检验批质量实行合格批、不合格批评定制。

（1）单位产品质量等级的划分标准。

优级品：$N = 90 \sim 100$ 分；

良级品：$N = 75 \sim 89$ 分；

合格品：$N = 60 \sim 74$ 分；

不合格品：$N = 0 \sim 59$ 分。

（2）检验批质量判定。

对检验批按规定比例抽取样本；若样本中全部为合格品以上产品，则该检验批判为合格批。若样本中有不合格产品，则该检验批为一次检验未通过批；应从检验批中再抽取一定比例的样本进行详查。如样本中仍有不合格产品，则该检验批判为不合格批。

2. 单位产品质量评定方法

单位产品质量一般有两种评定方法：

（1）采用百分制表征单位产品的质量水平；

（2）采用缺陷扣分法计算单位产品得分。

3. 缺陷扣分标准

严重缺陷的：缺陷值 42 分；

重缺陷的：缺陷值 $12/T$ 分；

轻缺陷的：缺陷值 $1/T$ 分。

其中，T 为缺陷值调整系数，根据单位产品的复杂程度而定，一般取值范围为 $0.8 \sim 1.2$。设单位产品由简单至复杂分别为三级、四级或五级，则 T 可分别取为 0.8、1.0、1.2 或 0.8、0.9、1.0、1.1 或 0.8、0.9、1.0、1.1、1.2。缺陷值保留一位小数，小数点第二位数字 4 舍 5 入。严重缺陷、重缺陷、轻缺陷的缺陷分类详见规范要求。

4. 质量评分方法

每个单位产品得分预置为 X 分，根据缺陷扣分标准对单位产品中出现的缺陷逐个扣分。单位产品得分按公式（6-5）计算：

$$N = X - 42i - (12/T)j - (1/T)K \tag{6-5}$$

式中　X——单位产品预置得分；

　　　i——单位产品中严重缺陷的个数；

　　　j——单位产品中重缺陷的个数；

　　　K——单位产品中轻缺陷的个数；

　　　T——缺陷值调整系数。

生产单位最终检查质量评定时，X 预置得分为 100 分。验收单位进行质量核定时，X 预置得分根据生产单位最终检查评定的质量等级取其最高分，即优级品、良级品、合格品分别为 100、89、74 分。

四、检查验收报告

最终检查和验收工作结束后，生产单位和验收单位应分别先后编写检查报告和验收报告。检查报告经生产单位领导审核后，随产品一并提交验收。验收报告经验收单位主管领导审核（委托验收的验收报告送委托单位领导审核）后，随产品归档，并抄送生产单位。

（一）检查报告的主要内容

（1）任务概要；

（2）检查工作概况（包括仪器设备和人员组成情况）；

（3）检查的技术依据；

（4）主要质量问题及处理情况；

（5）对遗留问题的处理意见；

（6）质量统计和检查结论。

（二）验收报告的主要内容

（1）验收工作概况（包括仪器设备和人员组成情况）；

（2）验收的技术依据；

（3）验收中发现的主要问题及处理意见；

（4）质量统计（含生产单位检查报告中质量统计的变化及原因）；

（5）验收结论；

（6）其他意见及建议。

五、质量检查验收总结

（1）生产组织。

（2）数据生产。

（3）图件与资料。

微课视频：6-2 数字地图产品质量
检查与评定

微课视频：6-3 数字地图质量检查
验收的内容

任务三 数字测图技术总结

一、技术总结编写的目的

测绘技术总结是在测绘任务完成后，对测绘技术设计文件和技术标准、规范等的执行情况，技术设计方案实施中出现的主要技术问题和处理方法，成果（或产品）质量、新技术的应用等进行分析研究、认真总结，并作出客观描述和评价。测绘技术总结为用户（或下工序）对成果（或产品）的合理使用提供方便，为测绘单位持续质量改进提供依据，同时也为测绘技术设计、有关技术标准、规定的制定提供资料。测绘技术总结是与测绘成果（或产品）有直接关系的技术性文件，是长期保存的重要技术档案。其目的主要有

（1）进一步整理已完成的作业成果，使其更加完备、准确和系统化。

（2）对成果成图和各项资料加以说明和鉴定，便于各有关部门利用。

（3）为生产和科学研究提供有关数据与资料。

（4）通过总结经验，吸取教训，进一步提高作业的技术水平和理论水平。

测绘技术总结分项目总结和专业技术总结。专业技术总结是测绘项目中所包含的各测绘专业活动在其成果（或产品）检查合格后，分别总结撰写的技术文档。项目总结是一个测绘项目在其最终成果（或产品）检查合格后，在各专业技术总结的基础上，对整个项目所作的技术总结。对于工作量较小的项目，可根据需要将项目总结和专业技术总结合并为项目总结。本任务主要介绍专业技术总结的相关内容。

二、技术总结编写的主要依据

（1）测绘任务书或合同的有关要求，顾客书面要求或口头要求的记录，市场的需求或期望。

（2）测绘技术设计文件、相关的法律、法规、技术标准和规范。

（3）测绘成果（或产品）的质量检查报告。

（4）适用时，以往测绘技术设计、测绘技术总结提供的信息以及现有生产过程和产品的质量记录和有关数据。

（5）其他有关文件和资料。

三、技术总结编写的程序和方法

（1）在控制测量、碎部测量工作结束后，作业单位应分别编写外业技术总结和内业技术总结，并随成果、成图资料一并呈交验收单位。

（2）技术总结应以工程项目为单位，按专业分别编写。

（3）综合性的作业单位一般按专业编写，当作业量不太大和工作性质简单时，也可编写综合性的技术总结。

（4）编写技术总结必须广泛收集资料，进行综合分析，作业单位认为有必要时，可以规定其所属队（室）或作业组按统一要求编写技术报告或技术总结，作为单位编写技术总结的原始资料。

四、专业技术总结的主要内容

1. 概　述

（1）测绘项目的名称、专业测绘任务的来源；专业测绘任务的内容、任务量和目标，产品交付与接收情况等。

（2）计划与实际完成情况、作业率的统计。

（3）作业区概况和已有资料的利用情况。

2. 技术设计执行情况

（1）说明专业活动所依据的技术性文件，内容包括专业技术设计书及其有关的技术设计更改文件，必要时也包括本测绘项目的项目设计书及其设计更改文件；有关的技术标准和规范。

（2）说明和评价专业技术活动过程中，专业技术设计文件的执行情况，并重点说明专业测绘生产过程中，专业技术设计书的更改情况（包括专业技术设计更改内容、原因的说明等）。

（3）描述专业测绘生产过程中出现的主要技术问题和处理方法、特殊情况的处理及其达到的效果等。

（4）当作业过程中采用新技术、新方法、新材料时，应详细描述和总结其应用情况。

（5）总结专业测绘生产中的经验、教训（包括重大的缺陷和失败）和遗留问题，并对今后生产提出改进意见和建议。

3. 测绘成果（或产品）质量情况

说明和评价测绘成果（或产品）的质量情况（包括必要的精度统计）、产品达到的技术指标，并说明测绘成果（或产品）的质量检查报告的名称和编号。

4. 上交测绘成果（或产品）和资料清单

说明上交绘成果（或产品）和资料的主要内容和形式，主要包括

（1）测绘成果（或产品）：说明其名称、数量、类型等，当上交成果的数量或范围有变化时需附上交成果分布图。

（2）文档资料：专业技术设计文件、专业技术总结、检查报告，必要的文档薄（图历薄）以及其他作业过程中形成的重要记录。

（3）其他须上交和归档的资料。

数字测图技术总结示例请参考附录二。

微课视频：6-4　大比例尺数字测图
技术总结

专业规范 6-5　《测绘技术总结编写规定》
（CH T 1001-2005）

【项目小结】

本项目主要介绍了大比例尺数字地形图的质量要求、数字测图质量控制方法、数字地形图的质量检查与验收，以及数字测图项目成果检查与评定、技术总结等。通过本项目的学习，应该掌握大比例尺数字地形图的质量要求和生产中的质量控制、数字地形图检查与验收的方法，以及数字测图项目技术总结的编写方法。

一、单项选择题

1. 测绘产品的检查验收实行二级检查一级验收制度，其中最终检查通常是由（　　　）完成。

    A. 生产单位的作业部门　　　　　　B. 生产单位质量检查部门

    C. 作业小组　　　　　　　　　　　D. 任务的委托方

2. 测绘产品的检查验收实行二级检查一级验收制度，通常采用抽样检查，而不采用全数检查的是（　　　）。

    A. 过程检查　　　　　　　　　　　B. 最终检查

    C. 验收　　　　　　　　　　　　　D. 成果汇交

3. 以下不属于验收工作程序的是（　　　）。

    A. 组成批成果　　　　　　　　　　B. 确定样本量

    C. 填写过程检查记录　　　　　　　D. 抽取样本

4. 单位成果质量等级分为（　　　）级。

    A. 2　　　　　　　　　　　　　　B. 3

    C. 4　　　　　　　　　　　　　　D. 5

5. 测绘技术总结分为（　　　）和专业技术总结。

    A. 项目总结　　　　　　　　　　　B. 测绘项目技术设计

    C. 测绘成果质量说明　　　　　　　D. 测绘成果质量评价

二、多项选择题

1. "概查"是指对单位成果质量要求的特定检查项的检查，这个"特定检查项"一般指（　　　）。

    A. 重要的、特别关注的质量要求或指标

    B. 出现系统性的偏差、错误的检查项

    C. 偶然性的注记错误

    D. 符号压盖

2. 检验报告内容包括检验工作概况、受检成果概况、（　　　）、质量统计及质量描述、附件等 8 项。

    A. 检验依据　　　　　　　　　　　B. 抽样情况

    C. 检查内容与方法　　　　　　　　D. 主要质量问题及处理

3. 抽样情况主要包括（　　　）。

    A. 抽样依据　　　　　　　　　　　B. 抽样方法

    C. 样本数量　　　　　　　　　　　D. 坐标系统

4. 受检成果概况主要内容包括来源、测区位置、生产单位、（　　　）、批量等。

    A. 单位资质等级　　　　　　　　　　B. 生产日期

    C. 生产方式　　　　　　　　　　　　D. 成果形式

5. 检验工作概况主要包括检验时间、检验地点、（　　　）等。

    A. 检验方式　　　　　　　　　　　　B. 检验人员

    C. 检验的软硬件设备　　　　　　　　D. 交通及气候状况

三、判断题

1. 过程检查是在作业组（人员）自查互检的基础上，按相应的技术标准、技术设计书和有关的技术规定所进行的全面检查。（　　　）

2. 批成果应由相同技术条件要求下生产的同一测区、同一比例尺单位成果集合组成，当检验批划分为多个批次检验时，各批次分别进行质量检验和批成果质量判定。（　　　）

3. 没有通过过程检查的单位成果，就能进行最终检查。（　　　）

4. 测绘技术总结是长期保存的重要技术档案。（　　　）

5. 地形图质量检查应该抽样检查，返工后可以不检查直接通过。（　　　）

四、简答题

1. 数字地形图的质量特性有哪些？

2. 与传统测图相比，数字测图的内业质量控制有哪些特点？

3. 数字测图成果质量检查与验收包括哪些内容？

4. 简述数字测图成果质量评定的方法。

5. 试述检查报告、验收报告和技术总结的编写内容。

请同学们扫描以下二维码，获取课后习题答案。

课后习题答案 6

【课堂测验】

请同学们扫描以下二维码，完成本项目课堂测验。

课堂测验 6

本项目主要讲述了基本地图要素属性查询、纵横断面图的绘制方法、三角网法及网格法计算挖填方量、由图面信息生成数据文件等数字地形图在工程建设中的应用内容。基于南方 CASS 9.0 地形地籍成图软件进行工程实例讲解，详细介绍了操作方法及流程，通过实际具体工程项目的训练，使所学理论、方法和技能得以应用，掌握数字地形图在工程中的常用方法。

学习目标

通过本项目的学习，应熟练掌握数字地形图中基本要素的查询方法，能熟练绘制纵横断面图，熟练计算挖填方量，会根据图面信息生成数据文件。在实践操作上，能熟练运用南方 CASS 9.0 软件中【工程应用】菜单中的各项功能完成实际的工程任务。

内容分解

项目	重难点	任务	学习目标	主要内容
数字地形图的应用	地形图要素查询的内容及方法。断面图绘制和土方量计算的常见方法	任务一　地形图要素的属性查询	掌握地形图要素查询的主要方法	查询指定点坐标；查询两点间的距离及方位；查询曲线线长；查询投影面积；查询实体表面积
		任务二　纵横断面图的绘制及图数转换	掌握断面图绘制的几种方法，理解图数转换	根据已知坐标绘制断面图；根据里程文件绘制断面图；根据等高线绘制断面图；图数转换
		任务三　土石方工程量的计算	掌握土石方量计算的几种方法	DTM 法土石方工程量计算；方格网法土石方工程量计算；断面法土石方工程量计算；两期间填挖土石方工程量计算

地形图的基本几何要素主要包括点的坐标、两点间距离和方位角、曲线的长度、区域的投影面积和表面积等。利用数字地形图，可以很方便地提取指定点的坐标和高程、线段长度和方位、指定区域的投影面积和表面积等数据。根据数字地形图所提取的上述信息，比纸质图上计算出来的精度要高，计算量要小，随着传统的纸质图已被数字地形图取代，这些方法成了必须掌握的基本技能。

一、查询指定点坐标

(一) 原 理

如图 7-1 所示，欲在地形图上求出 A 点的坐标时，先通过 A 点在地形图的坐标格网上作平行于坐标格网的平行线 mn、ef，然后按测图比例尺量出 mA 和 eA 的长度，则 A 点的平面坐标为

$$\left. \begin{array}{l} x_A = x_a + mA \\ y_A = x_a + eA \end{array} \right\} \tag{7-1}$$

式中 x_A、y_A——A 点所在方格西南角点的坐标。

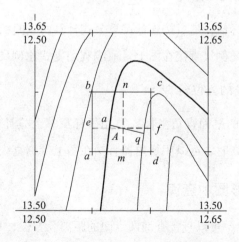

图 7-1 图上量取点的空间坐标

如果 A 点恰好位于图上某一条等高线上，则 A 点的高程与该等高线相同。若 A 点位于两等高线之间，则可通过 A 点画一条垂直于相邻两等高线的线段 pq，则 A 点的高程为

$$H_A = H_q + \frac{qA}{qp}h \qquad\qquad (7\text{-}2)$$

式中　H_q——通过 m 点的等高线上的高程；

　　　h——等高距。

由此可见，在纸质地形图上容易确定 A 点的空间坐标（x_A，y_A，H_A），但量取的空间坐标的精度会受到比例尺大小、图纸伸缩变形等因素的影响。若需要量测大量点位的坐标时，此法的应用速度较慢。

（二）在数字地形图中查询

在南方 CASS 9.0 软件中，可以直接查询指定点坐标，具体操作方法如下。

执行【工程应用】菜单→【查询指定点坐标】，然后用鼠标点取所要查询的点即可显示指定点的坐标。也可以进入点号定位方式，再输入要查询的点号。

系统左下角状态栏显示的坐标是笛卡儿坐标系中的坐标，与测量坐标系的 X 和 Y 的顺序相反。用此功能查询时，系统在命令行给出的 X、Y 是测量坐标系的坐标值。

二、查询两点间的距离及方位

（一）原　理

1. 量测（算）两点间的距离

分别量取两点的坐标值，然后按坐标反算公式计算两点间的距离。当量测距离的精度要求不高时，可以用比例尺直接在图上量取或利用复式比例尺量取两点间的距离。

2. 量测（算）直线的方位角

先量取直线两端点的平面直角坐标，再用坐标反算公式计算出该直线的坐标方位角。当量测精度要求不高时，可以用量角器直接在图上量测直线的坐标方位角。

（二）在数字地形图中查询

在南方 CASS 9.0 中，可以直接查询两点间的距离及方位，具体操作方法如下：

执行【工程应用】菜单→【查询两点距离及方位】，然后用鼠标分别点取所要查询的两个点即可显示这两个点间距离和方位。也可以进入点号定位方式，再输入两点的点号。在南方 CASS 9.0 中，所显示的两点间的距离为实地距离和方位角。

三、查询曲线线长

（一）原　理

对于任意一条曲线，要计算其长度，如图 7-2 所示，是将该线从起点开始，用指定的步长沿过该点的切线方向分割该线，直到剩下线段长度 a 小于 m 为止。这样曲线的总长 $L = m \times n + a$（n 为步长 m 的整倍数）。显然，用这种方法计算出的曲线长度，与步长 m 的大小有关，m 越小，计算出的曲线长度越精确。

图 7-2　任意曲线长度计算

（二）在数字地形图中查询

利用南方 CASS 9.0 查询时，执行【工程应用】下拉菜单→【查询线长】菜单项，系统提示"选择对象"，选择要查询线长的对象，即可显示所查询线长。

四、查询投影面积

（一）原　理

在地形图上量算面积是地形图应用的一项重要内容。量算面积的方法主要有坐标解析法、几何图形法、网点法、求积仪法等。其中，坐标解析法量算面积的精度较高，这里仅介绍坐标解析法。

坐标解析法是根据图块边界轮廓点的坐标计算其面积的方法。如图 7-3 所示，设 1、2、3、…、n 为任意多边形，1、2、3、…、n 按顺时针方向排列，在测量坐标系中，其顶点的坐标分别为 (x_1, y_1)、(x_2, y_2)、…、(x_n, y_n)，则多边形的面积为

$$S = \frac{1}{2} \sum_{i=1}^{n} (x_i + x_{i+1})(y_{i+1} - y_i) \tag{7-3}$$

式中　n——多边形顶点的个数，$x_{n+1} = x_1$，$y_{n+1} = y_1$。

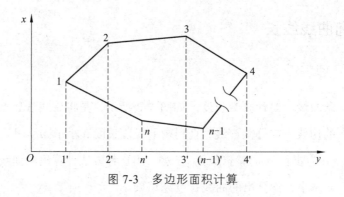

图 7-3　多边形面积计算

（二）在数字地形图中查询

在南方 CASS 9.0 中，可以直接查询实体线长及实体面积，具体操作方法如下。

执行【工程应用】菜单→【查询实体面积】，系统提示"（1）选取实体边线（2）点取实体内部点[注记设置（S）]<1>"，然后根据相应提示可查询出实体的面积。要注意查询实体应该是闭合的。这项功能针对的是查询单个实体的面积。

五、查询实体表面积

（一）原　理

在实际工作中，除了计算投影面积之外，有时还需要计算表面积。表面积的计算可以采用三角网法，分别计算每一个空间三角形的面积，各三角形面积之和即为表面积。要计算如图 7-4 所示区域的表面积，可分别反算每个三角形的边长，再按海伦公式计算其面积，即为实地该三点所围成的表面积。将待计算区域内每个空间三角形的面积累加起来，就是该区域的表面积。

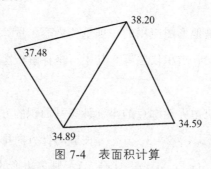

图 7-4　表面积计算

（二）在数字地形图中查询

先将待计算表面积区域边界上的高程点连一条封闭的复合线，然后执行"工程应用【菜单】→【计算表面积】"子菜单，用鼠标点取该边界线即可。要注意实体必须是封闭的区域。

在修建铁路、公路、渠道、管线等线路工程时，选好线路后，都要了解沿线路中心线方向和垂直于线路中心线方向的地形变化情况，作为线路设计的依据，这些地形变化的资料可以用纵横断面图来反映。绘制的断面图水平方向为里程，垂直方向为高程。断面图能详细地表示沿线的地形起伏变化，是计算挖填方量、坡度设计等的重要资料。

在南方 CASS 9.0 软件中，断面图的绘制有以下方法：根据已知坐标生成、根据里程文件生成、根据等高线生成等，如图 7-5 所示。

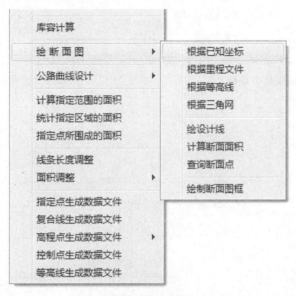

图 7-5　断面图的绘制方法

一、根据已知坐标绘制断面图

坐标数据文件指野外观测得到的包含高程点的数据文件。首先在数字地图上用复合线画出断面方向线。在 CASS 9.0 中，执行【工程应用】菜单→【绘断面图】→【根据坐标文件】命令；根据命令行提示："选择断面线"，用鼠标点取复合线，弹出"断面线上取值"对话框，如图 7-6 所示。在对话框中，选择"由数据文件生成"，单击"…"按钮。弹出"输入高程点数据文件名"对话框，选择高程点数据文件后，返回"断面线上取值"对话框。输入采样点间距（系统的默认值为 20 m）、起始里程（系统的默认值为 20 m）等信息，单击【确定】按钮，系统弹出"绘制纵断面图"对话，如图 7-7 所示，输入横向比例和纵向比例，指定断面图绘制的位置；还可以选择是否绘制平面图、标尺、标注及一些关于注记的设置。

点击【确定】后，系统自动在屏幕绘图区绘制断面图，如图 7-8 所示。

图 7-6 "断面线上取值"对话框

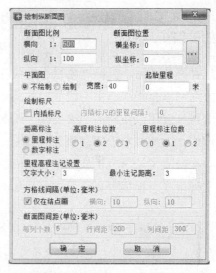

图 7-7 "绘制纵断面"对话框

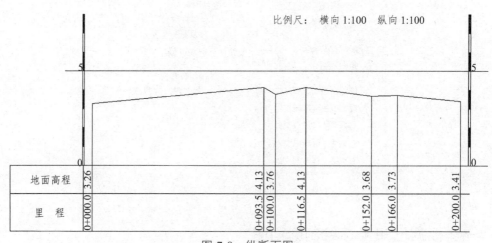

图 7-8 纵断面图

二、根据里程文件绘制断面图

一个里程文件可包含多个断面的信息,此时绘断面图就可一次绘出多个断面。里程文件的一个断面信息内允许有该断面不同时期的断面数据,这样绘制这个断面时就可以同时绘出实际断面线和设计断面线。

执行【工程应用】菜单→【绘制断面图】→【根据里程文件】命令,弹出"输入断面里程数据文件名"对话框,输入断面里程文件名,点击【确定】按钮后,弹出"绘制断面图"对话框,如图 7-7 所示,在对话框中,输入横向比例和纵向比例,指定断面图绘制位置,点击【确定】后,系统自动在屏幕绘图区绘制断面图。

三、根据等高线绘制断面图

如果图面存在等高线，则可以根据断面线与等高线的交点来绘制纵断面图。首先在等高线图上用复合线画出断面方向线。在 CASS 9.0 中，执行【工程应用】→【绘断面图】→【根据等高线】命令，命令行提示："请选取断面线"，用鼠标选取要绘制断面图的复合线；弹出"绘制纵断面图"对话框，后面的操作方法与前面绘制断面图相同。

四、根据三角网绘制断面图

如果图面存在三角网，则可以根据断面线与三角网的交点来绘制纵断面图。首先在三角网图上用复合线画出断面方向线。在 CASS 9.0 中，执行【工程应用】→【绘断面图】→【根据三角网】命令，命令行提示："请选取断面线"，用鼠标选取复合线；弹出"绘制纵断面图"对话框，后面的操作方法与前面绘制断面图相同。

请扫描如下微课视频学习断面图绘制方法，并下载数据绘制断面图（分别依据断面里程文件和坐标数据文件）。

微课视频：7-1　断面图的绘制 1

微课视频：7-2　断面图的绘制 2

数据资料：7-1　断面里程文件

数据资料：7-2　坐标数据文件

五、图数转换

1. 生成坐标数据文件

（1）指定点生成数据文件。

执行【工程应用】→【指定点生成数据文件】命令，弹出需要"输入坐标数据文件名"对话框，指定保存路径和坐标数据文件名后，单击【保存】按钮。命令行提示：

"指定点"，用鼠标点取图上需要生成坐标数据的点；

"地物代码"，输入地物代码，如房屋为 F0 等；

"高程<0.000>"，输入指定点的高程。

"测量坐标系：X = 31.121 m Y = 53.211 m Z = 0.000 m Code：111111"，此提示为系统自动给出；

"请输入点号：<9>"默认的点号是由系统自动追加，也可以自己输入；

"是否删除点位注记？（Y/N）<N>"，默认不删除点位注记。

至此，一个点的坐标数据文件已生成，再依次点取图上其他点。

（2）高程点生成数据文件。

执行【工程应用】→【高程点生成数据文件】→【有编码高程点】（或无编码高程点、无编码水深点、海图水深注记、图块生成数据文件），弹出"输入数据文件名"的对话框，指定保存路径和坐标数据文件名后，单击【保存】按钮。命令行提示：

"请选择：（1）选取高程点的范围（2）直接选取高程点或控制点<1>"，选择获得高程点的方法，系统的默认设置为选取高程点的范围（1）。

"请选取建模区域边界"，点取复合线（本方法需要事先用复合线圈出等高线的范围）

如果选择"（2）直接选取高程点或控制点"，命令行提示："选择对象"，用鼠标点取要选取的点。

如果选择无编码高程点生成数据文件，则首先要保证高程点和高程注记必须各自在同一层中（高程点和注记可以在同一层），执行该命令后命令行提示：

"请输入高程点所在层"，输入高程点所在的层名；

"请输入高程注记所在层<直接回车取高程点实体 Z 值>"，输入高程注记所在的层名；

"共读入 X 个高程点"，有此提示时表示成功生成了数据文件。

如果选择无编码水深点生成数据文件，则首先要保证水深高程点和高程注记必须各自在同一层中（水深高程点和注记可以在同一层），执行该命令后命令行提示：

"请输入水深点所在图层"，输入高程点所在的层名；

"共读入 X 个水深点"，有该提示时表示成功生成了数据文件。

（3）控制点生成数据文件。

执行【工程应用】菜单→【控制点生成数据文件】，弹出"输入数据文件名"的对话框，以保存数据文件。命令行提示：

"共读入×××个控制点"。

（4）等高线生成数据文件。

执行【工程应用】菜单→【等高线生成数据文件】，弹出"输入数据文件名"的对话框，来保存数据文件。命令行提示：

"请选择：（1）处理全部等高线结点（2）处理滤波后等高线结点<1>"（等高线滤波后结点数会少很多，这样可以缩小生成数据文件的大小），任意选择一项执行完后，系统自动分析图上绘出的等高线，将所在结点的坐标记入第一步给定的文件中。

（5）复合线生成数据文件。

执行【工程应用】菜单→【复合线生成数据文件】，命令行提示：

"选择对象:"，选择完对象后，命令行提示"请输入坐标小数位数<3>"，根据需要响应后，命令行提示"请输入高度小数位数<3>"，根据需要响应后，命令行提示"是否在多段线上注记点号（1）是，（2）否<1>:"根据需要响应后，操作完成。

2. 交换文件

CASS 为用户提供了多种文件形式的数字地图，除 AutoCAD 的*.DWG 文件外，还提供了 CASS 本身定义的数据交换文件（后缀为*.CAS）。这为用户的各种应用带来了极大的方便。DWG 文件一般方便于用户做各种规划设计和图库管理，CAS 文件方便于用户将数字地图导入 GIS。由于 CAS 文件是全信息的，因此在经过一定的处理后便可以将数字地图的所有信息毫无遗漏地导入 GIS。CAS 文件的数据格式是公开的，用户很容易根据自己的 GIS 平台的文件格式开发出相应的转换程序。

CASS 的数据交换文件也为用户的其他数字化测绘成果进入 CASS 系统提供了方便之门。CASS 的数据交换文件与图形的转换是双向的，它的操作菜单中提供了这种双向转换的功能，即"生成交换文件"和"读入交换文件"。这就是说，不论用户的数字化测绘成果是以何种方法、何种软件、何种工具得到的，只要能转换为（生成）CASS 系统的数据交换文件，就可以将它导入 CASS 系统，就可以为数字化测图工作利用。另外，CASS 系统本身的"简码识别"功能就是把从电子手簿传过来的简码坐标数据文件转换成 CAS 交换文件，然后用"绘平面图"功能读出该文件而实现自动成图的。

（1）生成交换文件。

执行【数据处理】→【生成交换文件】，弹出"输入 CASS 交换文件名"对话框，指定保存路径和交换文件名后，单击【保存】按钮，命令行提示:"正在处理 0 层……"，操作完成。可用【编辑】菜单→"编辑文本"命令查看生成的交换文件。

（2）读入交换文件。

执行【数据处理】菜单→【读入交换文件】，如当前图形还没有设定比例尺，命令行会提示用户输入比例尺，完成后，弹出"输入 CASS 交换文件名"对话框，指定保存路径和交换文件名后，单击【打开】按钮，系统开始逐行读出交换文件的各图层、各实体的各项空间或非空间信息并将其画出，同时，各实体的属性代码也被加入。执行完成后，命令行提示:"绘图完毕!"

读入交换文件将在当前图形中插入交换文件中的实体，因此，如不想破坏当前图形，应在此之前打开一幅新图。

在工程建设中，经常涉及应用地形图进行挖填方量的计算，这实际是一个体积计算问题。由于各种工程建设类型的不同，地形复杂程度也不相同，因此需要计算体积的形体是复杂多样的，所采用的计算方法也各有不同。

一、DTM 法土石方工程量计算

由 DTM 模型来计算土石方工程量是根据实地测定的地面点坐标（X, Y, Z）和设计高程，通过生成三角网来计算每一个三棱锥的填挖方量，最后累计得到指定范围内填方和挖方的土石方工程量，并绘出填挖方分界线。

DTM 法土方计算共有 3 种方法：根据坐标文件、根据图上高程点和根据图上三角网。前两种算法包含重新建立三角网的过程，第 3 种方法直接采用图上已有的三角网，不再重建三角网。

1. 根据坐标文件

用复合线画出所要计算土方的区域，一定要闭合，但是尽量不要拟合。因为拟合过的曲线在进行土方计算时会用折线迭代，影响计算结果的精度。

（1）用复合线在需要计算挖填方量的区域画出闭合线（注意不要拟合），作为边界线。

（2）执行【工程应用】→【DTM 法土方计算】→【根据坐标文件】命令项。

（3）根据命令行提示选择边界线，弹出"DTM 土方计算参数设置"，如图 7-9 所示，设置好平场标高、边界采样间距、边坡设置等参数后，点击【确定】；系统绘制三角网，并弹出"AutoCAD 信息"对话框，显示出填、挖方量值，如图 7-10，点击【确定】按钮。

图 7-9 "DTM 土方计算参数设置"

图 7-10 填、挖方量显示

（4）根据命令行提示，指定表格左下角位置，屏幕即显示计算结果，如图7-11所示。

三角网法土石方计算

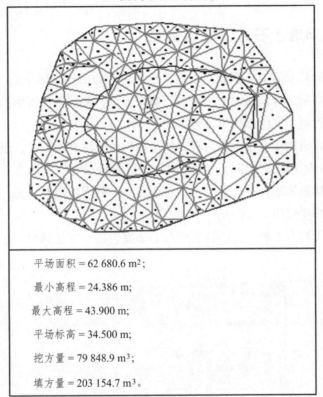

平场面积 = 62 680.6 m²；

最小高程 = 24.386 m；

最大高程 = 43.900 m；

平场标高 = 34.500 m；

挖方量 = 79 848.9 m³；

填方量 = 203 154.7 m³。

图 7-11　DTM 法土石方计算

2. 根据图上高程点计算

（1）展绘全部高程点，然后用复合线在需要计算挖填方量的区域画出闭合线（注意不要拟合），作为边界线。

（2）执行【工程应用】→【DTM 法土方计算】→【根据图上高程点】命令项。其他操作同根据坐标文件计算，在此不再赘述。

3. 根据图上三角网计算

对已经生成的三角网进行必要的添加和删除，使结果更接近实际地形。

（1）执行【工程应用】→【DTM 法土方计算】→【根据图上三角网】命令项。

（2）根据命令行提示，输入平场标高值。

（3）根据命令行提示，用鼠标在图上选取三角形，可以逐个选取也可拉框批量选取。选完三角形后，弹出"AutoCAD 信息"对话框，显示出填、挖方量值，同时图上绘出所分析的三角网、填挖方的分界线（黑色线条），点击【确定】按钮完成操作。

注意：用此方法计算土石方工程量时不要求给定区域边界，因为系统会分析所有被选取的三角形，因此在选择三角形时一定要注意不要漏选或多选，否则计算结果有误，且很难检查出问题所在。

二、方格网法土石方工程量计算

由方格网来计算土石方工程量是根据实地测定的地面点坐标（X，Y，Z）和设计高程，通过生成方格网来计算每一个方格内的填挖方量，最后累计得到指定范围内填方和挖方的土石方工程量，并绘出填挖方分界线。

系统首先将方格的 4 个角上的高程相加（如果角上没有高程点，通过周围高程点内插得出其高程），取平均值与设计高程相减。然后通过指定的方格边长得到每个方格的面积，再用长方体的体积计算公式得到填挖方量。方格网法简便直观，易于操作，因此该方法在实际工作中应用非常广泛。

方格网法算土石方工程量，设计面可以是平面，也可以是斜面，还可以是三角网，如图 7-12 所示。

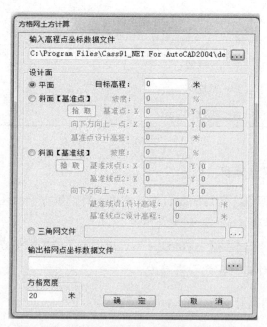

图 7-12　方格网土方计算对话框

1. 设计面是平面时的操作步骤

用复合线画出所要计算土方的区域，一定要闭合，但是尽量不要拟合。因为拟合过的曲线在进行土方计算时会用折线迭代，影响计算结果的精度。

（1）执行【工程应用】→【方格网法土方计算】命令项。命令行提示："选择计算区域边界线"；选择土方计算区域的边界线（闭合复合线）。

（2）屏幕上将弹出"方格网土方计算"对话框，如图7-12所示，在对话框中选择所需的坐标文件；在"设计面"栏选择"平面"，并输入目标高程；在"方格宽度"栏，输入方格网的宽度，这是每个方格的边长，默认值为20 m。由原理可知，方格的宽度越小，计算精度越高。但如果给的值太小，超过了野外采集的点的密度也是没有实际意义的。

（3）点击"确定"，命令行提示：

"最小高程＝××.×××，最大高程＝××.×××"；

"请确定方格起始位置：<缺省位置>"；

"总填方＝××××.×立方米，总挖方＝×××.× 立方米"；

执行完成后，图上绘出所分析的方格网，填挖方的分界线（绿色折线），并给出每个方格的填挖方，每行的挖方和每列的填方。

2. 设计面是斜面时的操作步骤

设计面是斜面时，操作步骤与平面的基本相同，区别在于在方格网土方计算对话框中"设计面"栏中，选择"斜面【基准点】"或"斜面【基准线】"。

如果设计的面是斜面（基准点），需要确定坡度、基准点和向下方向上一点的坐标，以及基准点的设计高程。

点击"拾取"，命令行提示：

"点取设计面基准点："，确定设计面的基准点；

"指定斜坡设计面向下的方向："，点取斜坡设计面向下的方向。

如果设计的面是斜面（基准线），需要输入坡度并点取基准线上的两个点以及基准线向下方向上的一点，最后输入基准线上两个点的设计高程即可进行计算。

点击"拾取"，命令行提示：

"点取基准线第一点："，点取基准线的一点；

"点取基准线第二点："，点取基准线的另一点；

"指定设计高程低于基准线方向上的一点："，指定基准线方向两侧低的一边。

执行完成后，屏幕上显示出绘制结果。

3. 设计面是三角网文件时的操作步骤

选择设计的三角网文件，点击"确定"，即可进行方格网土方计算。三角网文件由"等高线"菜单生成。

三、断面法土石方工程量计算

断面法土方计算主要用在公路土方计算和区域土方计算，对于特别复杂的地方可以用任意断面设计方法。断面法土方计算主要有道路断面、场地断面和任意断面 3 种计算土石方工程量的方法。下面介绍道路断面法的土石方计算。

1. 生成里程文件

里程文件用离散的方法描述了实际地形。接下来的所有工作都是在分析里程文件的数据后才能完成的。

执行【工程应用】→【生成里程文件】，CASS 9.0 提供了 5 种生成里程文件的方法，如图 7-13 所示。

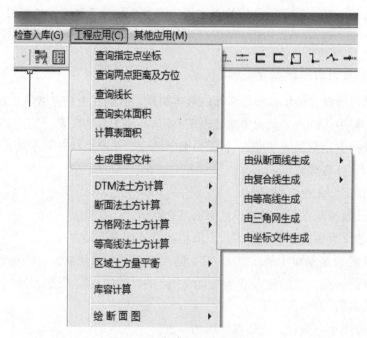

图 7-13　生成里程文件菜单

（1）由纵断面生成。

CASS 9.0 综合了以前版本由图面生成和由纵断面生成两者的优点。在生成的过程中充分体现灵活、直观、简捷的设计理念，将图纸设计的直观和计算机处理的快捷紧密结合在一起。

在使用生成里程文件之前，要事先用复合线绘制出纵断面线。

执行【工程应用】→【生成里程文件】→【由纵断面生成】→【新建】，命令行提示：

"请选取纵断面线:"，用鼠标点取所绘纵断面线，弹出"由纵断面生成里程文件"对话框，如图 7-14 所示。

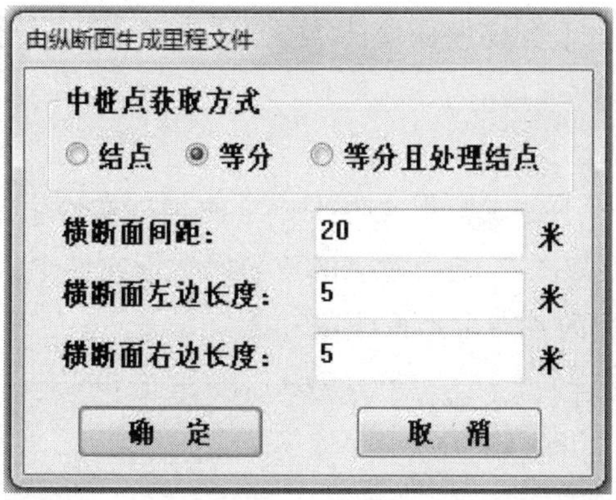

图 7-14 "由纵断面生成里程文件"对话框

中桩点获取方式：结点表示结点上有断面通过；等分表示从起点开始用相同的间距；等分且处理结点表示用相同的间距且考虑不在整数间距上的结点。

横断面间距：两个断面之间的距离，此处输入 20；

横断面左边长度：输入大于 0 的任意值，此处输入 15；

横断面右边长度：输入大于 0 的任意值，此处输入 15。

选择其中的一种方式后则自动沿纵断面线生成横断面线。

（2）由复合线生成。

这种方法用于生成纵断面的里程文件。它从断面线的起点开始，按间距次记下每一交点在纵断面线上离起点的距离和所在等高线的高程。

（3）由等高线生成。

这种方法只能用来生成纵断面的里程文件。它从断面线的起点开始，处理断面线与等高线的所有交点，依次记下每一交点在纵断面线上离起点的距离和所在等高线的高程。

在图上绘出等高线，再用复合线绘制纵断面线（可用 PL 命令绘制）。

执行【工程应用】→【生成里程文件】→【由等高线生成】命令项，命令行提示：

"请选取断面线："，用鼠标点取所绘纵断面线；屏幕上弹出"输入断面里程数据文件名"对话框，选择断面里程数据文件。这个文件将保存生成的里程数据。

点击【保存】按钮后，命令行提示：

"输入断面起始里程：<0.0>"，如果断面线起始里程不为 0，在这里输入。回车，里程文件生成完毕。

（4）由三角网生成。

这种方法只能用来生成纵断面的里程文件。它从断面线的起点开始，处理断面线与三角网的所有交点，依次记下每个交点在纵断面线上离起点的距离和所在三角形的高程。

在图上生成三角网，再用轻量复合线绘制纵断面线（可用 PL 命令绘制）。

执行【工程应用】→【生成里程文件】→【由三角网生成】，其他操作同等高线的生成。

（5）由坐标文件生成。

执行【工程应用】→【生成里程文件】→【由坐标文件生成】，弹出"由坐标文件生成里程文件"对话框，如图7-15所示。注意简码数据文件中，各点应按实际的道路中线点顺序，而同一横断面的各点可不按顺序。

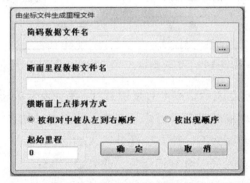

图7-15 "由坐标文件生成里程文件"对话框

完成相关设置，点击【确定】按钮，生成所需里程文件。

2. 选择土方计算类型

执行【工程应用】→【断面法土方计算】→【道路断面】，弹出"断面设计参数"对话框，如图7-16所示，道路断面的初始参数都可以在这个对话框中进行设置的。

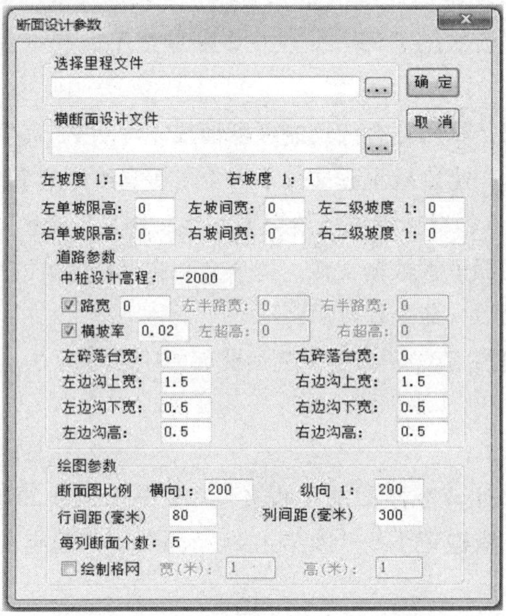

图7-16 "断面设计参数"对话框

3. 给定计算参数

在"断面设计参数"对话框中，输入道路的各种参数。

（1）"选择里程文件:"，点击确定"**...**"按钮，出现"选择里程文件名"的对话框。选定第一步生成的里程文件。

（2）"横断面设计文件:"，横断面的设计参数可以事先写入到一个文件中，道路设计参数设置中各个选项的含义详见《CASS 9.0 参考手册》。

如果不使用道路设计参数文件，则在"断面设计参数"对话框中把实际设计参数填入各相应的位置。注意：单位均为米。点"确定"按钮后，弹出"绘制纵断面图"对话框，如图 7-17 所示。完成相关参数设置后，系统根据给定的比例尺，在图上绘出道路的纵断面，至此，图上已绘出道路的纵断面图及每个横断面图。

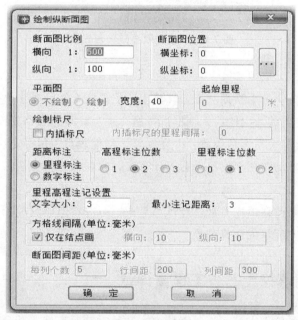

图 7-17 "绘制纵断面图"对话框

实际上，有些断面的设计高程可能和其他的不一样，这样就需要手工编辑这些断面。

（3）如果生成的部分设计断面参数需要修改，执行【工程应用】→【断面法土方计算】→【修改设计参数】命令项，命令行提示：

"选择断面线"，这时可用鼠标点取图上需要编辑的断面线，选设计线或地面线均可。选中后弹出"设计参数输入"对话框，可以非常直观地修改相应参数。

修改完毕后点击"确定"按钮，系统取得各个参数，自动对断面图进行重算。

（4）如果生成的部分实际断面线需要修改，执行【工程应用】→【断面法土方计算】→【编辑断面线】命令项，命令行提示：

"选择断面线"，这时可用鼠标点取图上需要编辑的断面线，选设计线或地面线均可

（但编辑的内容不一样）。选中后弹出"修改断面线"对话框，如图7-18所示，可以直接对参数进行编辑。

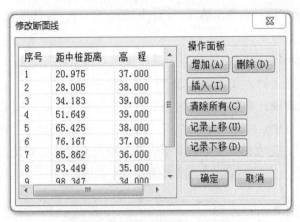

图7-18 "修改断面线"对话框

4. 计算工程量

执行【工程应用】→【断面法土方计算】→【图面土方计算】命令，命令行提示："选择要计算土方的断面图："，拖框选择所有参与计算的道路横断面图。

"指定土石方计算表左上角位置："，在屏幕适当位置点击鼠标定点。

执行后，系统自动在图上绘出土石方计算表，并在命令行提示：

"总挖方＝××××立方米，总填方＝××××立方米"。

至此，该区段的道路填挖方量已经计算完成，可以将道路纵横断面图和土石方计算表打印出来，作为工程量的计算结果。

四、两期间填挖土石方工程量计算

两期间填挖方量是指在某一施工区域内，在某时刻地表处于某形态，经过一段时间的施工，地表变成了另一个形态，在此过程中，原来高的地方可能被挖低，原来低的地方可能被填高，现要计算在这个期间，施工区域内的挖填方量。两期间的土方计算，常见的是开挖前至开挖后的土方计算，第一期测量为开挖前原始地形的测量，第二期测量为开挖后新地貌的测量，通过两次测量，形成两个地面高程点数据文件，就可以计算出两期的挖方量和填方量。

在南方CASS 9.0地形地籍成图软件中，执行【工程应用】→【DTM法土方量计算】→【计算两期间土方】命令，可完成两期间土方计算，其方法如下。

（1）准备原地貌高程点数据文件和开挖后形成的新地貌的高程点数据文件。

（2）根据高程点数据文件，分别构建原始地貌的不规则三角网、开挖后形成的新地貌对应的不规则三角网，分别保存为两个三角网数据文件。

（3）运行"计算两期间土方"功能，根据提示分别指定第一期三角网对应的数据文件和第二期三角网对应的数据文件。

（4）输出计算结果。

完成上述步骤后，CASS 9.0 软件在屏幕上只显示挖填方量计算结果，不显示计算的详细数据。计算完后，在与三角网文件相同的文件夹下生成 dtmtf.log 文件，里面包括 DTM 方法计算每个三角形的顶点三维坐标及该三角形范围内的填方、挖方结果，可以将其导入到 Excel 中编辑、打印并作为正式成果提交。

微课视频：7-3　土方量的计算

数据资料：7-3　断面法土方量计算数据

数据资料：7-4　方格网法土方量计算数据

数据资料：7-5　DTM 法土方量计算数据

【项目小结】

数字地形图是制定规划、设计，进行工程建设的重要依据和基础资料。本项目重点讲述了数字地形图中基本地图要素的属性查询、纵横断面图的绘制原理与方法、三角网法和方格网法计算挖填方量的原理等内容，并详细介绍了如何利用南方 CASS 软件实现基本地形图要素属性的查询、纵横断面图的绘制、挖填方量计算、由图面信息生成数据文件等。通过具体的实训项目，培养在实际工程中应用大比例尺数字地形图的能力。

【课后习题】

一、多项选择题

1. 使用 CASS 软件绘制断面图，可以采用如下哪些方法？（　　　）

    A. 里程文件法　　　　　　　　　　B. 坐标数据文件法

    C. 三角网法　　　　　　　　　　　D. 等高线法

2. 下列有关断面里程文件的说法，正确的有（　　　）。

    A. 一个文件中可以编辑同一断面的两期断面数据

    B. 断面里程文件以 BEGIN 开头

    C. 一个断面里程文件中只能编辑一个断面的数据

    D. 每行的基本格式是"里程，高程"，而不是"高程，里程"

3. 计算土方量时，投影底面可使用以下哪些？（　　　）

    A. 平面   B. 斜面

    C. 不规则面   D. 以上都不对

二、判断题

1. CASS 软件绘制断面图，用 pl 线连接断面点时可不考虑方向，对断面起点没有影响。（　　　）

2. 纵断面图的水平比例尺通常比横断面图的水平比例尺小。（　　　）

3. 根据里程文件绘制断面图，一个里程文件只可包含一个断面的信息。（　　　）

4. 计算土方量是可以不考虑地性线，对计算结果没有影响。（　　　）

5. 土方量的计算精度和外业数据采集质量无关。（　　　）

三、简答题

1. 如何在数字地形图上确定直线的距离、方位角和坡度？

2. 如何绘制数字地形图上已知方向的断面图？

3. 结合南方 CASS 9.0 成图软件，说明一种利用数字地形图计算土石方量的操作方法。

4. 如何利用南方 CASS 9.0 成图软件生成道路的里程文件？

请同学们扫描以下二维码，获取课后习题答案。

课后习题答案 7

📖【课堂测验】

请同学们扫描以下二维码，完成本项目课堂测验。

课堂测验 7

2020 年度 Ａ 市 1∶500 地形图更新测绘

技 术 设 计 书

Ａ 市城市勘测院

二○二○年六月

2020 年度 A 市 1：500 地形图更新测绘

技 术 设 计 书

项目承担单位:（盖章）A 市城市勘测院

设计负责人:

审批意见: 主要设计人:

审 核 人:

　　　　年　月　日　　　　　　　　　　　年　月　日

批准单位（盖章）：A 市规划局

审批意见:

审 核 人:

批 准 人:

　　　　　　　　　年　月　日

2020 年度 A 市 1∶500 地形图更新测绘

1 项目概述

1.1 任务来源

根据《A 市"十三五"基础测绘规划》与 2020 年度基础测绘年度计划，我院承担了 2020 年度 A 市 1∶500 地形图更新测绘项目。

1.2 项目概况

测区位于 A 市新城区。主要工作内容有

（1）对新划入新城区管辖的 E 镇、F 镇、G 镇，约 92 m² 区域的重测工作。

（2）对新城区原管辖区域，依据规划竣工测绘图修补，开展更新测绘工作。

1.3 作业技术依据

（1）CJJ/T 8—2011《城市测量规范》（简称《规范》）。

（2）CJJ/T 73—2019《卫星定位城市测量技术规范》。

（3）CH/T 2009—2010《全球导航卫星系统实时动态测量（RTK）技术规范》。

（4）GB/T 12898—2009《国家三、四等水准测量规范》（简称《水准测量规范》）。

（5）GB/T 13923—2022《基础地理信息要素分类与代码》。

（6）GB/T 20257.1—2017《国家基本比例尺地图图式第一部分：1∶500 1∶1 000 1∶2 000 地形图图式》。

（7）DB33/T 552—2014《1∶500 1∶1 000 1∶2 000 数字地形图测绘规范》。

（8）ZCB 001—2017《××省 1∶500、1∶1 000、1∶2 000 数字地形图产品检验规定和质量评定》。

（9）GB/T 20258.1—2019《基础地理信息要素数据字典 第 1 部分：1∶500 1∶1 000 1∶2 000 比例尺》。

（10）××省基础地理信息要素字典。

（11）DB33/T 817—2010《基础地理信息要素分类与图形表达代码》。

（12）《A 市基础地理信息建设标准与规范》。

（13）《A 市大比例尺基础地理信息数据生产技术规定》。

（14）《A 市基础地理信息数据建库技术规定》。

（15）《"4D"产品数据成果入库提交技术规定》。

（16）《A 市基础地理信息元数据标准》。

2 任务概况

2.1 测区自然地理概况

测区位于 A 市新城区。测区北部地势平坦、东南部以山地为主。测区年平均气温 16.5 °C，平均降水量 1 438 mm。测区内交通便捷，104 国道、329 国道等主要道路穿境而过。

2.2 已有资料分析利用

2.2.1 平面控制点资料

测区内及周边有 A 市城市控制网改造中布设的三、四等 GNSS 点，如 A3027、A3002、A3006、A3009、A3017 等，成果属 A 市城市坐标系，可作为整个测区的平面起算点。

2.2.2 高程控制点资料

测区内有 A 市城市控制网改造中布设一、二、三等水准点，如 Ⅰ 14、Ⅰ 14、Ⅱ 02、Ⅱ 03、Ⅱ 07、Ⅱ 11、Ⅱ 3-28 等，其成果属 1985 国家高程基准（二期）成果，可作为整个测区的高程起算点。

2.2.3 地形图资料

测区有 1∶10 000 数字地形图，可作为控制点位设计用图。

2.3 平面、高程系统的确定

2.3.1 平面坐标系统

平面系统采用 A 市城市坐标系（系投影面为 – 342 m 的抵偿坐标系）。

2.3.2 高程系统

高程系统采用 1985 国家高程基准（二期）。

3 平面高程控制测量

3.1 测区一级 GNSS 控制网布设

3.1.1 基本要求

（1）在测区内已建立 A 市城市三、四等 GNSS 控制网基础上，加密一级控制点。

（2）一级 GNSS 控制网采用静态方式观测。

（3）一级 GNSS 控制点布设原则：便于观测和利用，稳固和易于长期保存。

（4）通视要求：所有一级 GNSS 点原则上要求有 2 个以上通视方向，个别通视有困难的一级 GNSS 点保证要至少有一个通视方向。

（5）控制点距离要求：控制点平均点距为 300 m。相邻点最小距离应不小于平均距离的 1/3；最大距离应不大于平均距离的 3 倍。

3.1.2 选点埋石

3.1.2.1 选 点

（1）一级 GNSS 点应选在视野开阔、地基稳固、能够长期保存、便于使用的地方，不宜选在房顶上。选点时宜先选择控制性点位，如桥梁、交叉路口等，然后再根据边长、密度选择其他点位。

（2）一级 GNSS 点点位周围应便于安置接收设备和操作，视场内不应有高度角大于 15°的成片障碍物；点位应远离大功率无线电发射源（如电视台、微波站等），距离不小于 200 m，与高压输电线（10 kV 以上）的距离不小于 50 m。

（3）一级 GNSS 点密度要求：根据测区地形地貌，对建成区、镇区及建筑密集区域，地物点较多，GNSS 点密度按 12 点/km² 密度要求布设；平地田畈、农村等，按 10 点/km² 密度要求布设；山区根据实际情况定。

3.1.2.2 埋 石

（1）沥青路面：根据沥青路面的质量情况不同，总体要求布设深度在 20 cm 以上。一般情况，沥青路面的铺设层深度在 10～15 cm，利用工程钻机钻孔，先将铺设层的沥青取出，再用钢钎凿深至 20 cm 处，将搅和均匀的水泥砂浆灌入，标心放入其中，不做平台，与路面同高即可。

（2）水泥路面：总体要求深度在 15 cm 左右。利用工程钻孔至 15 cm 左右，将铺设的水泥块取出，搅和好的水泥砂浆灌入，标心放入其中，不做平台，与路面同高。

（3）土质及沙石路面：埋设预制标石。标石上表面高出地面 3～5 cm。

3.1.2.3 标志类型

一级 GNSS 点标志统一使用基础测绘定制的不锈钢标志。

3.1.2.4 一级 GNSS 点编号

一级 GNSS 点实地编号为"N×××"，如 N001、N002……（N 为英语的第 14 个字母，相当于 2020 年的 14）。

3.1.2.5 点之记绘制

点位选埋结束后应在现场描绘点之记，用 3 个方位物交会点位，困难地区不得少于两方位物，点位至方位物应用钢尺或皮尺量至分米。

3.2 一级 GNSS 点观测

3.2.1 观测方式确定

一级 GNSS 控制网可采用静态方式观测。

3.2.2 仪器要求

GNSS-RTK 观测采用双频 GNSS 接收机，使用的接收机应在检定有效期内，出测前须对仪器进行相关检查。RTK 接收机标称精度（动态）应符合平面≤10 mm + 2 × 10^{-6} × d、高程≤20 mm + 2 × 10^{-6} × d。

3.2.3 GNSS 静态观测

（1）静态观测技术要求。

观测精度应达到如附表 1-1 所示要求。

附表 1-1 GNSS 网的主要技术要求（DB33/T 552—2014）

等级	平均距离/km	a/mm	b（$\times 10^{-6}$）	最弱边相对中误差
一级	0.5	≤10	≤15	1/20 000

相邻点空间距离观测精度用下列公式计算：

$$\sigma = \pm \sqrt{a^2 + (bd)^2}$$

式中 σ——标准差，mm；

a——固定误差，mm；

b——比例误差系数（$\times 10^{-6}$）；

d——相邻点间的距离，km。

一级 GNSS 控制网可以采用多边形构网，也可采用闭合环或附合线路构网，闭合环或附合线路的边数不超过 10 条。GNSS 观测要求如附表 1-2 所示。

附表 1-2 GNSS 观测要求（DB33/T 552—2014）

级别	卫星高度角	数据采样间隔	有效观测卫星数	平均重复设站数	时段长度
一级	≥15°	15	≥5	≥1.6	≥45 min

GNSS 天线利用脚架直接对中整平，对中误差不大于 2 mm。观测过程中，人员应尽量远离天线，使用对讲机时，人员须远离天线 10 m 以上。

仔细准确地量取天线高，要求量取两次取平均值，较差不得超过 3 mm。天线高记录数据不得划改。在每个测站上，均要求用 GNSS 观测手簿进行记录，记录内容为点名、点号、观测者、天气、日期、时间、时段、天线高、接收机和控制器编号等，并将特殊情况记录在备注栏内，但不要求记录气象元素。原始记录不得涂改，符合 GBT 18314—2009《规范》的规定。

每天观测结束后，应及时将数据转存到计算机硬盘且及时备份，确保观测数据不丢失。

静态观测时所用到的角架、对中基座使用前应全部认真仔细的检查，对达不到要求的予以维修、校正或更换。

按 GNSS 网形编制观测计划和编制 GNSS 卫星可见性预报表，预测可见卫星号、最佳观测星历的时刻与卫星几何图形强度因子等内容，尽量避开 PDOP 变化较大的时段。

按实地选埋确定的点位及交通等情况计划观测路线，在网图上标绘同步环和异步环。

一时段观测过程中不允许进行以下操作：接收机关闭又重新启动；进行自测试；改变卫星仰角限；改变数据采样间隔；改变天线位置；按动关闭文件和删除文件等功能键。

（2）GNSS 基线向量的计算及检核。

GNSS 基线向量采用随机软件进行计算。

由若干条非同步边组成的异步环，其坐标差分量闭合差和全长闭合差按下列公式执行：

$$Wx、Wy、Wz \leqslant 2\sqrt{n} \cdot \sigma;$$

$$W \leqslant 2\sqrt{3n} \cdot \sigma$$

式中　n——闭合环边数，σ 值参见前面。

同步环闭合差检核：坐标分量相对闭合差 $\leqslant \dfrac{\sqrt{3}}{5}\sigma$；环线全长相对闭合差 $\leqslant \dfrac{3}{5}\sigma$。

当检核发现环闭合差及重复边互差超过规定限差时，应分析原因，对其中部分成果进行重测。

（3）一级 GNSS 控制网平差计算。

GNSS 网平差计算采用同济大学的 TGPPSW、GNSS-NET 或 GNSS 随机软件进行，以非同步观测的 GNSS 基线向量作为观测值，并兼顾地面起始坐标，采用三维严密平差方法进行平差计算，平差成果包括全部一级 GNSS 点的大地坐标、平面坐标及相应的精度值。

无约束平差结束后，将 GNSS 空间向量网经投影变换至本次测量采用的坐标系统，进行三维约束平差或二维约束平差。约束平差中基线向量的改正数与无约束平差结果的同一基线相应改正数的较差的绝对值（$dV\Delta x$、$dV\Delta y$、$dV\Delta z$）应满足下式：

$$dV\Delta x \leqslant 2\sigma$$

$$dV\Delta y \leqslant 2\sigma$$

$$dV\Delta z \leqslant 2\sigma$$

3.3　四等水准测量

3.3.1　水准网布设

所有的一级 GNSS 点的高程，采用四等水准进行联测，并布设成结点网形式。个别水准路线无法到达时，可以采用 GNSS 精化水准面高程。

3.3.2　四等水准测量技术要求

（1）四等水准测量的主要技术要求按如附表 1-3 所示规定执行。

223

附表 1-3　四等水准测量的主要技术要求〔DB33/T 552—2014〕

等级	水准线路长度/km	视线高度/m	前后视距差/m	前后视距累积差/m	视线高度/m	基辅分划或黑红面读数差/mm	基辅分划、黑红面或两次高差的差/mm	附合路线闭合差（平地、丘陵）/mm
四等	15	≤80	≤5.0	≤10.0	三丝能读数	3.0	5.0	$\pm 20\sqrt{L}$

注：L 为路线长度，不足 1 km 按 1 km 计；当成像清晰、稳定时，视线长度可以放长 20%。

（2）使用检定合格且在检定有效期内的水准仪，测量前后要检验 i 角。

3.3.3　测前准备

（1）一级 GNSS 点埋设完成后，应根据点位分布情况，编制观测计划及绘制四等水准网观测路线图，环线或附和于高等级点间水准路线的最大长度，应符合《规范》表 3.1.5 的规定。

（2）测前应对所使用的水准仪及附件进行检查及记录，对达不到要求的予以维修、校正或更换。

3.3.4　观测注意事项

（1）水准观测应使用 DS3 以上等级的水准仪。

（2）水准仪视准轴与水准管轴的夹角（i）不得大于 20″。开测后一周内每天测前要检测一次，此后每星期要检测一次；整个测区观测结束后再检测一次，记录计算结果随成果上交。

（3）水准测量采用中丝读数法，直读距离至 0.1 m；观测顺序为后—后—前—前。

（4）若使用电子水准仪观测，应根据仪器的实际情况确定观测顺序，仪器内各种参数应按照仪器使用说明书设定，使其小数点后的取位及观测等级不低于四等水准等级。

（5）水准观测须采用尺垫作转点尺承。观测应在标尺分划线成像清晰而稳定时进行。

（6）观测前，应使仪器与外界气温趋于一致。

（7）在连续各测站上安置水准仪的三脚架时，应使其中两脚与水准路线的方向平行，而第三脚轮换置于路线方向的左侧与右侧。

（8）同一测站上观测时，不得两次调焦。

3.3.5　高程计算

3.3.5.1　计算软件

四等水准采用严密平差，计算软件为 NASEW 95 等经典水准网平差软件。

3.3.5.2　数据处理及平差

（1）首先对外业水准观测记录数据进行 200%检查，应符合观测限差及路线、环线限差要求。

（2）四等水准测量，当水准网的环数超过 20 个时，应按照环线闭合差计算 Mw，应满足≤10 mm 的精度规定。

（3）水准网环线闭合差与附合路线闭合差应符合限差要求。上述高程控制的外业检核项目如有不符合要求者，应认真查找原因，进行补测。

3.3.6 RTK测量高程与水准测量高程比较

四等水准测量成果平差完成后，应对RTK测量的高程与水准测量成果进行比较，以检验RTK高程测量精度及A市似大地水准面精化模型精度，为RTK高程测量精度评定提供依据。

4 1∶500地形图更新测绘

4.1 数字地形图修补测精度要求

（1）地物点平面位置测定精度，如附表1-4所示。

附表1-4 地物点平面位置测定精度（DB33/T 552—2014）　　　　单位：cm

地物点类别	地物点对邻近图根点点位中误差	地物点间距中误差	适用范围
一	±5	±5	道路、街道两侧有地界作用的建构筑物拐点
二	±7.5	±7.5	街道内部有地界作用的建构筑物拐点
三	±25	±20	其他地物点

（2）地物点高程测定精度：主要水工建筑物、道路交叉处及路中高程、铺装面，高程测定精度为±0.10 m（相对于邻近图根点），其他为±0.15 m。

4.2 图根控制测量

4.2.1 图根控制原则

在测区一级GNSS控制的基础上加密图根控制网，图根控制可采用GNSS-RTK方式测量或图根导线形式布设。图根导线主要为附合导线和结点导线网，个别导线无法贯通的地区，采用支导线形式补充。

原则上建议在建筑密集区（建成区）、较大农村居民地采用图根导线形式布设图根控制，GNSS信号较好的地方采用RTK测量布设图根控制。

4.2.2 图根点埋设

图根点标志一般采用临时标志，选用铁钉、木桩等材料，并辅以油漆标绘。平坦开阔地区图根点的布设密度不少于64点/km²，每幅图必须埋设2个固定点（包括等级控制点），应互相通视或与高等级点通视。

4.2.3 图根点编号

图根点以"英文大写字母"加序号，如NA001、NA002……，或NB001、NB002……（N代表2020年，A、B代表作业组代号或随机分配）。

4.2.4 图根 RTK 测量

图根点可采用 RTK 方式测定其平面坐标及图根高程。采用 RTK 方式测定图根点坐标及高程的，要求采用××CORS 系统，其采用仪器、观测技术要求、外业观测基本要求如下。

（1）RTK 点观测技术要求。

测量精度应符合应符合规范 CJJ/T 8—2011 和 CJJ/T 73—2019 的相关要求。

① 数据采集器设置控制点的单次观测的平面收敛精度应≤2 cm，高程收敛精度应≤3 cm。② 数据采集器设置控制点的单次观测的平面收敛精度不应大于 2 cm；③ RTK 平面控制点测量流动站观测时应采用三角架对中、整平，每次观测历元数应不少于 10 个，采样间隔 1 s，各次测量的平面坐标较差应不大于 4 cm；④ 应取各次测量的平面坐标中数作为最终成果；⑤ 观测点位中误差≤5 cm；⑥ 观测时必须检测周边已有同等级以上控制点，平面校核高等级控制点时，其点位互差≤5 cm；校核同等级控制点时，其点位互差≤5 cm。高程校核高等级控制点时，其高程互差≤$40\sqrt{L}$ mm，校核同等级控制点时，其高程互差≤$40\sqrt{L}$ mm。

（2）RTK 转换参数的确定。

2000 坐标系与城市坐标系间转换参数采用××CORS 系统的转换参数，高程模型采用 A 市区大地水准面精化模型。作业中不得采用点校正等其他随机模型。

（3）外业观测。

GNSS-RTK 流动站观测时应采用三角对中支架对中、整平（对中误差不得大于 2 mm），天线高测前丈量二次取中数（对中支架可固定高度，高度取位至 0.001 m），测后复核。

GNSS-RTK 流动站不宜在隐蔽地带、成片水域和强电磁波干扰源附近观测。

GNSS-RTK 流动站有效观测卫星数≥5 个，PDOP 值≥4 且≤6。

检测周边已有同等级以上控制点，符合限差要求后可进行未知点测量。

对每个控制点需初始化观测 2 次，符合限差要求后换点观测，否则重测。

对每个控制点须进行 2 次 GNSS 观测（要求在不同时间段进行），两组观测值的点位互差在限差之内取中数，否则重测。

每天观测结束后，应及时将数据转存到计算机硬盘且及时备份，确保观测数据不丢失。

观测时所用到的脚架、对中基座使用前应全部认真仔细的检查，对达不到要求的予以维修、校正或更换。

（4）RTK 测量质量检核。

为检验 RTK 测量精度，应分别采用 GNSS 静态观测及全站仪观测方式对 RTK 点进行坐标、边长和高程检查，其检测点应均匀分布测区，且检测点不少于总点数的 10%。

用全站仪检测时宜按一级点观测要求进行边长、角度观测，观测数据宜进行相关气象及常数改正。

检核工作结束后应对 RTK 测量精度进行评定,并与外业检测的结果作为成果提交内容之一。

4.2.5 图根导线

(1)图根导线布设基本要求:为确保地物点的测定精度,本次作业原则上只布设一级图根导线,技术要求按××省地方标准 DB33/T 552—2014 要求执行。图根附合导线的主要技术要求如附表 1-5 所示。

附表 1-5　图根光电测距导线测量的技术要求（DB33/T 552—2014）

图根级别	附合导线长度/m	平均边长/m	导线相对闭合差	方位角闭合差/（"）	测距中误差/mm	测角测回数 DJ2	测距测回数（单程）	测距一测回读次数
一	1 500	120	1/6 000	$\pm24\sqrt{n}$	±15	1	1	2
二	1 000	100	1/4 000	$\pm40\sqrt{n}$	±15	1	1	2

注:① n 为测站数,导线网中结点与高级点或结点与结点间的长度不大于附合导线长度的 0.7 倍。
　　② 一级图根导线,当导线较短,由全长相对闭合差折算的绝对闭合限差小于 13 cm 时,按 13 cm 计。
　　③ 二级图根导线,当导线较短,由全长相对闭合差折算的绝对闭合限差小于 15 cm 时,按 15 cm 计。
　　④ 测区图根控制分二级布设是考虑地形条件的限制,二级图根点是一级图根的补充,不能作为首级控制下的直接加密形式。
　　⑤ 因地形条件影响,一、二级图根导线的总长和平均边长可放长至 1.5 倍,但其绝对闭合差均不应大于 25 cm。
　　⑥ 当附合导线的边数超过 12 条时,其测角精度应提高一个等级。

(2)图根支导线。

因地形限制图根导线无法附合时,可布设少量图根支导线。支导线总边数不多于四条边,总长度不超过××省地方标准 DB33/T 552—2014 中一级图根导线规定长度的 1/2,最大边不超过平均边长 2 倍。

(3)图根控制观测。

图根导线水平角观测采用 J2 级全站仪,水平角观测一测回,边长测量采用 Ⅱ 级全站仪,实测边长一测回。图根导线测定边长时,直接在全站仪中设置仪器常数、棱镜常数,进行边长改正。图根点高程采用电磁波测距三角高程测定。垂直角观测采用 J2 级全站仪一测回测定,同时量取仪器高、觇标高,仪器高、觇标高量取至毫米。

4.3　地形图测绘基本要求

4.3.1　成图软件选择

南方 CASS 2008 版地形地籍成图软件其分层、符号库编码设置基本与 GB/T 20257.1—2017 版图式一致,故野外数据采集及编辑软件统一采用南方 CASS 2008 版地形地籍成图软件及其数据成果格式,成果需提供 DWG 格式,便于后续处理时内码转为统一编码。

作业时可先按软件默认的图层设置进行成图,最终图层名称转换可在院检合格后统一进行。

4.3.2 数据采集

（1）测图范围内的地物点、地形点原则上均需实测坐标，个别隐蔽建筑物拐点无法实测的，可采用交会法或勘丈法补充。

（2）每次设站开始测图前，必须进行测站点检查，检查结果不超限时，方可进行碎部点测量。

（3）立尺点应保证与图式符号的定位点或定位线严格一致。为了减弱棱镜常数对碎部点的误差影响，测图时宜选择小棱镜，并在全站仪设置中加入棱镜常数改正。

（4）碎部高程测量：高程碎部点要实测，不允许在地物点（如房角）上带注高程，高程点的测注位置应能较好反映整体地势的变化情况。

（5）依山而建的房屋，其房后的坎子应测绘完整，并适当测注高程，高程点的密度及位置以满足绘制等高线的要求为准。

4.4 地形图测绘具体要求

4.4.1 水系及其附属设施的表示

（1）河流、沟渠、池塘均测绘岸边线，不测绘水涯线，但其中的小岛应测绘水涯线。

（2）堤坝应测注坝顶高程，注记结构性质。

（3）沟渠的宽度图上大于 1.0 mm 时以双线表示，小于 1.0 mm 时用单线表示，单线沟渠的立尺点应在沟渠的中心线上。

（4）道路两边的排水沟当其实际长度大于 10 m 时，用水沟符号表示，否则不表示。

（5）各式水闸、滚水坝、拦水坝均应测绘，水闸应注意测绘高程及性质注记。

（6）河岸上栅栏连同陡坎用图式×××的形式表示，放入水系层，不得把栅栏移位表示。

（7）城市建成区内有纪念意义的古井、公用水井应测绘表示，农村居民地院落内不表示，机井应注记"机"字。

4.4.2 居民地及设施的测绘表示

4.4.2.1 居民地和垣栅的测绘表示

（1）围墙、栅栏、栏杆一般应测绘外边线，考虑到建立拓扑关系的需要，测绘时应大概判断一下归属并考虑到这类线状地物的整体构造。

（2）对于栏杆式围墙，按谁占主体表示谁的原则进行表示。当底座高出地面 1.0 m 以上（含 1.0 m）时，按围墙表示，否则按栏杆表示，测点位置应在底座的拐点处。

（3）房屋的阳台和飘楼，统一采用阳台符号表示，测绘时不区分阳台和飘楼。

（4）架空房屋以房屋的外围轮廓投影为准，四角支柱实测表示。

（5）正规悬空房屋（无柱）包括楼梯间，图上宽度达 1 mm 的，均应按《图式》要求测绘表示。

（6）门廊以柱或围护物为准，独立门廊以顶盖投影为准，支柱位置应实测。

（7）室外楼梯、台阶按投影测绘，但台阶图上不足 3 级的一般不表示；室外楼梯、台阶、阶梯路上的休息平台，长度在 1 m 以上（含 1 m）应据实表示，使用与该幢房屋一致的编码。

（8）临时性房屋不表示，建筑物顶层的楼梯间、电梯间、水箱间、临时性搭盖、假（夹）层、阁楼均不计算层数，也不表示。

（9）建筑中房屋据实测绘，若外形已确定，并能调注材料、层数但尚未竣工者，则按建成房屋表示。

（10）不规则简易房用相应编码测绘轮廓线，并在其中加注"简"字。

（11）对不宜实际测绘分割的裙楼按其最高层标注。

（12）房屋底层的车库不计算层次。如底层车库的外围轮廓线在房屋的主体结构线之外，则多出部分按房屋据实表示，注"车"。地下室出入口据实表示。

（13）地下室的表示按图式×××形式表示，其结构层次按"砼 15-2"形式表示，其中 15 表示地上层数，-2 表示地下层数。

（14）门顶只表示企事业单位、机关团体等较大型的，农村居民地和住宅小区内较小的不表示。门墩图上宽度大于 1.0 mm（含 1.0 mm）的，依比例表示，否则按不依比例表示。

（15）单位名称注记一般不允许使用简注形式，个别单位用地面积较小，单位名称注记不下时，可适当考虑简注。

（16）房屋建筑结构分类严格按如附表 1-6 所示执行。

附表 1-6　房屋建筑结构分类

分　类		内　容	简　注
编号	名　称		
1	钢、钢结构	承重的主要构件是用钢材建筑的，包括悬索结构	钢
2	钢、钢筋混凝土结构	承重的主要构件是用钢、钢筋混凝土建造的，如一幢房屋一部分梁柱采用钢、钢筋混凝土构架建筑	
3	钢筋混凝土结构	承重的主要构件是用钢筋混凝土建造的，包括薄壳结构、大模板现浇结构及使用滑模、升板等建造的钢筋混凝土结构的建筑物	砼
4	混合结构	承重的主要构件是用钢筋混凝土和砖木建造的，如一幢房屋的梁是用钢筋混凝土制成，以砖墙为承重墙，或者梁是用木材建造，柱是用钢筋混凝土建造	混
5	砖木结构	承重的主要构件是用砖、木材建造的，如一幢房屋是木制房架，砖墙、木柱建造的	砖
6	其他结构，如木、竹、土坯结构	凡不属于上述结构的房屋都归此类	木竹土或简
7	建筑中的房屋	指已建屋基或虽基本成型但未建成的一般房屋	建
8	破坏房屋	指破坏或半破坏的房屋，不分建筑结构	破
9	棚房	指有棚顶，四周无墙或仅有简陋墙壁的建筑物	

（17）新增设"房屋幢号"层，描述房屋幢号信息，在图上把房屋幢号以括号形式按自然数标注在房屋右上角，房屋幢号编码220009。

（18）雨罩、室外空调机平台均不表示，单位大门前可移动的各类雕塑不表示。

（19）机关单位、住宅小区、厂矿门口安装电动门的墙体，单位名称标示墙体，按其实际的投影范围测绘，统一用门墩符号表示。

4.4.2.2 工矿设施的表示

（1）露天采掘场应测绘范围线并注记性质，其内部的地貌可以根据实地情况用等高线表示，也可以只测注高程点不绘等高线。

（2）大型露天设备、大型的水塔、烟囱、液气体储存设备等应测绘范围线，并配以各自的性质注记。

（3）打谷场、球场均应测绘表示并注记性质，但居民地门前和单位内部的小块水泥地可不表示。

（4）单位内部的储水池应区别表示，但居民院落内部的可不表示，其内的花圃花坛、小范围的假石山也不表示。但应在居民院落内部的水泥地坪上适当测注高程。

（5）建筑物顶部的各类微波站，雷达站等不表示，但地面上的各种微波站，雷达站、通信中继站等应按图式表示。

（6）各种宣传橱窗、广告牌等应表示，但装饰性广告牌不表示。

（7）道路及街道两旁的路灯应表示，单位、住宅小区内部的路灯不表示。

（8）电话亭、邮政信箱需实测表示。消火栓实测，报亭实测范围线并注"报"字，活动的垃圾箱、临时性岗亭等不表示。

（9）花坛的高度大于地面高度20 cm以上时，按花坛表示，否则用地类界或其共用边界的其他地物代码表示。

（10）施工地内部的临时性工棚（房）不表示，施工地内部的地形地貌也不表示，只在范围内注记"建筑工地"字样。

4.4.3 交通及其附属设施的表示

（1）公路（国道、省道及县乡道）应按对应符号测绘表示，并正确注记等级及编号。

（2）过街天桥及隧道均应据实测绘，隧道的出入口也应测绘准确；公交站台应测绘并用相应符号表示。

（3）城市街道按主干路（四车道及以上）、次干路（二车道）、支路（可通行汽车）分类按图式×××表示。

（4）街道上的车行指示灯、人行指示灯按图式×××表示。

（5）立交桥大型桥梁的桥墩位置应实测表示，不允许随意配置。各种车行桥均应注记性质，并注记可通过的载重吨数。

（6）城市道路上的路标应表示，各种装饰性的道路指示牌不表示。

（7）交通路口、道路上独立的监视摄像头用CASS 2008软件中市政部件中的视频监视器符号表示。

（8）渡口、固定码头、浮码头、停泊场均应表示，渡口要注记性质，但旅游船只的停泊场及临时停泊码头不表示。

4.4.4 管线及其附属设施的表示

（1）电力线、通信线图上可不连线，但骨架线应保留，放在"骨架线"层。以铁塔形式架设的输电线应连线并注记伏数，如 220 kV。跨度较大的双杆电力线也应连线。低压电杆的拉杆不表示，高压电杆的拉杆择要表示。

（2）各种电线杆测绘时，均应测绘到图式符号的中心定位点位置，所以在测绘时应注意进行方向或距离改正。

（3）依比例表示的架空管线的墩架应实际测绘，不允许随意配置；不依比例表示的架空管线的墩架，转弯处实测，其余的可配置表示。

（4）地面上的各种管线，当长度小于 10 m 时可不表示，地下管线能够判明走向且长度大于 50 m 时应表示，否则可不表示。

（5）主要道路上的各种检修井均应表示，但不测范围线；次要道路、巷道、单位及住宅小区、居民地内部的各类检修井不表示；污水箅子、水龙头不表示。

（6）各类过河管线原则上均应表示，但当其图上长度不足以绘制出相应符号时，可不表示，过河管线标应表示。

（7）重要的地下管道，如输气线、输水线、地下光缆按桩位实测并连线。

4.4.5 植被的测绘表示

（1）应特别注意地类界的测绘，当一个地块内含有多种小面积的其他植被时，可适当进行综合取舍，只表示主要的地类。

（2）单位内部的植草砖以地类界区分，图上以注记"草砖"表示，放植皮层。

（3）城市及居民地内部的零星小面积菜地，统一用旱地表示。

（4）独立树应注记树名，居民地内部的零星散树不表示。

（5）行树、活树篱笆、狭长的竹林、灌木林等应实测端点及弯点，不允许随意配置。

（6）每块水田内部测注一个田面高程点，小块的可不测注。

（7）一般耕地符号配置时应注意要以其长期耕种的主要作物进行表示。如现阶段水田往往可能种植的是蔬菜、西瓜或可能现在抛荒，但仍应以水田表示。

4.4.6 对以上没有涉及的地形、地貌要素的表示

各类境界线不进行测绘表示。

各类说明注记原则上随层（随被说明地物层）。

其他没有明确的地形地物按 GB/T 20257.1—2017《1∶500 1∶1 000 1∶2 000 地形图图式》、××省地方标准 DB33/T 552—2014《1∶500、1∶1 000、1∶2 000 数字地形图测绘规范》要求进行测绘表示。

4.5 图形数据要求

4.5.1 图层设置

为满足市规划局对测绘成果的使用，特制定分层方案（共分 15 层）（见附表 1-7）。

附表 1-7 图形数据分层方案

序 号	层 名	数据特征	颜色（号）
1	控制点	点、线、注记	红
2	居民地	点、线、注记	紫
3	工矿设施	点、线、注记	11
4	交通设施	线、注记	青
5	管线设施	点、线、注记	黄
6	水系设施	点、线、注记	蓝
7	地貌	点、线、注记	绿
8	高程点	点、注记	红
9	等高线	线、注记	黄
10	植被	点、线、注记	绿
11	房屋分层线	线	紫
12	房屋幢号	注记	白
13	骨架线	线	白
14	图廓	线、注记	白
15	辅助	线	白

详见《分层分色模板》。

4.5.2 数据要求

（1）数据满足拓扑关系。

（2）作业环境需统一，包括 CASS 编码、层名、颜色、点符号和线符号。

（3）所有要素包括注记必须有唯一的 CASS 编码。

（4）线实体中不得使用圆弧、二维多段线、三维多段线、拟合线等进行数据表达。

（5）植被、水系、工矿设施及地貌土质、房屋等均需满足构面要求，不允许有缝隙存在。

（6）简单房屋、建筑中房屋、破坏房屋、棚房等数据的楼层属性统一赋为一层。

（7）房屋按栋采集外边线构面，分层部分用房屋分层线表示。

（8）房屋辅助面包括阳台、廊房、门顶、围墙、台阶、室外楼梯、依比例尺表示的墩（柱）等具有面状的房屋附属结构，按范围线采集。

（9）植被、地质地貌类数据按实测范围线，属于零散符号，没有明确边线的不构面。

（10）工矿设施及辅助设施按实测范围线构面。

（11）线状要素遇注记不断开，保持符号及属性的连续。规范要求断开的要素除外。

（12）需要标注单位标志点有工矿企业、机关事业单位、私企公司等的法定名称；地名标志点包括镇（街）名、村名等行政名称。

（13）横排注记可以是字符串，竖排或倾斜注记应根据采用的编辑软件不同，选择采用单个字符还是字符串注记。

（14）要求注记必须按《基础地理信息要素分类与代码》分类（分层、分编码），与地形地物分类相对应，注记随目标层，注记与对象分离，注记要保持唯一性，允许空格和分行。

（15）注记要注意排列整齐，并尽量不压盖其他地物。

（16）平面坐标和高程坐标显示小数位：平面 3 位，高程 2 位。

4.6　其　他

（1）数据文件名要统一，如分幅图、测区总图（即标段总图）、分幅接合图等均要用统一规则的文件名。

（2）测区总图以合同标段名作为文件名，如"2020 年 A 市 E 镇、F 镇、G 镇 1∶500 地形图更新测绘"。

（3）分幅图的数据文件命名规则：按图幅号命名，即"X-Y"坐标号，如"313.50-568.00"。

（4）测绘机关统一注记：A 市规划局。

（5）测绘成果目录按××省测绘局统一的"市级目录数据库.mdb"格式进行编制。

（6）电子数据成果要满足面向对象、标准化、剖分性（完整、无缝、不重叠）的基本要求。

4.7　数据质量控制

4.7.1　几何精度要求

（1）平面精度、高程精度和基本等高距符合本设计的相关要求。

（2）各要素的图形能正确反映实地地物的形态特征，无变形扭曲。

（3）相邻图幅对应图形、属性一致，对应要素符合接边误差小于 $2\sqrt{2}$ 倍中误差；在不打开线型的情况下，线状地物能严格接边；当由于不同期测图造成不能自然接边时，允许保持不接边状态，但需将问题记载，留待有可靠资料时，再进行接边。

4.7.2　数据的逻辑一致性要求

（1）数据分层、分色正确，相关要素处理正确。

（2）所有应实交的地物线划都完全吻合，无悬挂点，有向点、有向线方向正确。

（3）所有要素符号均不允许自相交或重复绘制。

4.7.3 属性精度要求

（1）地理要素的分类编码应正确无误。

（2）地理要素的属性信息应完整、正确。

4.7.4 要素的完整性要求

（1）地形要素符合本标准的取舍要求，各种要素正确、完备，无错误和遗漏。

（2）地形要素的几何描述完整。

（3）注记应完整、正确。

（4）地理要素的分层与组织应正确，不得有重复或遗漏。

5 数据编辑与入库

（鉴于篇幅限制，该部分内容省略）

6 质量保证措施与质量目标

6.1 一般规定

（1）加强全体作业人员的质量意识教育，加强各工序质量管理，使测绘产品在生产中自觉把好质量关，并做好小组、作业队和生产单位的三级检查，加强测绘成果成图的外业检查和数据检查，确保达到入库前的有关数据标准。质检工作应贯穿于生产全过程，各级检查应配备足够的技术力量，有组织有计划地工作，各级检查不得省略或代替，各级检查应认真填写检查记录和精度统计表。

（2）项目负责、各作业员要加强对本项目技术设计书、GB/T 20257.1—2007 版图式及南方 CASS 2008 软件的学习，熟练掌握新图式、新软件与旧图式、旧软件的不同之处，能使用新软件正确表示地形地物。

（3）熟练应用"内外业一体化"数字测图技术，不断提高劳动生产率。

（4）做好各种仪器设备的测前检校工作，同时做好各项后勤保障工作，确保测绘工作的顺利开展。

（5）切实做好安全、保密工作，特别是日常交通安全和棱镜杆防触电，以及山地作业时的人身安全，有效预防各类事故发生。

（6）搞好与当地群众关系，严禁发生打架及违纪违法事件发生。

6.2 质量检查程序

（1）测前检查，是生产准备的检查。目的是检查技术设计书、生产实施计划及质量安全保证措施是否符合规定和可行，生产所需资料是否齐全，各种仪器、材料等在数量、质量、规格上是否满足作业标准，仪器检验项目和精度是否符合规范要求，作业人员是否熟悉各项作业规定、方法及质量安全规定等。

（2）测中检查，是作业单位对作业组、作业员在生产过程中的工作质量进行的经常性检查，单位质检人员参与指导。目的是及时发现和纠正生产过程中不符合技术标准的作业方法，解决质量方面存在的各种问题，从而不断提高作业质量。检查包括生产初期、生产中期、生产后期 3 个阶段。

（3）测后检查，是在外业工作结束后，作业队过程检查已基本完成，由生产单位质检科组织，对测绘产品的作业质量进行的最后一次检查。目的是检查完成的测绘产品是否全面符合技术标准和有关规定，审核作业队对产品质量的评定意见，撰写测区质量检查报告，经项目负责人审核后随产品一并交甲方验收。项目负责人对最后上交给甲方的测绘产品质量全面负责。

6.3 检查方法及数量

（1）检查的方法为室内图面检查、计算机上数据检查、室内外巡视检查、仪器设站检查、钢尺量距检查等。

（2）作业组、作业队对成果应进行 100% 的室内外检查。

（3）生产单位质检部门对成果应进行 100% 的室内检查，室外检查不少于 30%。

6.4 图幅拼接与资料整理

6.4.1 图幅拼接

不同作业组施测的地形图，按道路、河流等自然地形划块，接边时注意跨河、道路的电力线、通信线的连接。图幅接边原则：东南接，西北送。

6.4.2 资料整理

（1）测绘记录资料需要标准化，仪器自动打印记录要经过编辑处理。记录表格要有文件名称、项目名称、测绘单位名称、比例尺、责任人（作业人、检查人、审查人等）栏及签字、日期、页码（第 n 页共 n 页）及需要说明的信息。

（2）各类文件可分册装订，分册装订文件应有封面及扉页，封面应有资料名称、项目名称、测绘单位、项目实施日期、编制单位、编制时间日期等，并在编制单位处加盖单位公章，扉页有编制人、审核人、项目技术负责人及项目经理签字等。

（3）各类图均应有图框，图框应有以下信息：图名、项目名称、测绘单位、比例尺、各责任人、日期等，属于地形图类图，则按地形图框要求编制。可订入成册文件内的图尽量插入成册文件中，不再单独另出图。

（4）所有文件均应有纸质文件（复印件除外）和电子文件。装订成册的纸质文件应与电子文件对应，即纸质成册文件所有文件与电子文件夹内容一致。

（5）项目竣工资料应有总封面及扉页，封面应有资料名称、项目名称、测绘单位、项目实施日期、编制单位、编制日期等，并在编制单位处加盖公章，扉页有编制人、审核人、单位技术负责人及法定代表签字等。

（6）项目质监检验合格后，测绘单位将整改后的最终竣工资料提交建设或监理单位检查，符合要求后与建设单位交接。

7   提交资料

（1）技术设计、技术总结、院级检验报告。

（2）GNSS 一级点通视图、GNSS 控制网平差资料或 GNSS 一级点 RTK 观测记录资料、GNSS 一级点点之记。

（3）四等水准观测平差资料。

（4）图根导线观测、计算资料。

（5）控制点成果表。

（6）测区总图。

（7）分幅图。

（8）地形图入库成果。

（9）仪器检定资料、检校资料。

（10）测区分幅接合图。

（11）完整的数据文件一套。

2020 年度 Ａ 市 1：500 地形图更新测绘

专 业 技 术 总 结

Ａ市城市勘测院

二〇二〇年十一月

2020 年度 A 市 1：500 地形图更新测绘

专 业 技 术 总 结

编写单位：（盖章）A 市城市勘测院

编写人：

年　月　日：

审核意见：

审 核 人：

年　月　日

1∶500 地形图（DLG）更新测绘技术总结

一、概 述

1.1 项目名称、任务的来源、内容

根据《A 市"十三五"基础测绘规划》与 2020 年度基础测绘年度计划，为了行政区划调整后尽快为我市各部门提供东部三镇的 1∶500 大比例尺用图，以及测绘成果的完整性和时效性，对东部三镇以一次性整体完成 1∶500 地形图测绘，我院承担了 1∶500 地形图（DLG）更新测绘项目。

测区位于 A 市新城区（E 镇、G 镇、F 镇）内，区域总面积 136.68 km²，实际测绘面积 92.18 km²。任务内容主要为一级 GNSS 控制测量、图根控制测量、数字化地形测量、数据入库。

1.2 完成工作量

（1）布设一级 GNSS 点 941 个。

（2）沿一级 GNSS 点线路敷设 6 个水准环、5 条附合水准；观测四等水准线路 84.0 km。

（3）布设图根点 5 945 个。

（4）1∶500 地形图 92.18 km²。

1.3 测区概况和已有资料的利用情况

1.3.1 测区自然地理概况

测区位于 A 市新城区东部三镇。测区北部地势平坦、东南部以山地为主。测区年平均气温 16.5 ℃，平均降水量 1 438 mm。测区内交通便捷，104 国道、329 国道等主要道路穿境而过。

1.3.2 已有资料的利用情况

1.3.2.1 平面控制资料

测区内及周边有 A 市城市控制网改造中布设的三、四等 GNSS 点，本次采用 S121、A3009、A3017、A3018、A3019、A3020、B2004、B4012、B4049、B4061 等，成果属 A 市城市坐标系，作为整个测区的平面起算点。

1.3.2.2 高程控制资料

测区内有 A 市城市控制网改造中布设一、二、三等水准点，本次采用Ⅰ 15、Ⅰ 22（06）、Ⅱ 02、Ⅱ 03、Ⅱ 11、Ⅱ 3-28、Ⅳ3-26、3017、S316，其成果属 1985 国家高程

基准（二期）成果，作为整个测区的高程起算点。

1.3.2.3 地形图资料

测区有 1∶10 000 数字地形图，作为控制点位设计用图。

二、技术设计执行情况

2.1 作业技术依据

（1）CJJ/T 8—2011《城市测量规范》（简称《规范》）。

（2）CJJ/T 73—2019《卫星定位城市测量技术规范》。

（3）CH/T 2009—2010《全球导航卫星系统实时动态测量（RTK）技术规范》。

（4）GB/T 12898—2009《国家三、四等水准测量规范》（简称《水准测量规范》）。

（5）GB/T 13923—2022《基础地理信息要素分类与代码》。

（6）GB/T 20257.1—2017《国家基本比例尺地图图式 第一部分：1∶500 1∶1 000 1∶2 000 地形图图式》。

（7）DB33/T 552—2014《1∶500 1∶1 000 1∶2 000 数字地形图测绘规范》。

（8）ZCB 001—2014《××省 1∶500、1∶1 000、1∶2 000 数字地形图产品检验规定和质量评定》。

（9）GB/T 20258.1—2019《基础地理信息要素数据字典 第1部分：1∶500 1∶1 000 1∶2 000 比例尺》。

（10）××省基础地理信息要素字典。

（11）DB33/T 817—2010《基础地理信息要素分类与图形表达代码》。

（12）《A市基础地理信息建设标准与规范》。

（13）《A市大比例尺基础地理信息数据生产技术规定》。

（14）《A市基础地理信息数据建库技术规定》。

（15）《"4D"产品数据成果入库提交技术规定》。

（16）《A市基础地理信息分类与代码》。

（17）《A市基础地理信息要素数据字典》。

（18）《A市基础地理信息要素矢量模型》。

（19）《A市基础地理信息元数据标准》。

（20）本项目技术设计书。

2.2 基本技术参数

（1）平面系统采用 A 市城市坐标系（系投影面为 – 242 m 的抵偿坐标系）。

（2）高程采用 1985 国家高程基准（二期）。

（3）建筑区和平坦地区采用数字测图，测绘地物的平面位置和高程注记点，一般不测绘等高线，基本等高距 0.5 m，山地山体基本等高距 1 m。

（4）测图比例尺为1∶500，图幅规格为50 cm×50 cm。

（5）图幅编号采用该图幅西南角坐标整里程数作图号，可取图名的则加注图名。

（6）控制测量软件：一级GNSS网检测采用华测Compass软件进行基线解算和控制网平差。四等水准平差计算采用武汉测绘科技大学现代测量平差软件包。

（7）地形图数据格式：成图采用CASS 9.1软件，生成*.dwg格式数据。

（8）地物点精度按DB33/T 552—2014《1∶500 1∶1 000 1∶2 000基础数字地形图测绘规范》执行，如附表2-1所示。

附表2-1 地物点点位中误差与间距中误差

地物点类型	相对邻近图根点点位中误差/cm	相邻地物点间距中误差/cm
一类地物点	±5.0	±5.0
二类地物点	±7.5	±7.5
三类地物点	±25.0	±20.0

（9）地形图高程精度按DB33/T 552—2014《1∶500 1∶1 000 1∶2 000基础数字地形图测绘规范》执行，高程注记点相对于邻近图根点的高程中误差为±15 cm。

2.3 平面控制测量

2.3.1 一级GNSS控制网布设基本要求

控制点布设原则：便于观测和利用，稳固和易于长期保存。所有一级GNSS点原则上要求有两个以上通视方向，通视有困难的一级GNSS点保证至少有一个通视方向。

本次测量，共布设一级GNSS点941个，控制面积92.18 km² 满足设计要求。

2.3.2 选点埋石

2.3.2.1 选 点

（1）首先按照控制网布设略图进行实地选点，一级GNSS点选在视野开阔，被测卫星的地平高度角大于15°、地基稳固、能够长期保存、便于安置接收设备和操作地方。

（2）一级GNSS点点位离开大功率无线电发射源（如电视台、微波站等）的距离均大于200 m；离开高压输电线（10 kV以上）的距离均大于50 m。

2.3.2.2 埋 石

（1）硬质路面：用工程钻机打孔取芯，将铺设的材料（如水泥）取出，把搅和好的水泥砂浆灌入，再嵌入控制点标志，不做平台，与路面同高。对于个别不能埋设预制标石的地方也采用此方法（如沥青路）。

（2）土质及沙石路面：埋设预制标石。标石上表面高出地面3～5 cm。

2.3.2.3 标志类型

一级GNSS点标志使用不锈钢标志。

2.3.2.4　一级 GNSS 点编号

一级 GNSS 点编号为"N×××"，为 N001～N941。

2.3.3　一级 GNSS 点主要技术指标和外业观测

2.3.3.1　控制点技术要求

根据技术设计书要求控制点技术要求如附表 2-2～附表 2-3 所示。

附表 2-2　RTK 平面控制点测量技术要求

等级	相邻点间平均边长/m	点位中误差/cm	边长相对中误差	观测次数	起算点等级
一级	≥500	±5	≤1/20 000	≥4	四等及以上
二级	≥300	±5	≤1/10 000	≥3	一级及以上
三级	≥200	±5	≤1/6 000	≥2	二级及以上

附表 2-3　RTK 高程控制点测量主要技术

等级	高程中误差/cm	观测次数	起算点等级	备注
四等	±3	≥2	三等及以上水准	利用 A 市精化水准面模型，并经过 10%以上点的外业检测合格后方可使用
等外	±5	≥2	四等及以上水准	

2.3.3.2　外业观测

（1）观测方式确定。

本项目一级 GNSS 控制点采用 GNSS-RTK 方式测量。RTK 作业使用 A 市 CORS 系统，施测采用 A 市 CORS 信号以网络 RTK 方式进行。采用双频 GNSS 接收机分别对控制点进行 GNSS-RTK 测量。

（2）RTK 转换参数的确定。

2000 坐标系与城市坐标系间转换参数采用 A 市 CORS 系统的转换参数，高程模型采用 A 市区大地水准面精化模型。作业采用统一的参数模型。

（3）一级 GNSS-RTK 点外业观测。

按照设计要求，对每个控制点进行两组 GNSS 观测（要求在不同时间段进行观测），每组初始化观测两次，互差在 3 cm 之内取中数作为本组观测成果数据，超限重测；两组观测值的点位互差在 4 cm 之内取中数作为最终成果，超限重测。

GNSS-RTK 流动站观测一级控制点时应采用三角架对中、整平（对中误差不大于 2 mm），天线高测前丈量两次取中数。

GNSS-RTK 观测的采样间隔为 1 s，每次观测历元 30 个，有效观测卫星数≥5 个，PDOP 值≤6。

每天观测结束后，应及时将数据转存到计算机硬盘且及时备份，确保观测数据不丢失。

2.3.4　一级 GNSS 控制网观测仪器的使用

南方 GNSS 接收机 3 台，中纬 ZDL700 自动安平水准仪 2 台。接收机标称精度均满足《卫星定位城市测量技术规范》的要求。

2.4　高程控制测量

本次高程控制测量采用四等水准与 GNSS-RTK 技术相结合。对一级点，采用 A 市精化水准面模型，辅以四等水准均匀复核了 260 个一级点（占 27.6%），检测结果为 ± 2.4 cm。

2.4.1　检测结果

用四等水准精度对起算点进行了检测，检测结果如附表 2-4 所示。

附表 2-4　水准起算点检测表

起止点	路线长/km	观测高差/m	理论高差/m	高差不符值/mm	高差允许值/mm
Ⅱ 02—Ⅱ 03	5.719	− 0.171 0	− 0.185	14.0	± 71.7
Ⅱ 03—Ⅰ 22（06）	5.490	0.741 4	0.733	8.4	± 70.2
Ⅱ 02—Ⅰ 15	14.261	− 0.187 9	− 0.210	22.1	± 113.2
Ⅱ 03—3017	6.723	0.313 5	0.303	10.5	± 77.7
S316—Ⅱ 3—28	10.108	− 46.123 3	− 46.135	11.7	± 95.2
Ⅰ 15—Ⅱ 3—28	13.198	0.514 5	0.496	18.5	± 108.9
Ⅱ 3—28—Ⅱ 11	5.145	20.655 6	20.659	− 3.4	± 68.0
Ⅱ 11—Ⅳ 3—26	5.395	− 20.248 5	− 20.261	12.5	± 69.6

布设四等水准网作为本测区的首级高程控制检测，四等水准路线均匀布设，覆盖全测区，组成多结点水准网，水准环、线的布设原则满足《国家三、四等水准测量规范》之规定。

水准测量使用中纬电子水准仪观测。在使用前，水准仪做了以下几项检验：水准仪的检定、i 角检校。

水准观测在标尺分划线成像清晰、稳定时进行。视线长度、前后视距差、视线高度按如附表 2-5 所示规定执行。

附表 2-5　四等水准测量的主要技术要求（DB33/T 552—2014）

等级	水准线路长度/km	视线度/m	前后视距差/m	前后视距累积差/m	视线高度/m	基辅分划或黑红面读数差/mm	基辅分划黑红面或两次高差的差/mm	附合路线闭合差（平地、丘陵）/mm
四等	≤15	≤80	≤5.0	≤10.0	三丝能读数	3.0	5.0	$±20\sqrt{L}$

注：L 为路线长度，不足 1 km 按 1 km 计；当成像清晰、稳定时，视线长度可以放长 20%。

2.4.2 四等水准观测

四等水准测量观测顺序为后—后—前—前。

水准野外测量记录采用电子记簿并集册提交。

视距两次读数取其平均值作为最终的视距。

2.4.3 水准网平差

四等水准网平差软件采用武汉测绘科技大学现代测量平差软件包进行平差。四等水准网均组成闭合环和附合路线进行检查，总长度 84.046 km，网中误差为 ±3.5 mm，其精度均符合限差要求。

2.5 地形图更新测绘

2.5.1 图根控制

在测区一级 GNSS 控制的基础上加密图根控制网，图根控制采用 GNSS-RTK 方式测量或图根导线形式布设。图根导线主要为附合导线和结点导线网，个别导线无法贯通的地区，采用支导线形式补充。

本测区内共布设图根点 5 945 点，满足设计要求的 64 点/km^2 要求。

2.5.1.1 图根点的编号

图根点以"英文大写字母"加序号，如 NA001、NA002……，或 NB001、NB002……（N 代表 2020 年，A、B 代表作业组代号或随机分配）。

2.5.1.2 图根点的埋设

图根点一般设置临时标志，土质地面打入了 20 cm 长木桩，木桩上钉上小钉，铺装地面打入 10 cm 长的钢钉，或打"+"字，刻方框，红漆涂描。

2.5.1.3 图根 GNSS-RTK 测量

GNSS-RTK 每个工作日联测多于一个的高等级控制点，通过联测检查平面及高程精度均满足设计要求。

RTK 图根施测采用 A 市 CORS 信号以网络 RTK 方式进行，测量手簿设置控制点的单次观测的平面收敛精度为 ±2 cm，高程收敛精度为 ±3 cm。RTK 平面控制点测量流动站观测时采用三角架对中、整平，每次观测历元数大于 20 个，采样间隔 2 s。各次测量的平面坐标、高程较差满足 ±4 cm 精度要求后取中数作为最终结果。

2.5.1.4 图根 RTK 测量质量检核

图根 RTK 测量精度的检测，是在地形图外业数据采集时测站检查时进行。经各测站实地检查，图根点测量精度良好。

2.5.1.5 图根导线测量

图根导线使用全站仪观测并自动记录，观测之前对全站仪、对中杆进行检校，正确设定全站仪的各项常数。平差计算采用北京清华山维《工程测量控制网微机平差系统》NASEW95 程序平差计算，相关数据及成果由计算机统一输出成电子数据。

2.5.2 地形图测绘基本要求

2.5.2.1 成图软件选择

本次测绘采用南方 CASS 9.1，成果提供 DWG 格式，便于后续处理时内码转为统一编码。

2.5.2.2 数据采集

（1）测图范围内的地物点、地形点原则上均实测坐标，个别隐蔽建筑物拐点无法实测的，采用交会法或勘丈法补充。

（2）每次设站开始测图前，进行测站点检查，检查结果不超限时，再进行碎部点测量。

（3）立尺点与图式符号的定位点或定位线严格一致。减弱棱镜常数对碎部点的误差影响，测图时使用小棱镜，并在全站仪设置中加入棱镜常数改正。

（4）碎部高程测量：高程碎部点均实测，高程点的测注位置较好地反映整体地势的变化情况。

（5）依山而建的房屋，其房后的坎子均测绘完整，并适当测注高程、高程点的密度及位置以满足绘制等高线的要求为准。

2.5.3 地形图测绘具体要求

2.5.3.1 水系及其附属设施的表示

（1）河流、沟渠、池塘均测绘岸边线，不测绘水涯线，其中的小岛测绘水涯线。

（2）堤坝测注坝顶高程，注记结构性质。

（3）沟渠的宽度图上大于 1.0 mm 时以双线表示，小于 1.0 mm 时用单线表示，单线沟渠的立尺点在沟渠的中心线上。

（4）道路两边的排水沟当其实际长度大于 10 m 时，用水沟符号表示，否则不表示。

（5）各式水闸、滚水坝、拦水坝均测绘，水闸均测绘高程及性质注记。

（6）河岸上栅栏连同陡坎按图式×××的形式表示，放入水系层。

（7）城市建成区内有纪念意义的古井、公用水井均测绘表示，农村居民地院落内不表示，机井注记"机"字。

2.5.3.2 居民地和垣栅的测绘表示

（1）围墙、栅栏、栏杆一般测绘外边线，考虑建立拓扑关系的需要，测绘时大概判断一下归属并考虑这类线状地物的整体构造。

（2）对于栏杆式围墙，按谁占主体表示谁的原则进行表示。当底座高出地面 1.0 m 以上（含 1.0 m）时，按围墙表示，否则按栏杆表示，测点位置在底座的拐点处。

（3）房屋的阳台和飘楼，分别采用相应的图示符号表示。

（4）架空房屋以房屋的外围轮廓投影为准，四角支柱实测表示。

（5）正规悬空房屋（无柱）包括楼梯间，图上宽度达 1 mm 的，均按《图式》要求测绘表示。

（6）门廊以柱或围护物为准，独立门廊以顶盖投影为准，支柱位置均实测。

（7）室外楼梯、台阶按投影测绘，但台阶图上不足3级的不表示；室外楼梯、台阶、阶梯路上的休息平台，长度在1m以上（含1m）据实表示，使用与该幢房屋一致的编码。

（8）临时性房屋不表示，建筑物顶层的楼梯间、电梯间、水箱间、临时性搭盖、假（夹）层、插层、阁楼（暗楼）、装饰性塔楼均不计算层数，也不表示。

（9）建筑中房屋据实测绘，若外形已确定，并能调注材料、层数但尚未竣工者，则按建成房屋表示。

（10）不规则简易房用相应编码测绘轮廓线，并在其中加注"简"字。

（11）对不宜实际测绘分割的裙楼按其最高层标注。

（12）房屋底层的车库不计算层次（如设计时层高超过2.2m，且理论上应算作独立层的除外）。如底层车库的外围轮廓线在房屋的主体结构线之外，则多出部分按房屋据实表示，注"车"。地下室出入口据实表示。

（13）地下室的表示按图式×××形式表示，其结构层次按"砼15-2"形式表示，其中15表示地上层数，-2表示地下层数。

（14）门顶、雨罩等只表示企事业单位、机关团体等较大型的，农村居民地和住宅小区内较小的不表示。门墩图上宽度大于1.0mm（含1.0mm）的，依比例表示，否则按不依比例表示。

（15）单位名称注记全名。

（16）房屋建筑结构分类严格按如附表2-6所示执行。

附表2-6　房屋建筑结构分类（DB33/T 552—2014 附录B）

分　类		内　容	简　注
编号	名　称		
1	钢、钢结构	承重的主要构件是用钢材建筑的，包括悬索结构	钢
2	钢、钢筋混凝土结构	承重的主要构件是用钢、钢筋混凝土建造的，如一幢房屋一部分梁柱采用钢、钢筋混凝土构架建筑	砼
3	钢筋混凝土结构	承重的主要构件是用钢筋混凝土建造的，包括薄壳结构、大模板现浇结构及使用滑模、升板等建造的钢筋混凝土结构的建筑物	
4	混合结构	承重的主要构件是用钢筋混凝土和砖木建造的，如一幢房屋的梁是用钢筋混凝土制成，以砖墙为承重墙，或者梁是用木材建造，柱是用钢筋混凝土建造	混
5	砖木结构	承重的主要构件是用砖、木材建造的，如一幢房屋是木制房架，砖墙、木柱建造的	砖
6	其他结构，如木、竹、土坯结构	凡不属于上述结构的房屋都归此类	木竹土或简
7	建筑中的房屋	指已建屋基或虽基本成型但未建成的一般房屋	建
8	破坏房屋	指破坏或半破坏的房屋，不分建筑结构	破
9	棚房	指有棚顶，四周无墙或仅有简陋墙壁的建筑物	

（17）新增设"房屋幢号"层，描述房屋幢号信息，在图上把房屋幢号以括号形式按自然数标注在房屋右上角，房屋幢号编码 220009。

（18）室外空调机平台均不表示，单位大门前可移动的各类雕塑不表示。

（19）机关单位、住宅小区、厂矿门口安装电动门的墙体，单位名称标示墙体，按其实际的投影范围测绘，统一用门墩符号表示。

2.5.3.3 工矿设施的表示

（1）露天采掘场均测绘范围线并注记性质，其内部的地貌根据实地情况测注高程点不绘等高线。

（2）大型露天设备、大型的水塔、烟囱、液气体储存设备等测绘范围线，并配以各自的性质注记。

（3）打谷场、球场均测绘表示并注记性质，居民地门前和单位内部的小块水泥地不表示。

（4）单位内部的储水池区别表示，居民院落内部的不表示，其内花圃花坛、小范围的假石山不表示。但在居民院落内部的水泥地坪上适当测注高程。

（5）建筑物顶部的各类微波站、雷达站等不表示，地面上的各种微波站，雷达站、通信中继站等按图式表示。

（6）各种宣传橱窗、广告牌等均表示，装饰性广告牌不表示。

（7）道路及街道两旁的路灯均表示，单位、住宅小区内部的路灯不表示。

（8）电话亭、咪表、邮政信箱等市政部件均实测表示。消火栓实测，报亭实测范围线并注"报"字，活动的垃圾箱、临时性岗亭等不表示。

（9）花坛的高度大于地面高度 20 cm 以上时，按花坛表示，否则用地类界或其共用边界的其他地物代码表示。

（10）施工地内部的临时性工棚（房）不表示，施工地内部的地形地貌不表示，只在范围内注记"施工地"字样。

2.5.3.4 交通及其附属设施的表示

（1）公路（国道、省道及县乡道）按对应符号测绘表示，并正确注记等级及编号。公路、街道按其铺面材料分，以砼、沥、砾、石、砖、碴、土等注记于图中路面上，铺面材料改变处，用地类界符号分开。

（2）过街天桥及隧道均据实测绘，隧道的出入口均测绘准确；公交站台均测绘并用相应符号表示。

（3）城市街道按主干路（四车道及以上）、次干路（二车道）、支路（可通行汽车）分类按图式×××表示。

（4）街道上的车行指示灯、人行指示灯按图式×××表示。

（5）立交桥大型桥梁的桥墩位置均实测表示。各种车行桥均应注记性质。

（6）城市道路上的路标均表示，各种装饰性的道路指示牌不表示。

（7）交通路口、道路上独立的监视摄像头用 CASS 软件中市政部件中的视频监视器符号表示。

（8）渡口、固定码头、浮码头、停泊场均表示，渡口注记性质，旅游船只的停泊场及临时停泊码头不表示。

2.5.3.5　管线及其附属设施的表示

（1）电力线、通信线不连线，骨架线应保留，放在"骨架线"层。以铁塔形式架设的输电线均连线并注记伏数。跨度较大的双杆电力线均连线。低压电杆的拉杆不表示，高压电杆的拉杆则要表示。

（2）各种电线杆测绘时，均测绘到图式符号的中心定位点位置。

（3）依比例表示的架空管线的墩架均实际测绘；不依比例表示的架空管线的墩架，转弯处实测，其余的配置表示。

（4）地面上的各种管线，当长度小于 10 m 时不表示，地下管线能够判明走向且长度大于 50 m 时表示，否则不表示。

（5）主要道路上的或主干管线上的各种检修井均表示，不测范围线；次要道路、巷道、单位及住宅小区、居民地内部的各类检修井不表示；污水篦子、水龙头不表示。

（6）各类过河管线均表示，当其图上长度不足以绘制出相应符号时，不表示，过河管线标均表示。

（7）重要的地下管道，如输气线、输水线、地下光缆按桩位实测并连线。对过境新城区的国家重要管线均据实测绘上图，注记专有名称，准确表示位置走向。

2.5.3.6　植被的测绘表示

（1）当一个地块内含有多种小面积的其他植被时，适当进行综合取舍，只表示主要的地类。

（2）单位内部的植草砖以地类界区分，图上以注记"草砖"表示，放植被层。

（3）城市及居民地内部的零星小面积菜地，统一用空地表示。

（4）高大的，有明显方向意义的或有纪念意义的独立树均表示，有名称的注记树名，居民地内部的零星散树不表示。

（5）行树、活树篱笆、狭长的竹林、灌木林等均实测端点及弯点。

（6）每块水田内部测注一个田面高程点。

（7）一般耕地符号配置时以其长期耕种的主要作物进行表示。

2.5.3.7　对以上没有涉及的地形、地貌要素的表示

各类境界线不进行测绘表示。

各类说明注记随层。

其他没有明确的地形地物按 GB/T 20257.1—2017《1∶500　1∶1 000　1∶2 000 地形图图式》、××省地方标准 DB33/T 552—2014《1∶500、1∶1 000、1∶2 000 数字地形图测绘规范》要求进行测绘表示。

2.5.4 图形数据要求

2.5.4.1 图层设置

图层设置按如附表 2-7 所示分层方案（共分 15 层）。

附表 2-7　图形数据分层方案

序　号	层　名	数据特征	颜色（号）
1	控制点	点、线、注记	红
2	居民地	点、线、注记	紫
3	工矿设施	点、线、注记	11
4	交通设施	线、注记	青
5	管线设施	点、线、注记	黄
6	水系设施	点、线、注记	蓝
7	地貌	点、线、注记	绿
8	高程点	点、注记	红
9	等高线	线、注记	黄
10	植被	点、线、注记	绿
11	房屋分层线	线	紫
12	房屋幢号	注记	白
13	骨架线	线	白
14	图廓	线、注记	白
15	辅助	线	白

2.5.4.2 数据要求

（1）数据满足拓扑关系。

（2）作业环境统一，包括 CASS 编码、层名、颜色、点符号和线符号。

（3）所有要素包括注记只有唯一的 CASS 编码。

（4）线实体中不使用圆弧、二维多段线、三维多段线、拟合线等进行数据表达。

（5）植被、水系、工矿设施及地貌土质、房屋等均满足构面要求，没有缝隙存在。

（6）简单房屋、建筑中房屋、破坏房屋、棚房等数据的楼层属性统一赋为一层。

（7）房屋按栋采集外边线构面，分层部分用房屋分层线表示。

（8）房屋辅助面包括阳台、廊房、门顶、围墙、台阶、室外楼梯、依比例尺表示的墩（柱）等具有面状的房屋附属结构，按范围线采集。

（9）植被、地质地貌类数据按实测范围线，属于零散符号，没有明确边线的不构面。

（10）工矿设施及辅助设施按实测范围线构面。

（11）线状要素遇注记不断开，保持符号及属性的连续。规范要求断开的要素除外。

（12）需要标注单位标志点有工矿企业、机关事业单位、私企公司等的法定名称；地名标志点包括镇（街）名、村名等行政名称。

（13）横排注记可以是字符串，竖排或倾斜注记应根据采用的编辑软件不同，选择采用单个字符还是字符串注记。

（14）注记按《基础地理信息要素分类与代码》分类（分层、分编码），与地形地物分类相对应，注记随目标层，注记与对象分离，注记要保持唯一性，允许空格和分行。

（15）注记排列整齐，并尽量不压盖其他地物。

（16）平面坐标和高程坐标显示小数位：平面 3 位，高程 2 位。

2.5.5 其 他

（1）数据文件名统一，如分幅图、测区总图（即标段总图）、分幅接合图等均用统一规则的文件名。

（2）测区总图以合同标段名作为文件名，如"1∶500 地形图（DLG）更新测绘（2020）"。

（3）分幅图的数据文件命名规则：按图幅号命名，即"X-Y"坐标号，如"313.50-568.00"。

（4）测绘机关统一注记：A 市规划局。

（5）测绘成果目录按××省测绘局统一的"市级目录数据库.mdb"格式进行编制。

（6）电子数据成果要满足面向对象、标准化、剖分性（完整、无缝、不重叠）的基本要求。

2.6 数据编辑与入库

本项目对 A 市区 2020 年度更新测绘的地形图数据入库，以 ArcGIS 格式存储在 Oracle 数据库中。

对 E 镇、G 镇、F 镇 92.18 km^2 测绘的地形图按新数据库要求入库。入库的主要方法是首先根据 A 市数据分层标准将 DLG 数据进行分层，将分层正确的数据转换成 ArcGIS 的 File Geodatabase 格式，根据系统要求的属性结构进行各层属性结构的建立并赋相应属性，数据检查无误后进行数据入库。考虑工作的简便性，初步只对本次修测的工作先构面赋值，数据整理，入库检查。待完成法定质检后，再导入原市区 GIS 库，接边处理等。

2.6.1 技术流程（见附图 2-1）

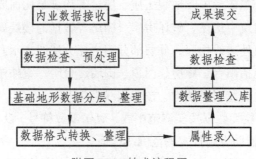

附图 2-1 技术流程图

2.6.2　数据格式转换

FME 2012 和 arcGIS 10 平台。gdb 格式转换成 DXF，再导入 DXF 格式数据到 WalkISurvey 2012 软件，建库好后再导出 E00 数据，然后利用 FME 转换，最后导入 ARCGIS，生成 gdb 格式数据。

数据转换由程序自动实现，人工干预的少，基本保证图属一致性，为了验证数据转入的正确性，我们将原数据以加入接边工程的方式，导入底图进行相应的检查和比对。

图形数据检查主要是检查转入的图形和原 dwg 图形有无变化、地图坐标系统是否一致、实体对象的属性是否正确。

2.6.3　属性录入

对转换后的数据，用自编程序对要素进行代码赋值，其属性按照标准属性结构进行属性录入，以满足数据建库的要求。

属性录入完成后对各层的属性进行属性检查，属性数据的检查主要包括字段非空检查、字段唯一性检查、字段值范围检查。

检查各图层的图形数据和属性数据是否一致、属性是否正确、要素代码是否为空。

2.6.4　各类要素处理原则

2.6.4.1　测量控制点要素类处理

（1）测量控制点点要素处理。

将测量控制点归并到 SCP_PT 层。测量控制点必须表示完整，如果该测量控制点处只有点名而根据点的坐标信息能够判断出高程的要把高程值加到测量控制点点名下方，如无法判断高程值则将其删除。

（2）测量控制点线要素处理方法。

将测量控制点短横线归并到 SCP_LN 层。统一用测量控制点分数线表示。

（3）测量控制点注记要素处理方法。

将测量控制点注记归并到 ANNO 层。在归并图层后对测量控制点及注记进行删除，即如果该处没有测量控制点点号或没有高程，将该测量控制点删除。

2.6.4.2　水系要素类处理

（1）水系点要素处理。

将水系点归并到 HYD_PT 层。对于水系点要素中有向点要素要根据其所指示的方向来赋旋转角度。沟渠用沟渠流向，河流用河流流向。对于有名称的泉等水系点将其名称赋到水系点的名称属性里。

（2）水系线要素处理。

将水系线归并到 HYD_LN 层。

除储水池等人工形成的水系面以外都要根据水系面反衍生成常水位岸线，当常水位岸线与防洪墙等其他水系线要素重叠时重叠表示；且接边处的常水位岸线要把其删除，同时两条河流交叉的常水位岸线删除。

依比例涵洞以涵洞出入口线、涵洞边线和涵洞结构线配合表示，不依比例涵洞用点符号表示，半依比例涵洞用涵洞线表示，并赋相应代码。

依比例水闸以水闸上下上边线及结构线同时配以水闸符号表示，同时如有水闸名称在水闸结构线中赋名称属性。

加固岸根据原始底图区分加固岸（有防洪墙）、加固岸（无防洪墙）、加固岸（有栏杆）、有防洪墙（有栅栏）分类代码赋为相应类型的加固岸代码。

（3）水系面要素处理方法。

水系构面时以原始底图的水系边线作为边界进行构面，当水系面遇桥梁及依比例涵洞时要将河流面贯通表示。当水系遇桥梁时，如水系较桥梁宽时要以桥边线作为水系面的边线，反之当水系较桥窄时以水系原来宽度进行构面；当水系面遇涵洞时处理方法同上，当水系面遇到台阶或室外楼梯时将台阶或室外楼梯扣除。

水系构面时要将水系名称属性赋到名称属性里，当水系面交叉时要区分不同的情况对水系进行不同形式的构面处理。

有名称的河流与没有名称的河流交汇时，有名称的河流构成一个完整面，没有名称的河流断开，分别构面。有名称的河流与荡漾湾交汇，河流与荡漾湾分开构面。

同时沟渠构面时要根据原始底图的沟渠边线来区分支渠与干渠，即原始底图沟渠边线为地面干渠的要构地面干渠面，为地面支渠的构地面支渠面，且有名称的沟渠也要赋名称属性。

当植被符号出现在以土质无滩陡岸或石质无滩陡岸所围成的封闭区域内，将该封闭区域作物池塘面处理并在水系面的使用类型中赋相应的植被名称，植被注记仍放到植被与土质注记层，植被与土质面层不再构面。

（4）水系注记要素类处理方法。

将转换后的注记根据图层及注记内容统一转归并到 ANNO 层。

2.6.4.3　居民地及设施要素类处理方法

（1）居民地及设施点要素处理方法。

将居民地点归并到 RES_PT 层。对于居民地点要素中有向点要素，要根据其所指示的方向来赋旋转角度。将归并图层后的 ANNO 层根据其所表示的具体内容赋以居民地名称属性点。其中村名无法区分行政等级故将所有的村名归并为行政村并赋行政村分类代码，其他注记无法明确判断属于哪类地物的根据其内容进行归并，一般可归并为其他企事业单位。旅游点根据性质，赋以相应的公园、景点等代码。如果注记内容表示庙宇、土地庙等点状地物，要将名称赋值到相应的庙宇及土地庙点的名称属性里。所有的名称属性点都必须保持唯一性，只保留能够概略表示该地名的名称属性点。

（2）居民地及设施线要素处理方法。

将房屋线除外的居民地及设施线（如围墙等）归并到 RES_LN 层，房屋线不入库。

围墙用围墙内边线、围墙外边线统一表示，赋相应代码，不依比例围墙统一转换为围墙线。围墙短线删除。

地下建筑物出入口为有向点，要将原始数据中的辅助线及根据其所示的方向来采集建筑物出入口的方向并将旋转角度赋到建筑物出入口点的旋转角度属性中，如附图2-2、附图2-3所示。

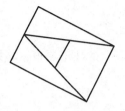
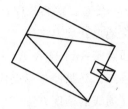

附图2-2　原始建筑物出入口（线）　　　　附图2-3　采集建筑物出入口（点）

原始数据的宣传橱窗（广告牌）包括骨架线及配置线，根据转换后的宣传橱窗代码将骨架线入库，并赋宣传橱窗、广告牌（线）的代码。

原始数据中的阳台线要严格按照底图进行入库，并根据原始底图的实际位置进行阳台构面。

原始数据中的活树篱笆用骨架线配以活树篱笆符号表示，在入库时将活树篱笆的配置符号删除，只入库活树篱笆线并赋活树篱笆线代码。

原始数据中的悬空通廊是以骨架线配以边线和符号线表示的，在入库时将悬空通廊的骨架线转为边线，符号线转化为配置线入库，并赋相应代码。

原始底图的室外楼梯及台阶没有区分边线及配置线，在入库时根据转换后的数据重新区分边线及配置线。

（3）居民地及设施面要素处理方法。

一般居民地面根据房屋边线进行构面，在构面前需对房屋边线及阳台线进行拓扑处理使其完全封闭。同时要根据原始底图对房屋的类别进行区分一般房屋、棚房、简单房、破房等，并赋相应的分类代码。对于一般房屋要根据原始底图注记赋建筑结构和层数属性。对于原始底图中没有标注结构或层数的相应的属性值为空。

喷水池要根据原始底图的轮廓线来进行构面处理，积肥池根据原始底图的轮廓线进行构面表示，原始数据中标注"厕"字的封闭区域要进行构面并赋厕所面代码，阳台以阳台线及阳台面进行构面表示，在构面时根据原始底图的阳台线及房屋线进行构面，同时对阳台面及阳台线分别赋分类代码属性。

露天体育场面要进行构面并配以内跑道线进行表示，当露天体育场面中标注"球"字时，根据外跑道线构面表示。

原始数据中水闸房屋、抽水机泵房将其构面并归并到RES_PT层，用一般房屋面表示，其余均不构面。

温室、大棚在入库时原始数据中有温室、大棚点的要采集温室点，有温室、大棚轮廓线的要采集轮廓线，温室、大棚不构面。当温室、大棚的边线是用房屋边线表示时将温室用相应的房屋面表示。粮仓等其他附属设施的处理方法同温室、大棚的处理方法。

（4）居民地注记要素处理方法。

根据转换后注记要素的图层名属性及内容属性将居民地注记归并到 ANNO 要素层。

2.6.4.4　交通要素类处理方法

（1）交通点处理方法。

将交通点归并到 TRA_PT 层，对于标有"停车场"的注记要根据其指示的实际位置生成停车场点，并赋停车场点代码。

（2）交通线的处理方法。

将交通线归并到 TRA_LN 层，交通层不构面。原始数据中无道路中心线，要根据转换后的道路边线，绘出道路结构线，凡是有路名的主干道都绘出道路结构线，并赋道路名称及宽度属性。对有名称的桥或通路的桥采集结构线，结构线赋名称及宽度属性。桥通路时，桥结构线要与道路结构线重叠表示。

单层桥入库时只入骨架线代码同时采集结构线。其他类型的车行桥同单层桥处理方法。

原始底图中的门洞、下跨道归并到 TRA_LN 层，入库时门洞、下跨道只入门洞、下跨（线）赋相应的代码，配置短线不再入库。

（3）交通注记要素处理方法。

将转换后的注记要素根据其图层属性及注记内容归并到 ANNO 层。

2.6.4.5　管线要素类处理方法

（1）管线点要素处理方法。

将管线点归并到 PIP_PT 层。根据分类代码表将原始数据中的有向点通过编码转换转为相应数据库代码，且赋旋转角度。原始数据中为井盖的，将其归类为井，其他管线点要与相应的管线配套进行表示。不同的电杆区别表示，其中输电电杆沿用省标准（分类编码为 5103010104），新增配电电杆（分类编码为 5102010104）、通信电杆（分类编码为 5201010104）。

（2）管线线要素处理方法。

将管线（线）归并到 PIP_LN 层。各类管线要与相应的管线附属设施配套表示。

（3）管线注记要素处理方法。

将管线注记要素根据其图层属性及注记内容归并到 ANNO 层。

2.6.4.6　地貌要素类处理方法

（1）地貌点要素处理方法。

将地貌点要素转换后根据分类代码归并到 TER_PT 层。对于高程点统一转换为高程注记点中的高程。对于山体上的山峰点如果有名称则要在山峰点的名称属性里赋名称属性。

（2）地貌线要素处理方法。

将转换后的线要素根据分类代码即分类代码以"7"开头的线要素归到 TER_LN 层。

对于自然斜坡用自然斜坡（坡脚线）、自然斜坡（坡顶线）及配以自然斜坡（齿线）表示，以加固点符号来区分加固与不加固。

对于陡崖原始底图有符号齿线较长的情况，根据分类代码将原始底图的符号齿线全部删除，只将陡崖的符号线进行入库。

水系面边线以加固坎线型表示的统一转换成石质无滩陡岸，并赋石质无滩陡岸代码；水系面边线以未加固坎线型表示的统一转换成土质无滩陡岸，并赋土质无滩陡岸代码。同时水系面边线若是田坎等要素要根据其线型来转换成相应的石质无滩陡岸与土质无滩陡岸，并赋相应的代码。

斜坡、田坎、垄等根据代码对应关系将各种线转换成对应的地物并赋对应的分类代码。

等高线需根据底图来区分首曲线、计曲线等并赋高程属性。除等高线以外的所有地貌线的高程值为空，等高线不需连接成一条线只要能够实接即可，等高线遇面状地物时需断开。

（3）地貌注记要素处理方法。

转换后的原始数据根据其图层属性及注记所标示的内容进行图层归并。

2.6.4.7　植被与土质要素类处理方法

（1）植被与土质点要素处理方法。

植被与土质点归并到 VEG_PT 层，在入库后根据分类代码将行树点符号删除，只入库行树线。

（2）植被与土质线要素处理方法。

植被与土质线归并到 VEG_LN 层。

（4）植被与土质面要素处理方法。

植被与土质在构面处理时要严格按照底图所表示的植被范围进行构面，并根据对应的植被点来区分植被的类型，若同一个植被面有多种植被点，则以较多的一种作为该植被面植被类型，若大致一致则任何一种都可。同时植被面标出有植被名称的要将植被名称赋到植被面的名称属性里。当植被面为水生作为类型且其边界是陡岸时要将该植被面构到水系面中，并将水系面的使用类型赋为植被名称，植被注记及植被点依然归并到植被注记与植被点层。

（5）植被与土质注记要素处理方法。

根据转换后数据的图层属性及注记内容将植被注记归并到 ANNO 层。

2.6.5　其他规定

（1）有名称的桥及通路的桥，都应采集中心线，除这两个外不通路的桥不需采集中心线。

（2）道路代码名称相同的认为是同一道路，在无明显断开物且小于 1 m 内的也认为是同一道路，道路宽度取整表示。

（3）露天体育场的跑道面应包括球场内的植被面，方便今后统计露天体育场的面积。

（4）植被面应加作物类型。

（5）控制点中的导线点和 GNSS 点应赋上等级，点名仍保持完整（包括等级）。

（6）有地类界范围线的独立竹、散树、单独菜园应构面成竹林、小面积树林、菜园。

（7）自行车停车线、电力检修井范围线用地类界表示范围，里面用注记注明。燃气调压站用阀门符号表示。小型变电室边用地类界表示，电信交接箱范围线用地类界表示。单个树木符号的，用疏林面构面。台阶和室外楼梯，简单的用边线表示，复杂的用边线加配置线表示。

2.7　A 市基础地理信息系统数据库建设

2.7.1　DLG 数据入库

（1）数据转换入库。

① 将符合要求的数据通过 ARCSDE 进行数据入库。

② 将通过检查的入库数据导入到 A 市基础地理信息系统数据库中。

（2）数据整理。

数据转入到数据库后，将转入后的数据按照属性结构标准进行配置，使各层中的点状符号规范化。

在数据库中为使图面比较整洁美观，按照图式要求进行图面整饰：

① 文字大小及颜色根据要求进行设置；

② 面状地物的颜色应综合设置；

③ 符号标准化；

④ 文字和符号进行调整后，针对压盖符号的文字进行了相应的移动和处理。

2.7.2　数据库检查

所有数据入库完毕，对数据进行整体检查以保证数据库的正确性。

检查内容：图形检查、属性检查。

图形检查主要是进行图形的完整性、正确性、拓扑关系正确性和逻辑关系一致性检查。属性检查包括属性的完整性、正确性、规范性等检查。确保整个数据库的完整性与正确性。

2.8　出现的主要技术问题和处理方法，特殊情况的处理

（1）个别单位、厂房、居民地因拒绝或无法进入内部测量，如某某山中央酒库、A 市某金属制品有限公司、莫某石膏线厂等，这种情况在图上有明确注明。

（2）部分特殊部门，特殊桥梁如××高速等无法进入的施测至铁丝网。

（3）一层房屋，顶层为石棉瓦或铁皮时作为简单房屋表示，当墙壁为砖的两层时，注记为"砖2"。

（4）单户进出的通道按整体房子表示。

三、质量情况

3.1 质量控制

整个工程都是通过过程控制来完成的，对每一个过程采取了有效的控制措施和方法：

（1）作业员自检：每个作业人员对自己的测绘成果 100%自检，检查无误后提交作业组检查。

（2）作业组自检：作业组对自己的测绘成果 100%自检，检查无误后提交作业组检查。

（3）项目组检查：项目工程技术负责、质检员等组成检查组，对作业组的工作进行了监督和指导，并对其成果进行 100%的检查，查出问题后作业组进行了改正。

（4）院部检查：院组织技术力量，协同项目负责人，对工程项目进行最终检查，检查量超过 20%。根据检查结果对项目质量进行了质量评定。

3.2 成果精度情况

3.2.1 一级 GNSS-RTK 控制点平面检测

平面检测分别采用 GNSS 静态观测及全站仪观测方式对一级 GNSS RTK 点进行坐标、边长及角度检测。

（1）全站仪检测。

全站仪观测采用 2″仪器，用全站仪检测时按一级点观测要求进行边长、角度观测，观测数据前根据实际情况进行相应的气象及常数改正。

全站仪共测设 37 站，检测了 95 条边长和 58 个水平角，具体如附表 2-8 所示。

附表 2-8　一级 GNSS-RTK 点测边测角精度统计表（部分）

| 测站 | 观测方向 | RTK 坐标反算值 | | 全站仪检测值 | | 较差 | | |
		水平角	边长 /m	水平角	边长 /m	$\Delta\beta$	Δs /cm	边长较差相对误差
N055	N353-N168	304°57′38″	370.263	304°57′25″	370.246	13″	1.7	1/21 780
			170.787		170.782		0.5	1/34 157
N159	N161-N162	36°33′06″	226.051	36°33′20″	226.044	14″	0.7	1/32 293
			314.799		314.788		1.1	1/28 618

测站	观测方向	RTK 坐标反算值		全站仪检测值		较差		
		水平角	边长/m	水平角	边长/m	$\Delta\beta$	Δs/cm	边长较差相对误差
N159	N161-N160	96°44′35″	226.051	96°44′48″	226.044	13″	0.7	1/32 293
			217.476		217.467		0.9	1/24 164
N060	N059-N061	183°20′30″	199.739	183°20′16″	199.732	14″	0.7	1/28 534
			313.253		313.245		0.8	1/39 157
N060	N059-N261	84°44′01″	199.739	84°43′53″	199.732	8″	0.7	1/28 534
			410.563		410.549		1.4	1/29 326

由上表可知，GNSS-RTK 与全站仪的检测较差均在限差内。

（2）GNSS 静态检测。

在测区内均匀选取一级 GNSS-RTK 控制点 100 个做静态检测，检测比率占 10.6%。

GNSS 基线解算采用华测 Compass 随机商用软件，选择独立基线按多基线处理模式统一解算，采用符合要求的固定解作为基线解算的最终成果。GNSS 平差采用华测 Compass 随机商用软件，平差后边长最大相对误差 1/34 527（N922-N924），平面最大点位中误差 1.77 cm（N922），如附表 2-9 所示。

附表 2-9　GNSS 静态检测成果平面坐标比较表（部分）

序号	点号	静态平差成果/m		GNSS-RTK 成果/m		较差
		X	Y	X	Y	ΔS/cm
1	N001	3 327 036.770	568 014.451	3 327 036.765	568 014.445	0.8
2	N006	3 327 405.373	566 700.469	3 327 405.372	566 700.474	0.5
3	N009	3 327 669.086	565 782.706	3 327 669.077	565 782.703	0.9
4	N013	3 328 047.893	564 507.521	3 328 047.893	564 507.537	1.6
5	N019	3 328 962.418	565 181.848	3 328 962.422	565 181.845	0.5
6	N034	3 328 584.823	566 372.295	3 328 584.809	566 372.285	1.7
7	N040	3 328 360.863	567 301.694	3 328 360.857	567 301.686	1.0
8	N055	3 326 031.146	568 459.674	3 326 031.146	568 459.67	0.4
9	N061	3 328 129.480	569 955.031	3 328 129.471	569 955.026	1.0
10	N071	3 330 648.786	565 691.571	3 330 648.788	565 691.575	0.4
11	N076	3 330 068.288	566 920.126	3 330 068.28	566 920.128	0.8
12	N080	3 329 866.339	567 973.682	3 329 866.338	567 973.67	1.2
13	N084	3 329 680.300	568 936.400	3 329 680.303	568 936.387	1.3

由上表可知，GNSS-RTK 与 GNSS 静态观测成果较差值均在限差之内。

通过全站仪、GNSS 静态观测数据与 GNSS-RTK 所测数据的比较，可以看出 GNSS-RTK 观测平面数据精度能够满足《规范》要求。

3.2.2　一级 GNSS-RTK 控制点精化高程检测

精化高程检测采用四等水准的方法。在测区内均匀选取一级 GNSS-RTK 控制点 260 个做四等水准测量，检测比率占 27.6%。

（1）四等水准测量。

精度情况：6 个闭合、5 条附合线路闭合差、附合差小于 1/3 限差，占 100%，如附表 2-10 所示。

附表 2-10　水准闭合环闭合差统计表

序号	路线总长/km	闭合差/附合差/mm	
		实测	允许
1	9.168	0.3	±60.5
2	9.569	−4.2	±61.8
3	14.920	0.2	±77.2
4	9.484	7.1	±61.5
5	11.688	18.6	±68.3
6	4.927	0.6	±44.3
7	5.490	8.4	±46.8
8	3.052	−0.3	±34.9
9	5.145	−3.4	±45.3
10	5.395	12.5	±46.4
11	10.108	11.7	±63.5

由上表可知，水准网闭合差、附合差各项精度均满足规范要求。

观测数据经整理后编制成平差数据文件，采用武汉测绘科技大学现代测量平差软件包，对整个水准网进行严密平差。

平差后，最弱点高程中误差为 ±5.90 mm（N656、N677），高程中误差为 ±3.5 mm，其他各项指标均符合《城市测量规范》，达到设计要求。

（2）四等水准高程与精化高程比较（见附表 2-11）。

附表 2-11　四等水准高程与精化高程比较表（部分）

点号	水准高程	精化高程	较差	点号	水准高程	精化高程	较差
	H/m	h/m	ΔH/cm		H/m	h/m	ΔH/cm
N001	6.919	6.924	− 0.5	N395	7.211	7.228	− 1.7
N002	6.541	6.498	4.3	N396	5.374	5.407	− 3.3
N003	5.796	5.775	2.1	N398	6.900	6.910	− 1.0
N004	8.409	8.392	1.7	N399	5.272	5.289	− 1.7
N005	6.465	6.473	− 0.8	N401	5.277	5.291	− 1.4
N006	6.022	6.031	− 0.9	N404	7.527	7.517	1.0
N007	7.322	7.327	− 0.5	N405	5.053	5.068	− 1.5
N008	6.097	6.095	0.2	N410	5.395	5.403	− 0.8
N009	8.109	8.099	1.0	N411	5.174	5.177	− 0.3
N010	6.384	6.368	1.6	N412	5.200	5.216	− 1.6
N011	7.471	7.476	− 0.5	N415	5.825	5.824	0.1
N012	5.878	5.871	0.7	N416	4.304	4.302	0.2
N014	8.058	8.073	− 1.5	N418	5.136	5.148	− 1.2
N015	5.388	5.401	− 1.3	N419	5.371	5.351	2.0
N016	5.415	5.397	1.8	N420	5.468	5.466	0.2
N017	4.812	4.791	2.1	N421	5.123	5.111	1.2
N019	5.692	5.682	1.0	N439	5.126	5.147	− 2.1
N020	5.691	5.680	1.1	N441	5.268	5.286	− 1.8
N021	5.857	5.863	− 0.6	N442	5.013	5.032	− 1.9
高程较差中误差 M_h = ± 2.36 cm							

由上表可知精化高程与四等水准高程的较差中误差为 ± 2.36，能够满足 GNSS 高程测量四等水准高程中误差 ± 0.030 m 的规范要求（CJJ/T 73—2019），可见 RTK 测高符合四准水准精度要求。

3.3　成果质量评述

本测区的一级 GNSS 控制点分布均匀、精度良好，能满足测区控制布网的要求；图根点根据地物分布和复杂情况布设灵活，建筑物密集区内布得比较多，完全满足全站仪测图采点需要。地形图地物施测齐全、各要素表示主次分明，符号表示正确，高程注记均匀、恰当。数学精度良好，符合规范要求。综上所述，本测区内、外业工作都达到技术设计与规范的要求，资料可提交质检。

四、上交测绘成果和资料清单

（1）技术设计、技术总结、院级检验报告。

（2）一级 GNSS 点通视图、GNSS-RTK 观测计算资料、一级 GNSS 点点之记。

（3）四等水准观测平差资料、四等水准线路图。

（4）图根导线观测、计算资料。

（5）控制点成果表。

（6）测区总图。

（7）地形图入库成果。

（8）仪器检定资料、检校资料。

（9）测区分幅接合图。

（10）完整的数据文件一套。

A 市城市规划测绘院
2020 年 11 月

附录三　大比例尺地形图数字成果质量检查验收

一、数学精度

（一）数学基础

1. 平面坐标系统

在我国当前情况下，基础性地理信息成果坐标系统强制推行"2000 国家大地坐标系"，个别工程项目由于历史原因或受当地自然条件限制，可选择 1980 西安坐标系、1954 年北京坐标系和经国务院批准的地方独立坐标系，但都要提供与国家大地坐标系联测的参数，纳入 2000 国家大地坐标系内管理。目前 2000 国家大地坐标系已由相关主管部门对外公开发布使用。

2. 高程坐标系统

当前我国基础性地理信息成果的高程系统采用"1985 国家高程基准"。其他高程系统不予采用。

3. 各类投影计算、参数的使用

在我国大比例尺地形图投影通常采用高斯-克吕格投影投影方式进行测区的坐标计算。高斯平面投影的特点：① 中央子午线无变形；② 无角度变形，图形保持相似；③ 离中央子午线越远，变形越大。因此对于大比例尺地形图来说，选择合适的中央子午线是保证测区内变形最小的基础。

（1）图根控制测量精度。

（2）图廓尺寸、对角线长度、格网尺寸。

（3）控制点间图上距离与坐标反算长度较差。

（二）平面精度

1. 平面绝对位置中误差

大比例尺地形图的平面位置的考核是以图上的地物点对最近的野外控制点的中误差来衡量，以幅为单位进行统计计算。若大比例尺地形图生产方式采用全野外方式采集，平面绝对位置精度检查采用同精度检测。

2. 平面相对位置中误差

大比例尺地形图考核是以图上地物之间相对位置与实地地物之间较差的中误差来判定。

（三）接边精度

大比例尺地形图的质量检查最终要落到"数字地图"的根本上。在地形图的质量检查验收中，野外巡视检查和图面分析等检查经常能够发现一些影响地形图质量的问题，尤其是接边检查。实际生产中通过接边检查，在单幅图中会发现意想不到的问题。下面从数据接边这个角度进行阐述。

地形图数据接边是整个测区完整统一的保障。数字地形图由线划、符号、颜色、注记、整饰等组合性表达，按照比例尺要求，对地面上存在的地物、地貌，利用地形图符号、颜色、线形和文字注记进行再现，从地物、地貌准确性和图面正确性的角度来说，除了必要的综合取舍和位置精度的细小差距外，大比例尺地形图上表示要与实际情况完全一致，为保证测区的完整统一，就必须对图幅之间进行接边和检查。

地形图接边从属性的角度讲，包括图层、代码及属性值等；从逻辑一致性的角度讲包括概念一致性、格式一致性、拓扑一致性；从地理精度和地图整饰的角度讲包括颜色、线划（线宽等）、符号、注记等。

地形图图幅之间的接边包括地物、地貌全要素，如附图 3-1 所示，从左至右，① 内外图廓线及图幅角坐标；② 旱地；③ 围墙；④ 斜坡及斜坡方向、坡脚线；⑤ 通信线；⑥ 地面材质分界线及材质注记"沥"；⑦ 村委会注记；⑧ 门墩；⑨ 省道边线；⑩ 涵洞边线；⑪ 道路名称、等级、材质注记；⑫ 沟渠边线；⑬ 房屋边线及材质注记；⑭ 图边处所有的高程。下面依次分解。

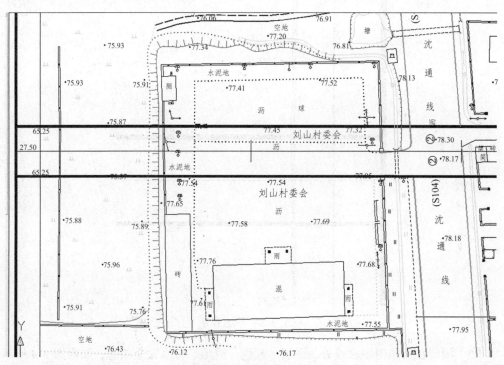

附图 3-1　地形图示例

263

（1）内外图廓线及图幅角坐标：图层、内外图廓线宽符号、颜色及坐标注记字高、字形完全接边，如附图 3-2 所示。

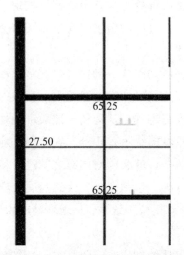

附图 3-2　内外图廓线及图幅角坐标表示

（2）旱地，在两幅图内图廓线，图层、颜色、符号完全接边，如附图 3-3 所示。

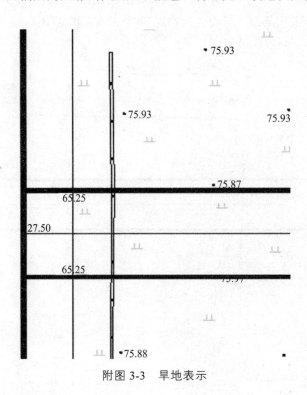

附图 3-3　旱地表示

（3）围墙在两幅图图廓线处，图层、颜色、线形、符号完全接边，如附图 3-4 所示。

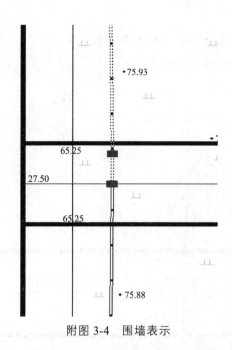

附图 3-4　围墙表示

（4）斜坡及斜坡方向、坡脚线，图层、颜色符号、线形及斜坡方向完全接边，如附图 3-5 所示。

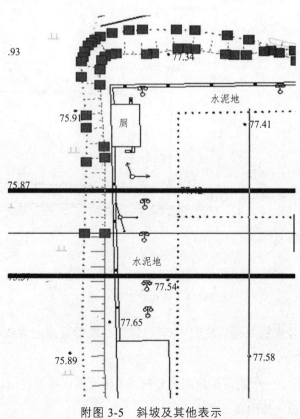

附图 3-5　斜坡及其他表示

（5）通信线连线方向及符号在两幅图内图廓图层、颜色、符号完全接边，虚线是为了显示清楚的辅助线，如附图3-6所示。

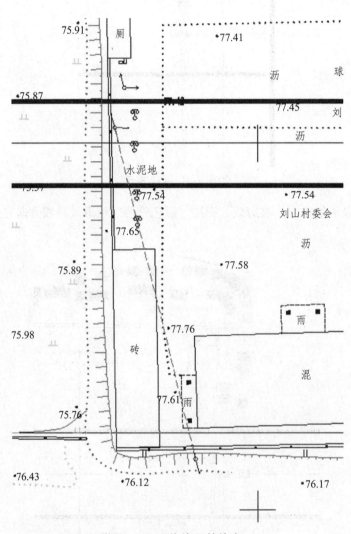

附图3-6　通信线及其他表示

（6）地面材质分界线及材质注记"沥"，图层、线形及注记的图层、字高、字形完全接边，如附图3-7所示。

（7）村委会注记，一个院落被内图廓分割，在两幅图内都要注记，图层、注记字形、字高及名称完全接边，如附图3-8所示。

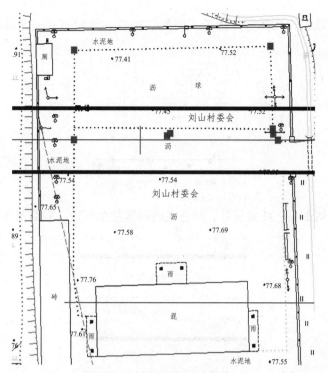

附图 3-7 地面材质分界线表示

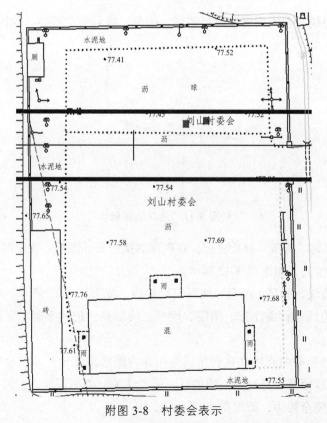

附图 3-8 村委会表示

（8）门墩边线，在内图廓接边处，图层、颜色、线划节点完全接边，如附图 3-9 所示。

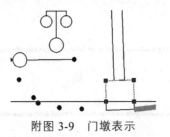

附图 3-9　门墩表示

（9）省道边线图层、线宽符号、颜色在内图廓完全接边，如附图 3-10 表示。

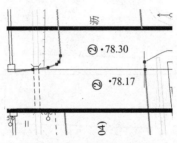

附图 3-10　省道边线表示

（10）涵洞边线，在内图廓接边处图层、颜色、线划完全接边，如附图 3-11 所示。

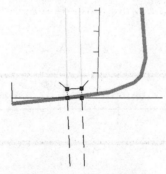

附图 3-11　涵洞边线表示

（11）道路名称、等级、材质注记，在内图廓接边处，图层、注记的颜色、字形、字高以及内容完全接边，如附图 3-12 所示。

（12）沟渠边线，图层、颜色、线划完全接边，如附图 3-13 所示。

（13）房屋边线及材质注记，图层、颜色、线划及注记的字高、字形完全接边，如附图 3-14 所示。

（14）图边处所有的高程。高程接边是指在内图廓附近地势显示合理，本例选中的高程同另一处高程值呈地势趋势一致关系，因此认为此处高程接边，同时图层、颜色及注记字高、字形完全接边，如附图 3-15 所示。

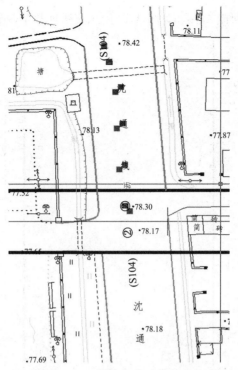

附图 3-12　道路名称及其他表示

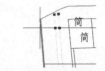

附图 3-13　沟渠边线表示

附图 3-14　房屋边线及其他表示

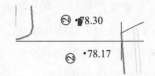

附图 3-15　图边处所有的高程表示

由以上描述可以得出下列结论：

（1）通过接边可以发现地形图上的错、漏，保证地形图数据的正确性和完整性。

（2）通过接边可以统一测区地物、地貌的表达，使之满足逻辑一致性的要求。

（3）通过接边及接边检查，完善测区数据，为日后建立基础地理信息库打下扎实的基础。

269

思考题：请指出如附图 3-16、附图 3-17 所示接边处数量及接边处要素。

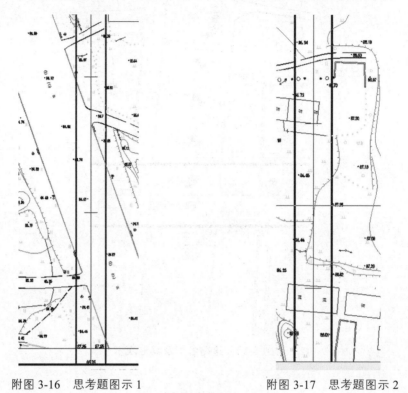

附图 3-16　思考题图示 1　　　　　　附图 3-17　思考题图示 2

（四）高程精度

对于大比例尺数字地形图，高程精度同样是地形图重要指标之一。若大比例尺地形图生产方式采用全野外方式采集，高程注记点精度检查采用同精度检测。采用等高线插求方式检查等高线高程中误差。

上述描述通过由整体到局部的层层约束，满足了测区内的基本"定位"要求，这种要求是各种大比例尺地形图成图的基本技术性保障，因所具有的专业特性，在测绘生产和各类基础性地理信息成果中占有重要位置，在测绘成果质量检查中首先要运用标准规范对成果进行核查分析，检查实践中对于上述要求实行"一票否决"。

综上所述，数学精度是判断大比例尺地形图正确性的重要指标，数学基础、平面位置精度、高程精度是衡量数学精度的具体要求，所采用的技术标准限差要根据不同的工程项目、合同具体要求确定。

二、数据及结构正确性

大比例尺地形图中通常一个测区由一种类型格式进行存储，如 DWG。要根据合同和设计书、规范及用途要求来约束。"数据与结构"是在测绘专业性和应用计算机技术，结合生产和实践中抽象出来的用来存储依比例尺表示的万千世界中各种实体，如某一操场上依次从左到右排列的学生顺序为横向一年级女生、男生，二年级女生、男生，……，直至六年级；纵向为由大个打头依次向小个排列……这是一个完整的操场学生排列结构，如果一年级的小个女生排到六年级大个男生前面，这个结构就发生了错误。同理在地形图数据的结构中，如果将房屋及附属归层到水系层中等错误发生，表明数据结构错误。

以地形图存储格式为 DWG 来说明数据及结构正确性，如附图 3-18 所示。

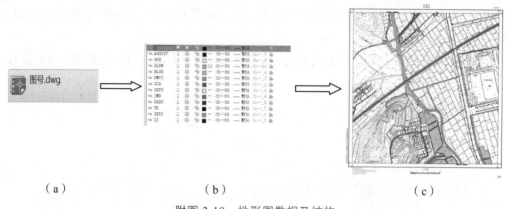

（a）   （b）   （c）

附图 3-18　地形图数据及结构

附图 3-18（a）为存储格式，附图 3-18（b）为分层，附图 3-18（c）为在前两图存储、分层基础上的数字线划图。

因此数字线划图数据结构质量检查要历经由表及里、由外而内，由整体及局部的过程。

三、大比例尺地形图即数字线划图的组成

大比例尺数字线划图组成的基本单元为点、线、面。

（一）点要素的表示方法

点要素的表示有 3 种形式：标注点、定位点、有向点。

标注点指无实体对应的点要素的表现形式，如高程点、比高点、特殊高程点等。

定位点指实体对应的点要素的表现形式，如灯塔、盐井等。

有向点指具有方向性的点要素的表现形式，如泉、里程碑等。应在属性表中定义"方向"属性项。

（二）线要素的表示方法

线要素的表示有 3 种形式：线、中心线、有向线。

线指无实体对应的线要素的表现形式，如等高线、地类界、境界线等。

中心线指有实体对应的线要素的表现形式，如地铁、机耕路、溜索桥、隧道等。

有向线指具有方向性的线要素的表现形式，是要求依照一定方向采集的线，如单线河、田坎/路堑、沟堑/路堤、自然文化保护区界等。

（三）面要素的表示方法

面要素的表示有两种形式：轮廓线构面和范围线构面。

轮廓线构面用于表示具有明显边界的面要素，如单幢房屋。

范围线构面用于表示不具有明确边界的面要素，如危险海区、自然、文化保护区域等。

（四）复合要素的表示方法

复合要素由点、线、面或辅助制图的点、线、面组合而成，如珊瑚礁的表示由面和辅助制图的线组合而成。

上述是地形图表示表达基本的构成。这些要素可独立存在，可相互作用、相互依存、相互制约等在图上构成万千世界。

（五）要素关系

1. 具有属性代码的各要素在地形图上要满足逻辑一致性

（1）要素点、线、面等的表示方式及关系应正确。

（2）面要素应闭合且具有唯一性。

（3）要素应最小冗余表示。

（4）要素位置关系没有逻辑冲突。综合取舍应合理正确。

（5）有向点、有向线等要素方向正确。

（6）数据结构及存储格式复合要求。

2. 具有现势性

数字线划图应具有良好的现势性，并能满足应用要求。

3. 具有完整性

（1）要素内容应完整，无遗漏、多余或重复现象。

（2）要素分层应无多余层、重复层现象。

（3）要素属性值应为多余、遗漏现象。

4. 表征质量

（1）非符号化数据应满足以下要求：

① 要素几何类型表达正确；

② 线划光滑、自然、节点密度适中，形状保真度强，无明显折刺、回头线、粘连、自相交、抖动、变形、扭曲等现象。

（2）符号化数据的符号表示按 GB/T 20257.1—2017 的规定，要求如下：

① 要素综合取舍与图形概括符合相应比例尺地形图测图规范或编绘规范的要求，并能正确反映各要素的分布地理特点和密度特征；

② 地图符号使用正确，其颜色、尺寸、定位等符合要求；

③ 地图符号配置合理，保持规定的间隔，清晰、易读；

④ 有向线的地物符号方向应正确；

⑤ 注记选取与配置密度符合设计书的要求；

⑥ 注记字体、字大、字向、字色符合要求，配置合理，清晰、易读，指向明确无歧义；

⑦ 内图廓线、公里网线、经纬网线应正确，线条应光滑，图廓内外整饰内容按 GB/T 20257.1—2017 的规定。

以上质量检查均可在 CASS 软件下或自行编制软件完成。

四、附件质量

（一）元数据

元数据即数据的数据，内容、结构和格式应符合规定。

（二）文档资料

（1）设计书、技术总结、检查报告以及一、二级检查资料完整、正确、可靠。

（2）对相关文件的要求。

相关文件可包括补充要素的描述，数据文件存放结构形式说明、图层说明、数据使用所需的软硬件要求以及附属资料等，要求如下：

① 补充要素的描述应完整、如包括要素的名称、定义、分类代码、属性值域、符号等；

② 数据存放结构形式说明、图层说明等简单、明确，必要时可采用图形表示描述；

③ 在采用非 GB/T 格式时，应详尽描述数据的格式；

④ 附属资料应完整、准确、可靠。

对于工程测量全野外数字测图检查参数也可以采用 GB/T 24356—2023《测绘成果质量检查与验收》8.5.3 大比例尺地形图中规定，即数学精度、数据及结构正确性、地理精度、整饰质量、附件质量。

五、具体检查实例

测绘成果质量检查验收要根据测绘成果的实际应用要求，依据测绘任务合同、规范、设计书（测绘范围小或对测绘成果要求不高的可以是作业指导书）等确定内容。不同的项目对所引用的生产规范也不同，质量检查也要合理选用相应规范对项目进行检查验收。

（一）工程测量全野外数字测图样例

第一部分：合同主要内容（见附图 3-19）

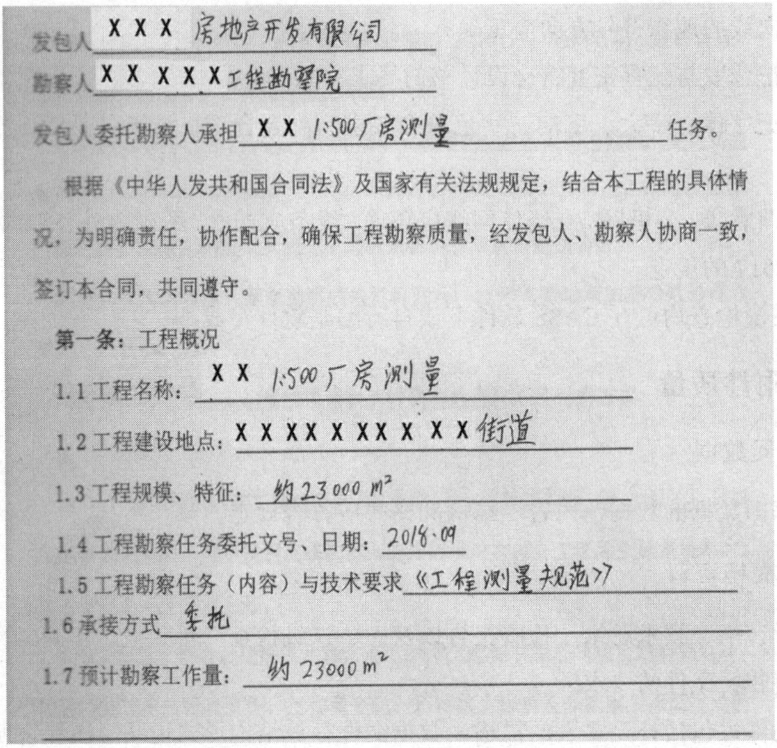
发包人 XXX 房地产开发有限公司

勘察人 XXXXX工程勘察院

发包人委托勘察人承担 XX 1:500厂房测量 任务。

根据《中华人民共和国合同法》及国家有关法规规定，结合本工程的具体情况，为明确责任，协作配合，确保工程勘察质量，经发包人、勘察人协商一致，签订本合同，共同遵守。

第一条：工程概况

1.1 工程名称：XX 1:500厂房测量

1.2 工程建设地点：XXXXXXXXXXX街道

1.3 工程规模、特征：约23000 m²

1.4 工程勘察任务委托文号、日期：2018.09

1.5 工程勘察任务（内容）与技术要求《工程测量规范》

1.6 承接方式 委托

1.7 预计勘察工作量：约23000 m²

附图 3-19　合同正文（节选）

第二部分：设计书主要内容

（一）任务概述

……

（二）设计方案

1. 执行规范

（1）GB 50026—2020《工程测量规范》。

（2）GB/T 24356—2023《测绘成果质量检查与验收》。

（3）GB/T 18316—2008《数字测绘成果质量检查与验收》。

（4）GB/T 20257.1—2017《国家基本比例尺地图图式 第 1 部分：1∶500 1∶1 000 1∶2 000 地形图图式》。

（5）GB/T 18314—2009《全球定位系统 GPS 测量规范》。

（6）GB 12898—2009《国家三、四等水准测量规范》。

（7）CH/T 2009—2010《全球定位系统实时动态测量（RTK）技术规范》。

2. 成果规格和主要技术指标

成图比例尺：1∶500，成图基本等高距 0.5 m。

平面坐标系统：××城建坐标系，高斯 1.5°投影带，中央子午线经度 121°30′。

高程基准：1985 国家高程基准。

测量数据的取位：

（1）纵坐标 X 取小数点前 7 位、小数点后 3 位，横坐标 Y 取小数点前 5 位、小数点后 3 位（单位：m）。

（2）四等水准联测的控制点高程注记保留小数点后 3 位，三角高程联测的高程只保留小数点后两位。

2.3 主要精度指标

（1）地物点相对于邻近平面控制点的点位中误差和地物点相对于邻近地物点的间距中误差，如附表 3-1 所示。

附表 3-1 图上地物点点位中误差和间距中误差   单位：mm

地形类别	比例尺	点位中误差	邻近地物点间距中误差
平地、丘陵地	1：500	≤0.5	≤0.4

（2）高程精度，如附表 3-2 所示。

附表 3-2 高程精度   单位：m

比例尺	平地	
	注记点	等高线
1：500	≤0.15	≤1/3

（3）最大误差。

最大误差为中误差的 2 倍，超过中误差的 2 倍为粗差。

（三）3 人员、仪器、专业应用软件及其他配置

……

（四）业方法

……

（五）安全管理体系与措施

……

（六）量控制

……

（七）上交和归档成果及其资料的内容和要求

（1）××1：500 厂房测量地形图技术总结；

（2）××1：500 厂房测量地形图蓝图；

（3）1：500 厂房测量地形图数据，以光盘存储。

针对上面的项目成果的检查验收，即可以参考 GB/T 24356—2009《测绘成果质量检查与验收》检查，检查项有数学精度、数据及结构正确性、地理精度、整饰质量、附件质量。

（八）数字地形图测绘技术设计书检查验收

（本书附录一设计书对数字地形图测绘的要求，质量控制、检查验收应按照本附录三要求执行。）

参考文献

[1] 唐均，王虎. 数字测图实用教程[M]. 成都：西南交通大学出版社，2015.

[2] 杨晓明，沙从术，郑崇启，等. 数字测图[M]. 北京：测绘出版社，2009.

[3] 明东权. 数字测图[M]. 武汉：武汉大学出版社，2013.

[4] 徐宇飞. 数字测图技术[M]. 郑州：黄河水利出版社，2005.

[5] 潘正凤. 数字测图原理与应用[M]. 武汉：武汉大学出版社，2005.

[6] 王正荣，邹时林. 数字测图[M]. 郑州：黄河水利出版社，2012.

[7] 何保喜. 全站仪测量技术[M]. 郑州：黄河水利出版社，2005.

[8] 陈一舞. 南方 CASS9.0 用户手册[R]. 广州：南方测绘仪器公司，2005.

[9] 徐绍铨，张华海，杨志强，等. GNSS 测量原理与应用[M]. 武汉：武汉大学出版社，2003.

[10] 中华人民共和国国家标准. 国家基本比例尺地图图式　第一部分：1∶500、1∶1 000、1∶2 000 地形图图式（GB/T 20257.1—2017）[S]. 北京：中国标准出版社，2017.

[11] 中华人民共和国国家标准. 基础地理信息要素分类与代码（GB/T 13923—2022）[S]. 北京：中国标准出版社，2022.

[12] 中华人民共和国国家标准. 1∶500、1∶1 000、1∶2 000 地形图数字化规范（GB/T 17160—2008）[S]. 北京：中国标准出版社，2008.

[13] 中华人民共和国国家标准. 1∶500、1∶1 000、1∶2 000 外业数字测图技术规程（GB/T 14912—2017）[S]. 北京：中国标准出版社，2017.

[14] 中华人民共和国测绘行业标准. 全球导航卫星系统实时动态测量（RTK）技术规范（CH/T 2009—2010）[S]. 北京：中国测绘出版社，2010.